读懂投资 先知来来

舵手证券图书
www.duoshou108.com

大咖智慧

THE GREAT WISDOM IN TRADING

/

成长陪跑

THE PERMANENT SUPPORTS FROM US

/

复合增长

COMPOUND GROWTH IN WEALTH

一站式视频学习训练平台

交易的本质

——零起点构建赢家策略

[美] 约翰·福尔曼　著
张艺博　译
康　民　校

山西出版传媒集团
山西人民出版社

图书在版编目(CIP)数据

交易的本质：零起点构建赢家策略 / (美) 约翰·福尔曼著；张艺博译.—太原：山西人民出版社，2017.11(2024.5 重印)

ISBN 978-7-203-10062-1

Ⅰ.①交… Ⅱ.①约… ②张… Ⅲ.①金融交易—高等学校—教材 Ⅳ.①F830.9

中国版本图书馆 CIP 数据核字(2017)第 183326 号

著作权合同登记号　图字:04-2014-044

交易的本质：零起点构建赢家策略

著　　者：(美) 约翰·福尔曼
译　　者：张艺博
责任编辑：秦继华
复　　审：傅晓红
终　　审：员荣亮

出 版 者：山西出版传媒集团·山西人民出版社
地　　址：太原市建设南路 21 号
邮　　编：030012
发行营销：0351-4922220　4955996　4956039　4922127(传真)
天猫官网：http://sxrmcbs.tmall.com　电话:0351-4922159
E-mail：sxskcb@163.com　发行部
sxskcb@126.com　总编室
网　　址：www.sxskcb.com

经 销 者：山西出版传媒集团·山西人民出版社
承 印 者：廊坊市祥丰印刷有限公司

用纸规格：710mm×1000mm
印　　张：19.5
字　　数：308 千字
版　　次：2017 年 11 月　第 1 版
印　　次：2024 年 5 月　第 2 次印刷
书　　号：978-7-203-10062-1
定　　价：58.00 元

“舵手经典证券图书”开篇序

20世纪末，随着中国证券投资市场的兴起，我们怀揣梦想与激情，开创了“舵手证券图书”品牌，为中国投资者分享最有价值的投资思想与技术。

世界经济风云变幻，资本市场牛熊交替，我们始终秉承“一流作者创一流作品”方针，与约翰威立、培生教育、麦格劳·希尔、哈里曼、哈珀·科林斯等世界著名出版机构合作，引进了一批畅销全球的金融投资著作，涵盖了股票、期货、外汇、基金等主要投资领域。

时光荏苒，初心不改，我们将一如既往地与您分享专业而丰富的投资类作品。我们以书交友，与天南海北的读者成为朋友，收获信任、支持。许许多多投资者成为我们的老师、知己，给予我们真诚的赞许、批评、建议，更有一些资深人士由此成为我们的编辑、翻译、评审，这一切我们感念于心。

我们希望与每位投资者走得更近，我们希望以“舵手投资学院”的方式，给每位读者一个反馈和深化学习的家园，一个交流探索的新平台。我们邀请作者进驻我们的舵手读书会专属社群，为读者答疑解惑，交流切磋。在这里，您可以与华尔街投资大师亲密接触；在这里，您可以与全国最聪明投资者同台炫技；在这里，您可以体验全球最新投资技术课程。

感谢您选择本书，在这里，必将因为有您而伟大！

序　言

作为一个和许多专业的、非专业的交易者一起工作过的心理学家，我接到过许多刚开始进入交易世界的投资者，他们要我推荐一些阅读材料。随着《交易的本质——零起点构建赢家策略》的出版，约翰·福尔曼极好地满足了这种需求。任何立志以交易为生的人，会发现这是一本思路清晰、令人着迷且包含了真实世界所有交易的好书。

约翰·福尔曼是 trade2win 网站的高级编辑。该网站是一家全球领先的、为全球股票交易员提供服务的交易者社区。约翰·福尔曼对交易和交易者稔熟，以及本身从事这一行，有着丰富的市场经验，这在本书中都有充分的体现。由于我本人也是一个作家，我知道冒着说服读者和改变他们既有观念的双重风险，写出一本介绍性的读物会有多难。而约翰·福尔曼却对此驾轻就熟，他带领读者首先通晓场内交易的基本知识，明白市场是如何运作的，进而开发和执行交易计划，实施风险管理，直至最终建立交易系统。他整合各种各样的练习方法，并通过具体的实例使这些章节具有鲜活的生命力，即使是最不专注的读者，也会长久保持兴趣毫不松懈地读下去。

在我写作《投资交易心理分析》时，我提出这样一个问题："贯穿交易的核心技术是什么?""什么样的人能够从诸多不成功的交易者中，脱颖而出成为成功者?"我所给出的答案是——依据我在多年交易中所取得的有效经验来看——交易的本质就是模式识别。有经验的交易者已经演变为那种对买方和卖方、成交量的变化、价格变化等等这些竞价市场的基本因素十分敏感的人。随着时间的流逝，他们学会敏感地识别这种规律性走势，并在它们出现时把握住，从而获利。

心理学研究指出，这些识别模式的过程就是内隐学习（implicit learning）。这也是孩子学习说话的方法，他们能够学会符合语法规范的讲话方式，但并不能准确地阐述正规的语法规则。绝大多数成功的交易者，并不能够将自己的成功经验和独到技术准确地表述出来，以便于其他交易者能够复制。这些交易者拥有内隐层面的专业交易知识，这是确凿无疑的。他们所知道的比他们自己所以为的还要多，这种知识的最终成品就是一种直觉和预感，实际上这是一种复杂的认知形式，该形式来源于深层次的、沉浸于某一领域研究学习的最终结果。

各领域的专业调查研究发现，例如从棋类竞技到田径项目，都要求多年的系统化的训练，如果想要到达专业级别，那么就非常有必要对实践进行考察。这就是为什么牙医要求多年的学习；为什么奥运会田径运动员为了赛事要花费多年的天天训练；为什么战斗机飞行员在上天之前需要经过长时间的模拟器训练。当然并不是我们所有要从事交易的人，都要寻求相应的专业水平，比如年度获利能力。在他们开始对这些图表非常熟悉之前，需要看成千上万的图表——而且它们千变万化——这样你才能从纷繁复杂的、毫无秩序的价格和成交量走势中挑出那些能获利的图表。

为什么烦恼呢？证券交易看起来是一种非常简单的赚钱方式——只要轻轻点击鼠标，简单地下几个订单，钱就会滚滚而来——而事实远非如此。一小时接着一小时的盯盘，长时间注意力高度集中于交易，远离社会人际交往，舍弃正常工作所能提供的舒适，这些并不容易做到。市场无时无刻不在变化，比如成交量、趋势；某些时候非常成功的交易策略，却开始让你连遭挫折。即使是最聪明和最优秀的交易员，阶段性的亏损也是十分常见的，尤其是在市场转折期。没有固定的薪水，没有额外的福利，而且并不能保证成功，几乎不被社会认可，你为什么一定要按照交易的需求，而忍受冗长的学习过程呢？

这个问题的答案其实十分复杂，并且答案最终是心理学层面的。绝大多数人都在参加这样一种工作，他们努力的成果取决于团队中的个体和多个团队的协作。而这一点正好能够增加颇有价值的、社会层面的工作经验，同时使得工作者们荣辱与共。我可以编写视频游戏或者电话应用程序的软件代码——而且我肯定为自己对工作的付出感到骄傲——但是最终的产品是遭受重创还是取得轰动性的成功，很大程度上并非自己的决定。它取决于其他人的共同努力，包括管理者、销售商和专业的设计。

证券交易，像体育运动中的个人项目一样，通过比赛结果，将参与者分成高低不同的层次。每次交易都有与之相关联的盈利或亏损数。交易日结束的时候，交易者能够很准确地知道自己的表现。一般的在普普通通企业上班的工作者，总能使自己心安理得，以为自己工作做得很好，而实际上他们也和其他人一样把事情搞得一团糟。但是从事交易却极少有这种机会，要么你做到了，要么你没有——成功的荣耀和失败的责任，都会平等地压在你肩上。

那些对交易充满激情的交易者，正是被这样的挑战所诱惑。他们认为，交易是少数几个活跃的个体通过直接和世界级的顶尖天才进行竞争，从而获取完全的成功或失败的手段之一。交易者可能会被公司所雇用，但是最终他们都是为自己工作。他们自己来决定什么时候买入卖出或者持有，他们决定自己在经济方面的命运。对那些充满激情的交易者来说，这样的机会远比专业或业余这样的词汇更有意义：这是一种职业。

如果你是那些感觉自己是以交易为职业的人，约翰·福尔曼的文章将会是一种极为优秀的成才指南。在读完之后，你将为成功做好准备——毕竟这需要沉浸于心理学方面的内隐学习。也许你已经开始为你的交易做好了准备，为前面可能面临的挑战也做好了准备。认真学习本书，你会找到资深的导师和有益的交易公司有经验的同事——比如 Trade2Win 这样的网络社区。他们会帮助你构建从本书所获取的知识之外的知识系统，加速你的经验曲线。

无论如何，预祝你获得收益！

布雷特·N. 斯蒂恩博格博士

2005 年 11 月

伊利诺伊州内珀维尔市

前　言

本书的初衷是为财经和金融系的大学生提供一部可以和现实金融市场资源相接触并践行交易的教材。所以在构建本书的框架之时，我充分考虑了大学一个学期内标准课程的长度和进度。实际上，甚至在成书之前，本书的内容和演示方法就已经完美地适应了金融市场和经济管理专业本科毕业生和一年级研究生水平的课程。

任何经历过一个完整的经济周期的人都知道，绝大多数现代金融学课程都是偏重于制度环境的应用。它们并不提供太多的可以直接面向个体使用的个人投资、风险管理或市场投机方面的内容以供学习。本书致力于寻求一种完全不同的方法，淡化那些制度环境因素，它更多地将注意力直接集中在个体投资者身上，还有那些处于那个水平并将要成为有能力制定决策的人。

一切都表明，本书是写给任何有需求的人。关于金融市场的一般常识是有用的，但它并非不可或缺。我在过去几年所接触过的大多数学生，确实具备一些关于股票市场之类的知识，但是这些知识对于实际交易来说实在是太粗浅了。出于这样一个原因，本书是从零起点开始的，这样读者——学生或其他任何人——都不会有紧赶慢赶的感觉。

在展示基本的交易所需的要素之时，本书会涉及一些对于读者来说可能是全新的概念。而我始终都极力简洁地讲述这些概念。然而，因为这里没有太多的章节来详细说明每一个主题，所以我无法确切地知道，对于既定的读者来说，哪些主题还需要更进一步的讲解，哪些不需要。出于这一原因，我们开发了一个专业网站（www. andurilonline. com/book），作为本书的附加资源，允许读者搜索自己感兴趣的主题和最新动态，而这些动态在当今这个快速变化的时代是不能被印刷品及时呈现的。该网站也提供了本书中在不同地方所提到的各种各样的交易工具的链接，同时也是一个用以完善本书的工作手册和资料设计的免费指南。

本书第一章和第二章，主要讲解基础的交易背景知识。本部分介绍了金融领域在近期的新变化，以及这些变化对个体交易者所造成的影响。在入门指南章节，带领读者开户，使用模拟交易账户来进行交易实践（所谓的“纸面上”），即通过假定的（“模拟”）账户进行交易。在交易执行章节，带领读者逐步体验实盘交易过程——执行、管理和监控交易。

本书第三章，我们的注意力转移到如何理解市场以及市场是如何运行上来。首先介绍影响价格的因素，讨论各种各样的市场运动——回答了“为什么”，接下来在价格运动方面，从具体量化的角度，观察价格的实际运动方式，更多地关注“怎么样”的方式。

后面章节是本书的重头戏，从第四章开始，交易计划的概念被引入和定义，第五章将读者带领到风险控制的讨论之中，第六章深入研究了各种类型的市场分析方法。这些都是继续进行交易系统开发和评估过程所必需的。

尽管不能在所有的案例中被具体量化，然而在交易过程中扮演着关键角色的主题，包括交易心理学因素，本书的目标专注于这些主题如何开发和实现。当然本部分也提供了一些推荐的课程以供进一步学习和研究。

贯穿本书的每一阶段都有相关的练习题，它们是为引领读者掌握交易相关资料的实践应用，引导读者在学习过程中扮演主动的角色而特别设计的。从某种意义上来讲，这些作业的设计有助于读者提高对交易素材的熟识度，并取得进一步的发展。

本书的总体指导思想就是实践应用。在所有的章节完成之后，接下来读者在执行交易和监督交易头寸时，应该感觉像在家里一样心平气和。另外，他们会对交易决策过程有着牢固的理解，正是在这一过程中，交易的行为被打包。最后，读者应该充分准备好进行下一步，决定最好的交易舞台进行交易，从个人的角度出发如何能做到最好，以及怎样开发策略设计来产生可获利的交易。

请注意，并不是本书作者的设计才能提供一系列在市场中赚钱的具体方法。相反，作者只是致力于提供基础知识和方法，而读者可以依此开发出最适合他们自己的交易方法、交易系统和交易技巧，等等。

本书所提供的交易案例，不构成任何具体的投资建议、投资咨询意见或其他意见。

本书额外的资源支持，请参考专门为你定制的网页 www. andurilonline. com/book。

致 谢

任何具有重大意义的工作都不可能是一个人在真空中完成的，包括本书。朋友、家人和同事的支持和鼓励是我永不枯竭的源泉。特别感谢威利出版社的员工，尤其是布雷特·斯蒂恩博格（Brett Steenbarger），感谢他在本书形成和出版整个过程中给予我的支持和帮助。

我还要衷心地感谢戈登·达什（Gordon Dash）博士多年来的合作，更需要感谢罗德岛大学的学生们参与本书中目的明确的课程和讨论。你们的提问、评论和探索的精神，正是本书的巨大价值所在。

发自内心地感谢 Trade2Win 的全体员工，为他们无私的帮助和鼓励，尤其是弗兰克·奥利弗（Frank Oliver）提供的编撰帮助，还有保罗·古尔德（Paul Gould），在那段时间里，为了我的作品的展示，他在屏幕前度过了无数个小时。

感谢和我一起做培训的同事戴安娜·肖特（Diane Short）。你可能并不总是明白我采用这类项目的动机，但是每当我需要开诚布公地讲解时，你总是愿意倾听。

无论过去还是现在，我还想感谢布朗大学排球队的杰出女性们。你们允许我成为你们生活经历中的一部分，其意义远超出你们的想象。你们当然是我永恒的灵感源泉和娱乐伙伴。对于所有在背后支持你们的家人们，我都深表感谢。你们养育了极其出色的女儿。

最后，但是肯定不是最少的，我要感谢所有那些作出尝试的交易者们。本书是关于你们和为你们而写的。继续追逐梦想吧！

关于作者

约翰·福尔曼拥有罗德岛大学工商管理学士学位和马里兰大学的 MBA 学位，两个学位都关注金融学领域。他拥有超过 20 年的、多个市场的交易和投资经验，以及作为横跨外汇交易、固定收益和能源市场的专业分析师的背景。

约翰目前是 Trade2Win（www. trade2win. com）网站的内容编辑，该网站是一个世界领先的、为全球交易员提供服务的交易社区。约翰同时也是安德鲁分析（www. andurilonline. com）网站的负责人，一个致力于金融市场教育和研究的团体。

约翰发表了诸多关于交易方法和分析技巧的论文，并且被主流财经杂志多次引用。他活跃在金融教育界，经常对学生团体讲课，同时他还致力于大学教育的教学程序和教学用具的研发。

在金融市场之外，约翰还在大学生和年轻人中担任排球教练工作，这是他众多的兴趣爱好之一。

目　录

第一章　引言和入门指南

本章我们先来定义我们所关注的主题，讨论近期交易技术的发展，以及这些技术对于个体的交易者意味着什么，进而使读者为将要学习的章节里所出现的实践操作做好准备。

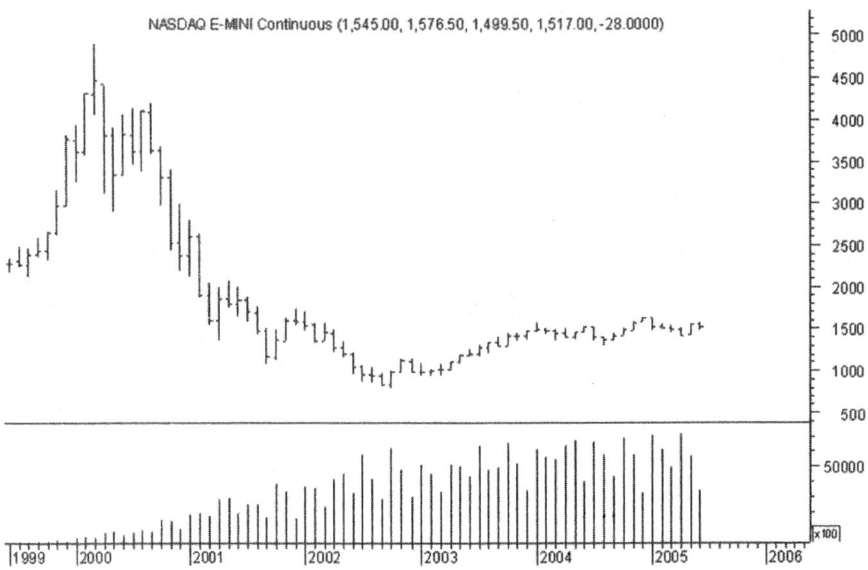

图 1-1　电子微型纳斯达克指数实时更新走势图

引言

这一部分内容将把读者引入参与现代投资市场的领域。历史上只有极少数关于基础知识的论著，本书即是之一，所以它不是关于市场发展和金融中介的进阶课程，那些可以放在以后来学习。现在我们要关注的是，建立术语和设置参数，为本书余下的章节的操作做准备。为达到这样一个目的，让我们现在就全身心地投入吧。

提示：贯穿本章，将会用到许多专业术语。我们事先假定读者有一定的专业基础，而其他读者不熟悉的术语会或多或少地进行详尽的解释。如果有某个术语你不太熟悉，或者说你需要获取更多的关于该术语的信息，那么你可以把 Trade2Win 交易者社区，作为一个丰富的资源来使用，因为它包含许多术语的定义和深层次的讲解。你可以在 www. trader3win. com/traderpedia 网站找到它们。

交易的定义

为了系统地研究交易，你必须首先定义术语，以及解释在什么样的环境下会出现这些术语。其实交易的核心就是，在金融市场进行买和卖的交易过程。这些可以通过一个单一的账户来实现，比如在证券经纪公司的股票账号，或者通过经营机构，如银行、投资公司、财政部企业司等。那里有相当多的金融工具和市场，交易在不断增加的全球范围的市场里进行着。

实际上，上述的交易并不是在那些受益账户上进行的，而是通过某种中介来实现的。举个例子，在一次成交中，场内交易人（floor trader）代表某个交易者，通过经纪人账号买入股票。在第二章，我们将讨论金融工具的实际交易，以及实现这些交易所需的技艺。但是，这并不意味着这就是本书主旨所要表明的东西。相反，本文的主旨是，我们把注意力集中在这些交易的原因和结果上。

我们在这里所使用的“交易”一词初步的定义是，一般而言，“交易是买或卖的金融手段，其目的是为了追逐投机的利润”。然而这并不是交易的唯一目的，为了便于理解本文所要逐步展开的内容，它包含了在当今市场中实际发生的、各种各样的关于交易的简单易懂的观点。

并且你也注意到，为了符合本书的目的，书中所出现的术语“交易”（trading）和“投资”（investing）被认为是可以互换的。在实际应用中，在通常情况下，它们总是被赋予轻微不同的定义，而且你尽可以长篇大论来区分它们的不同之处，但是在最为基础的层面上，他们在很大程度上完全相同。总之，尽管我们通篇使用“交易”这个词，但是原则上我们所指的含义和“投资”是一样的。

如果你渴望知道更多，你可以更深入地发掘交易的概念。这通常需要花很多时间。日内交易者严格按照交易开市的时间段（就是市场交易所规定的时间区间），来执行头寸的买入和卖出，不持有头寸过夜。所谓的短期交易者（Swing Traders），往往在一到三个交易日内持有头寸。其他交易者使用从日到周，或者从周到月的区间来持有自己的头寸。也有一群被称为抢帽子交易员（scalper），他们的交易区间是以分钟来计算的，四处寻找快速的，小额利润。当然，实际上时间区间这个因素与我们本文所提出的问题关系不大。而与之地位相当的各种实际对象的具体应用，其地位才高于一切，它们才是本文的主旨。

交易者也按照其他方式把自己进行划分。其中一部分是根据他们使用的分析方法来界定。其他的则基于他们对市场的定义，或者他们所操作的市场来界定。还有一部分交易者，按照他们所宜用的交易平台，或者交易方法来进行划分。你可以，如果你想要知道更多的话，给他们一个长篇累牍的定义来描述。举个例子，我有时认为自己是“技术派的标准普尔指数期货短线交易者”，有时又认为自己是“股票和期权的混合型交易者”。这些分类将随着我们的进一步讨论而越来越清晰。

金融市场常用概念

· **普通股**：股票和股权代表对公司的所有权。

· **指数**：合成的市场指标，追踪优势资产或者有价证券，例如股市的道琼斯指数（DOW）、标准普尔指数（S&P）、英国富时指数（FTSE）；商品价格指数，如：美国商品价格指数（CRB index）、外汇交易指数（如美元指数 Dollar index）以及一些其他的指数。

· **固定收入**：欧洲货币、政府债券、公司公债、抵押赎回有价证券和其他相关金融债券。

· **外汇**：当前汇率。

· **商品**：主要（但不是专有的）是一些切实的货物，例如金属、能源产品和农作物。

上面所提到的交易品种和债券，都可以通过多种方法在交易所进行交易，如：场外交易（Over The Counter），电子交易或者银行间事务，要么直接要么通过一些派生方法。

当然，除了以上这些，仍有一些正在开发中的、非传统的方法在市场进行投机，比如分散而且固定的概率博弈。

现代化的交易

在某些较短的时间周期，在市场进行高效率的交易，其实是相当难的。个体交易者，唯一可以获取实时的日内价格数据的方法，就是在交易所，或者经纪人办公室盯盘。交易的花费是高昂的，成交量很低，买卖差价很大。这就意味着个体交易者，为了交易成本而不得不具备良好的资金管理能力，而不需要对他们的账户或者投资组合的表现，有过于深刻的印象。交易者也因其可参与交易的方式，而被各种不同的市场所限制。

在这方面，事情发生了有意义的变化。现代的个体交易者可以在瞬间获取全球任何一个地方的信息。他可以同时在好几个不同的市场进行交易。他几乎可以在世界上任何一个角落进行操作，无论白天还是黑夜，其订单都会立刻被执行。交易的成本对他们来说只是一少部分而已，而价格波动在电子公告牌上狭窄的区间里急剧变化。当今的交易者已经具有市场准入权限，而几年前，这种准入制度仅仅被限制在仅有的几个大机构和对冲基金范围之内。技术改变了前景。

随着访问市场的手段的普及，股票市场在 20 世纪 90 年代后期持续攀升，在普通交易以及特定的日内交易中，创造了巨大的利润。表面上看，投资者可以很容易地在市场中赚到钱，吸引了新的投资者上船。不用一星期的时间，你就能听到关于某人辞去自己的工作，而全身心地投入证券市场的消息。这些故事简直就是异想天开，好像有很多钱在等着你赚！

市场发生了变化

随着 21 世纪的到来，事情的变化远比诸多的预测更有戏剧性。在公元 2000 年前半年，股票市场仍在持续走高，但是突然发生了反转，并且开始大规模下跌。纳斯达克指数最终蒸发了大约 75%的市值。突然之间人们发现，作为一个股票市场的交易者再也不是最具戏剧性、最轻松的事了。那些已经开发出一套有效的、易理解的投资策略的交易者才存活了下来。其中一些甚至茁壮成长起来。但是很多很多的投资者，眼睁睁看着他们的投资组合价值大幅缩水。他们如图 1-2 所示的那样离开了市场。

图 1-2 是一个标准普尔 500 期货指数的月 K 线图。注意成交量（在图底部的 K 线所示）是如何变化的，实际上在 1998 年就已经到达了高峰，接着两年之后市场形成顶部。再看看市场真实波动幅度均值（Average True Range）（图中间部分）在 2001 年到达高峰，从那以后就开始下跌。真实波动幅度均值（ATR）是测量有多少实际的价格（用点数来测量）变化。有趣的是，月线级别的交易范围（正如 ATR 所测量的那样）在 2004 年年末，和 1998 年成交量高峰时的值十分接近。

来源：Metastock

图 1-2　标准普尔 500 期货指数，10 年连续图

个人投机者人数的退潮，不仅对过去几年间相对缩减的成交量，还是对自2001年后指数狭窄的波动范围，都是一个非常重要的因素。这是一个循环，相类似的情况发生在20个世纪80年代和90年代早期，参照图1-3。

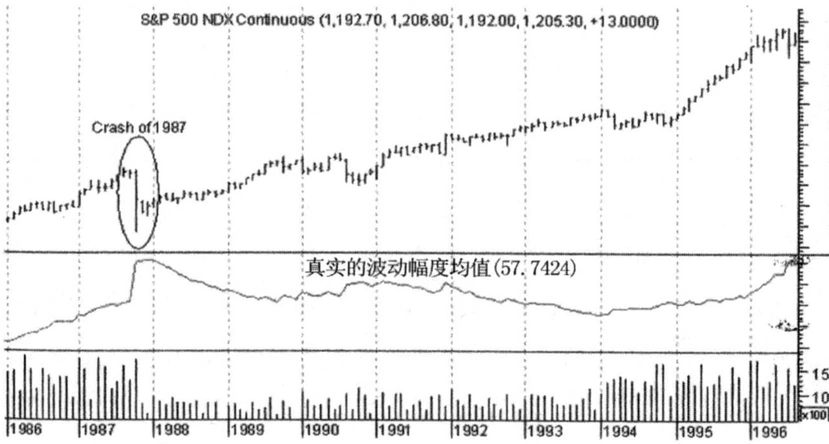

来源：Metastock

图1-3 标准普尔500期货指数，1986—1996

我们再来看这标准普尔500期货指数，但是时间周期要回溯到10年以前，1987年股市崩盘以及随后几年中发生了什么。注意到成交量和市场真实波动幅度均值（ATR），都在暴跌前后达到了峰值。从那以后，伴随着众多交易者从市场撤出，随后同时出现了十分明显的下跌。花了几乎10年的时间，成交量和波动幅度才回归正常区间，即使在这期间市场一直是在稳固地上涨。机构的交易——例如信托基金和养老金——的管理者得以持续发展。但是投资大众花了很多时间来恢复自1987年股市暴跌所带来的伤害，并且又重新活跃起来。希望在21世纪的头一个10年，发生同一类事情的可能性不大，因为市场不会简单地重复。

新的发展动向

股票市场是普通投资大众首先乐意接触的市场。在线（通过网络）交易在20世纪90年代末期快速发展起来，伴随着新老经纪人事务所都接入因特网平台，在线交易为股市交易人数的增加做出了巨大贡献。自那以后，遍布全球的在线交易者开始持续快速地增加。通过经纪人事务所网站，或者在线交易平台，他们不仅能够交易股票期权，同时也能交易各种各样的债券。个体的交易者现在也能电子化交易期货和外汇。实际上，外汇市场可能是我们所看到的，有最大增长幅度的市场，而且它需要顶尖的技术，以及严格的、以定价和执行过程为基础的风险管理系统。

图 1-4 是一幅和前面所提及的标准普尔 500 指数之一进行对比的图，时间跨度为 10 年。它描述了美元兑换加元的汇率变化情况。其形式是，一美元兑换多少加元。

来源：Metastock

图 1-4 美元兑换加元的汇率变化，1996—2005

注意观察图中曲线的波动幅度——用市场真实波动幅度均值（ATR）度量——是如何在过去的 10 年间稳步攀升的。在图形中间有一段指标走平的时间，但是就在这段时间，汇率在上涨途中，而股市的波动幅度却在降低。形成这一现象的原因，可以部分归咎于小投资者更容易介入市场，以及在此期间市场持续为大众所喜爱这两个原因。

外汇市场是贯穿本书的交易讨论中我们较为关注的市场。这并不是说，我们认为在货币汇率市场交易，比其他市场更好或者更坏，只不过是外汇市场是全球最大的（每日成交量数以万亿美元）最易变现的金融市场这一事实的反映。对于我们所希望产生的效果来说，这个市场最为重要的一点是，它可以一天 24 小时随时可以进行交易。如果要培训一个交易员，那么外汇市场是最容易上手的。不像其他基于交易所的市场，当然要在规定的时间内进行交易，外汇市场允许你随时进行实践练习，从这一点上来说，它是最方便的。而且你也可以对同一个品种进行做多和沽空操作。

> “市场是效率低下的。消息的发布是滞后的，成交量在不同的时间段也会不同，甚至是外汇市场也有‘交易日’效应，这与交易者主要工作时间是早晨到下午这一仅有的事实相一致，在这一时间段他们会改变价格的走势。记住这一点。”——源自 Oanda FXMessage board（http：//www2. oanda. com/cgi-bin/msgboard/ultimatebb. cgi），作者 phantom_ Photon。

有效市场和随机市场

在继续讲之前，花点时间去学习一下有效市场假说（Efficient Market Hypothesis，EMH）和随机漫步理论（Random Walk Theory，RWT）。前者假定所有已知的影响一种股票价格的因素，或者可以预期的未来信息都已经反映在股票的价格中。为了使有效市场假说变成现实，当然，你一定要有通畅的信息分发渠道和对市场参与者相关的最新数据的合理反应。

有效市场假说理论在两个方面都被反驳。首先获取流畅的信息分发渠道，而这基本上是不可能的。其次，并不是所有的交易者，都具有相同的获取信息和消息的渠道。这是结构部件功能（不等同于技术的分配）的一部分，注意力功能（交易者并不是都在同一时间，使用同一种传媒工具看适时新闻）的一部分，还有一部分新闻和信息分发的时间性功能（信息并不总是同时通过所有必需的新闻媒体发布）。最终交易者所得到的结果，是一种类似波浪的东西，接着市场再对在不同时间得到的新的信息做出反应。有时波浪相对较短，有时则被拉得很长（以最近一个事件为例，当法国拒绝欧盟宪法的投票结果一出来，有些人马上就知道了，而其他人直到24 小时后才知道这个消息，甚至还有的人在 48 小时之后才知道，而在这期间，受到直接影响的欧元一直在贬值）。

至于要得到对新信息的合理反应，你只需要用实际交易的图表来反驳就行了。图 1-5 是欧元对美元汇率的分时走势图（EUR / USD）。你看到的这个举动，正好紧接着重要的经济数据发布之后而发生。请注意那个快速跳起的力度。在消息宣布（8：30）之后，时间周期大约用了 25 秒，汇率从一个相对的密集的波段，到一个新的波段。

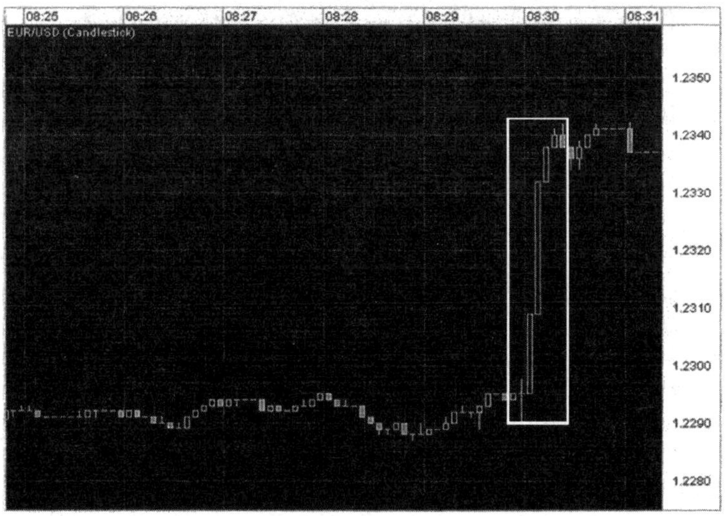

来源：Oanda

图 1-5　欧元对美元汇率 25 秒走势图

现在你可能会认为，这一事实应该能支持有效市场价说理论。毕竟，市场能快速地消化新信息，并在价格上得以体现。可是，请看图 1-6。

在图 1-6 中你所看到的是，在市场快速跳跃上涨之后的情形。在开始上涨的仅仅几分钟之后，市场接着又跌回了上涨启动之前的原始点位，实际上跌得更低。

来源：Oanda

图 1-6　欧元对美元汇率分时图 8：30—8：40

图 1-5 和图 1-6 所展示的是，市场人性化的一面——有时候情绪化和不理智的那一面。由于消息的发布，明显与预期不符，交易者快速做出反应，在一阵骚动中把市场价格推向高位。当冷静的头脑占上风后，价格开始下跌，进而显得这一段异常兴奋的骚乱，被证实是多么不理智。

现在我们再来看看随机漫步理论（RWT），这个理论是市场运动取决于信息，而认为信息是不可预期的，所以，市场的行为也是不可预期的。我们在前面的图表中已经看到，信息是不可预期的，我们也看到，价格波动的原因绝不仅仅是数据。正如在这本书稍后所讲到的那样，市场受到多种事件和因素的综合影响。

尽管随机漫步理论（RWT）并没有必要这样陈述，但是许多观察家把它等同于随意的表象，意思也就是市场是没有规律可循的。比较合理的观点是这样的：如果你策划一些随机行为，比如随机投掷硬币看其反正，最终得出的图表很大程度上像某只股票或者债券。随机序列通常都有和市场行为相类似的走势。这也就是说，仅仅因为某事在表面上看起来和随机行为一样，就断言它是随机行为，这就是一个谬论，事实也并不是这样。你不能证明随机行为，为了做到这一点，就要求你必须能够证实任何绝对的非随机行为。

继续往下读

那么，我们被撇在哪里了？通常情况下，大多数投资者都会接受这样一个事实，市场是最有效的，尤其是那些伴随着大成交量和参与人数众多的证券。与此同时，最优秀的交易员，针对一些特定交易的评论会受到偶尔的怪念头的影响，这就反映出，在市场中确实有随机因素的存在。无论如何，交易的前提就像我们所定义的那样，个体的投资者或者机构，确实能够在市场中找到比一半对一半更好的成功机会。通过始终如一地利用这一情形，时间久了，交易者就能够获利。本书的剩余部分，将集中注意力于交易者如何尝试做到这一点的整个过程。

本书并不是想变成一本“如何在市场中赚到很多钱”的指南，也并不会附赠特殊的交易系统或者交易技巧——本书中所讲的例子除外。相反，本书的主旨和首要任务，在于提供一个关于金融市场交易的详尽过程，以及相关的基本知识。下一节起我们将逐一展开。

新手入门

现在，有太多的网上交易平台可以被一般投资者所使用。通过本书，我们给出了几个基于 Oanda’s FXTrade 的网上交易平台。请参照图 1-7。FXTrade 是首选的交易平台，这主要是基于以下四个重要的原因：

1. **外汇交易**。FXTrade 平台注重外汇交易。我们已经谈到过，外汇交易是 24 小时不间断市场。这对于初学交易的学生来说，是最理想的平台，因为他们可以在白天或者黑夜的任何时间进行操作练习，并且不受交易时间的限制，而许多其他的市场都有这个限制。

2. **不限制到期时间的模拟账户**。许多交易平台提供免费的模拟账户，但是通常情况下都是在指定的时间内有效（比如 30 天）。而 FXTrade 平台的模拟账户（被称作“博弈”账户）是一直开放的。一旦你注册，那就对你来说终身有效，即使是你实际上又开了一个真的账户，该模拟账户仍是有效的。

3. **可变的交易数量**。FXTrade 平台字面上允许以任何想要的量进行交易，当然要在保证金允许范围之内。这就意味着，你可以交易 1 个单位，或10个单位，或者12312个单位。对于风险管理来说，这是一个非常显著的特征。其他的平台有固定的交易规模，最小10000单位（有些是100000），并以此单位的倍数进行交易。

4. **实盘交易账户没有最低资金限制。**很多交易平台，当你开立实盘交易账户时，会要求最小的资金下限，这些规模可能是2000美金到10000美金不等（或者基本流通资金的等价物）。FXTrade平台没有最低资金限制。照字面意思，你可以用1美元开户。

来源：Oanda

图1-7　Oanda FXTrade平台的徽标

还有许多其他的商品被这个平台所支持，但是我们稍后再提及他们。（译者注：多年以来，作者使用过模拟版本和真实版本的Oanda FXTrade/FXGame交易平台，而且还要一直这样做下去，但是作者和Oanda之间没有任何利益关系。）

开设一个账户

读者的第一个任务，也是接受交易教育之路的第一个步骤，那就是开设一个FXGame博弈账号。开始，首先去FXTrade交易网站，网址是http://fxtrade.oanda.com。在页面的左上角，找到开设一个模拟账户的链接（open demo account），单击该链接进入注册页面。

表格相当简单易懂。按照列表的提示，即可一步步操作。有一个区域你需要确定的，那就是在你的账户细节区域里的资金值是多少。FXTrade交易网站允许账户使用美元、澳大利亚元、欧元、英镑、日元和加元。通常情况下，最好的做法就是采用你自己国家的货币，来计算你个人账户的收入和亏损。为了便于表述，本书将采用美元账户。

鉴于现在你可能会感到很诱人，我们并不推荐你马上就开设一个实盘交易账户。首先，学会如何交易。其次，你可以欣然雀跃地投入到活生生的交易中去。最后，我们会在本书稍后的章节中，完整地讨论这个主题。

在你填完在线申请表格，你所申请的账户被激活之前，会有一个确认过程。只需要遵照指令做就可以了。一旦这些都做完，你的注册就完成了，登录吧。

（注意：FXTrade 平台是基于 JAVA 程序设计的。为了能正常地使用它，你可能需要一些能与之相匹配的操作系统。FXTrade 网站提供了非常好的技术支持区，在那里你可以获得你需要解决的任何技术问题。）

现在你已经做好了开始的准备，让我们一起去看看 FXTrade 交易平台吧。在你第一次登录成功后，你会看到的界面会像图 1-8 所示的那样。可能会有点陌生，不过没关系，不用担心。（注意：下面所提供的，也是贯穿本书剩余章节例子，在本书写作时是有效的。Oanda 可以，当然也能随时修改 FXTrade 交易平台。在作者使用他们的服务进行交易的这些年中，他们取得了长足的进步，做了很多的改进，毫无疑问，他们会继续这样做。）

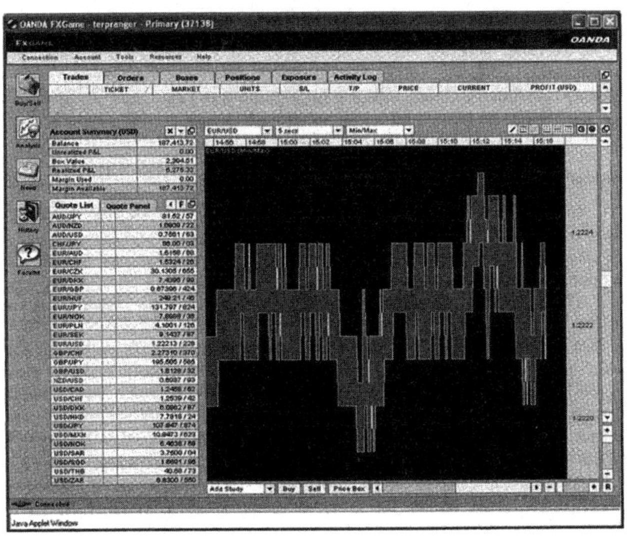

来源：Oanda

图 1-8　Oanda FXTrade 交易平台：初始界面

该交易平台有四个基本分区。每一个区都详细标明了该区的内容，例如，本区是开始着手准备交易的地方，下一个区是我们实际上开始真正交易的地方。

在交易平台上，你所看到的很多东西，都是可以根据你自身喜好和需求而定制的。你登录以后的初始界面，是基于 FXTrade 交易平台的默认设置的。这些都很容易调整。许多项都可以通过“工具/用户”菜单被调整，正如图 1-9 所示的那样。

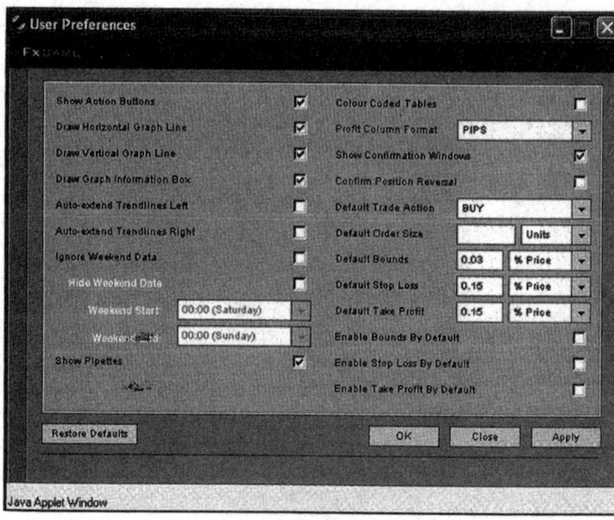

来源：Oanda

图 1-9 Oanda FXTrade 交易平台：优选项界面

平台上所示的一切，你都可以根据你的交易偏好进行修改。其中有三项是推荐你进行修改的：

1. 选中“忽略周末数据（Ignore Weekend Data）”复选框，接着选中“隐藏周末行情数据（Hide Weekend Data）”复选框。把你本地的周末休息时间调整为美国东部时间周五下午 5 点钟开始，美国东部时间周日下午 6 点钟结束。这项数据的设置，由于忽略了市场实际上不进行交易的时间，所以会使图形更具可读性。

2. 改变“利润栏格式（Profit Column Format）”（靠栏目的右边），把“利润栏”货币形式设置成本地使用的货币（Home Currency）。默认设置是PIPs。其含义是，当你在监管一个开仓头寸时，你会看到实际上是多少钱，而不是点数。这会帮助你在实盘账户里，更好地了解自己的操作表现。

3. 选中“确认头寸反转（Confirm Position Reversal）”复选框，这样，在某个新的订单从现有的头寸反转时（从做多到沽空，或反之亦然），会提醒你注意。

我们结束优选项设置正如图1-10所示。

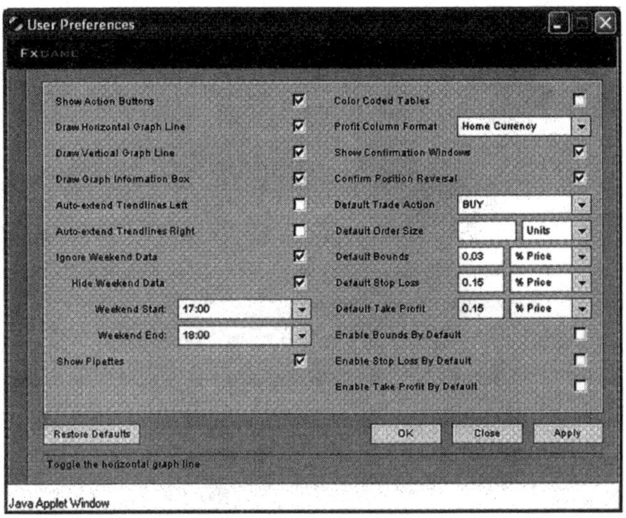

来源：Oanda

图1-10　Oanda FXTrade 交易平台：优选项设置

剩余的选项，你可以在稍后的交易中，随着你越来越熟悉这个交易平台，并建立了适合你需求/偏爱的交易模式之后自行修改。到现在为止，你可以单击OK按钮，我们将继续向下进行。

如果你想改变平台关于字体大小的设置，那么这个可以通过“工具”（Tools）菜单进行。

你还要对其他两项所做出的修改进行确认。

4. 图形显示。默认的是5秒钟走势图，可以使用最大化和最小化格式。你会看到在图表上边，有三个下拉菜单，在这些菜单里你可以改变当前相应的显示，你所使用的时间框，以及图表的类型。挨着的一些按钮，可以更深入地定义你的图表细则选项，你也可以直接在图表上画线。在右手边，图表的下面到右边有一些滚动条，还有+/－按钮，可以用来改变图表的大小。

你会注意到在图表下面左手边有个下拉菜单，选项名字是 ADD STUDY。这是为了替换图表上某一技术指标而设置的。我们会在稍后的章节里阐述技术分析和技术指标。【你可以通过单击在报价菜单里的货币配对品种（译者注：例如美元/英镑）按钮，打开当前附加图表视窗。这和主图设置的格式一样。】

5. 在图表上，通过货币菜单的下拉菜单，可以确定能在交易中使用的货币配对品种，并且他们会随之出现在交易平台左边的报价区域。为了做出你的选择，请再次回到“工具”（Tool）按钮，然后选择“市场选择”（Market Selector）获取如图 1-11 所示的对话框。

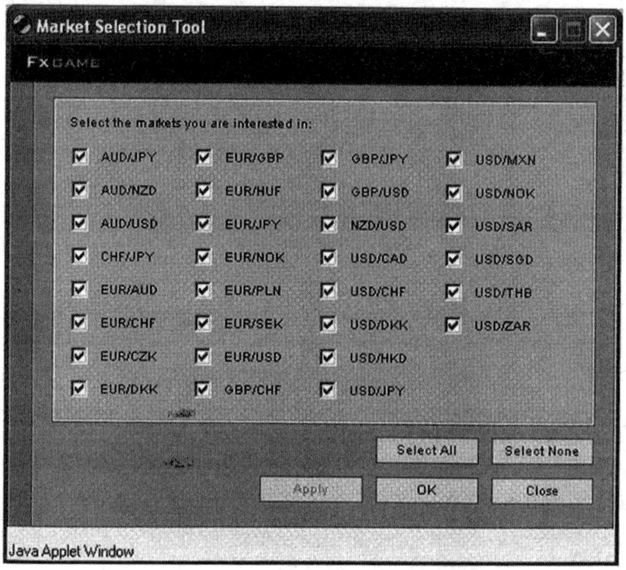

来源：Oanda

图 1-11 Oanda FXTrade 交易平台：币种选择界面

你应该选择你想要交易的货币配对品种。最低限度，强烈推荐你选择USD / JPY、EUR / USD、GBP / USD、USD / CHF、EUR / JPY、EUR / GBP、EUR / CHF、GBP / JPY、AUD / USD 和 USD /CAD。这些是最活跃的交易品种，并且变现性很好。当然，你也可以选择其他类型的，但是你要记住许多品种在本质上都是有地域性的，而且不可避免地会出现交易清淡的情形，尤其是在他们主要交易时区之外。（注意：Oanda 会时不时地在这个交易列表中，增加新的交易品种。理论上来说，交易品种也会被从清单中移除。）

外汇交易术语参考

每一种货币都用三个字母来代替。这就是 SWIFT 或者 ISO 代码，这两种代码成对儿组合在一起，来确定两种货币之间的汇率。这一代码配对采用"基数/报价"的格式，例如：EUR/USD。这其实就是欧元（EUR）和美元（USD）之间的汇率，以美元报价（美元作为报价货币），每一欧元（基数货币）兑换多少美元。主要的货币品种（交投最为活跃的）是：

☆ EUR：欧元

☆ USD：美元

☆ GBP：英镑

☆ CHF：瑞士法郎

☆ JPY：日元

☆ AUD：澳大利亚元

【注意：货币配对中，不包括 USD（例如 EUR/JPY）美元的品种，通常情况下被称作套汇率，或对冲（cross）。】你可以到 www. oanda. com/products/fxlookup 网站寻找更多的交易代码。

一旦你按照自己喜欢的方式，设置了图表格式，那么你所设置的偏好就被保存。让我们再回到工具（Tool）菜单，接着单击保存当前设置（Save Current Layout）选项。这就能确保下次你登录后，将会看到同样的界面设置。

有了这些选项的设置后，我们就准备好更深入地研究交易的手段。

在 FXTrade 交易界面的顶部区域，你可以看到以下按钮：

交易（Trades）：订单可以被执行，并一直畅通无阻。

订单（Orders）：尚未执行的证券买卖委托。

价格箱体（Boxes）：精确定义头寸方框的可选项（最高、最低、开盘、收盘等）。现在我们不准备讨论这个主题。（详情请参照“附录 A”）。

头寸（Positions）：当前开仓的做多或沽空头寸。（注意：任一货币配对交易品种的交易选项，都有多种可选的执行交易的选项——例如：买入 EUR / USD，头寸分别为 50,000 和 35,000——而头寸选项将把这些开仓的订单合并为一个，在这个例子中就是“做多 85,000 EUR / USD”。）

持仓（Exposure）：在单个货币上的现有头寸，相对于同时在两种货币上建立的对冲头寸。如果你在 USD/JPY 上有价位在 125. 00 的 10,000 单位做多头寸，还有价位在 1. 2500 的 USD /CAD10,000 单位沽空头寸，持仓按钮将会显示一个在 JPY 上的 1,250,000 单位的沽空头寸，和一个在 CAD 上的 12,500 单位的做多头寸，而没有 USD 的头寸（两个 USD 的头寸相互抵消）。

活动日志（Activity Log）：关于交易的历史记录、订单，和引起注意的交易。

以上基础信息贯穿你交易的整个过程，你必须稳扎稳打地运用好。简而言之，这是你如何跟踪你的账户所发生的一切变化的基础。我们将会更深入地讲解以上每个选项的详尽细节，并将他们展示在交易操作的详细步骤中。

我们先不必在意界面左边的按钮，只有最上面的那个按钮（买/卖）才是最重要的。稍后我们再深入研究左边的那些按钮。其他按钮是为满足 FXTrade 交易平台而设计的。尽管这些选项和直接的交易操作无关，但是你可以把它们作为免费的、丰富的额外学习工具来研究。

在你的交易界面上，还有一个有趣的区域，那就是如图 1-12 所示的，“账户概要”（Account Summary）表格。注意在标题栏右边的“（USD）”字样。这表明，该账户的货币是以美元来计算的，表格里的数字所表示的货币种类是美元。正如你在初始的注册界面所注意到的那样，FXTrade 交易平台提供了可以用多种货币来使用账户的选项。

Account Summary (USD)	
Balance	187,413.72
Unrealized P&L	0.00
Box Value	2,263.19
Realized P&L	6,275.33
Margin Used	0.00
Margin Available	187,413.72

来源：Oanda

图 1-12　Oanda FXTrade 交易平台：账户概要

“账户概要”表格展示了很多你感兴趣的和重要的项目：

现金余额（Balance）：账户中的资金量，包括迄今为止，已经平仓的交易的获利或亏损，加上获得的利息，减去支付的费用。这并不包括你在已开仓头寸中的获利或者亏损。

未变现的获利和亏损（Unrealized P&L）：当前开仓头寸的净利润或损失。

价格方框（Box Value）：当前打开对话框里头寸的值。

真实的获利和亏损（Realized P&L）：从账户开始至今，已平仓头寸的净利润和亏损（余额=保证金-提款+真实的获利或亏损）。

已使用的保证金（Margin Used）：活跃头寸的和保证金相关联的资金。保证金将在下一章作详细讨论。

可用保证金（Margin Available）：期货新的介入头寸可以使用的资金。这一部分资金并不是以现金余额为基础，而是以你的头寸为基础来计算（现金余额+/-未变现的获利和亏损）。

很明显，知道这些信息，对于将来评估你的交易方法以及设计外汇交易操作是极为重要的。

在“账户概要”按钮下是当前汇率选项。这些数字实际上是实时的，并且是可以交易的。随着利率的变化，这些价格变动会直接反映在交易平台上。FXTrade 交易平台使用上下箭头反映这种变化。在这样的表格里，你可以相对容易地监视多个外汇品种的活跃度。利率变化了多少，这取决于该品种在市场上的活跃程度。活跃的、高成交量的交易日，相对于低成

交量、不活跃的交易日，能更频繁地看到利率的变化。而且，确实有这样一些时期，这些日子里市场交投比其他时间要活跃得多。具体请参照图1-13。

Quote List | Quote Panel | F

AUD/JPY	↑	81.39 / 54
AUD/NZD		1.0803 / 28
AUD/USD		0.7560 / 70
CHF/JPY	↑	85.88 / 03
EUR/AUD		1.6153 / 83
EUR/CHF		1.5320 / 30
EUR/GBP		0.67350 / 450
EUR/JPY		131.660 / 760
EUR/USD	↓	1.22250 / 350
GBP/CHF	↑	2.27280 / 480
GBP/JPY	↑	195.325 / 525
GBP/USD		1.8141 / 51
NZD/USD		0.6989 / 99
USD/CAD		1.2468 / 78
USD/CHF		1.2526 / 36
USD/JPY	↑	107.650 / 750
USD/MXN		10.8278 / 678
USD/ZAR		6.7893 / 893

来源：Oanda

图 1-13　Oanda FXTrade 交易平台：竞价

通过单击界面上紧挨着 F 按钮的箭头，你可以隐藏或者打开差价（Spread）菜单。价差菜单，就像你看到的那样，就是竞买价和竞卖价之间的差价。（注意：图 1-14 是在周五下午晚些时候拍的，这是由于周末效应作用到差价。在平时，差价波动幅度会更小。）

注意看一下底部的两个交易品种——USD/MXN 和 USD/ZAR。他们分别是美元对墨西哥比索的汇率，和美元对南非兰特的汇率。有些区域性的货币，其交投并没有其他主流品种活跃。这种情况也明显地反映在差价上。

如果你单击“报价面板”（Quote Panel）选项，你就得到如图 1-15 所示的可选的界面。每一个币种品种上部所显示的是竞买价，下面是竞卖价。

来源：Oanda

图 1-14　Oanda FXTrade 交易平台：竞价

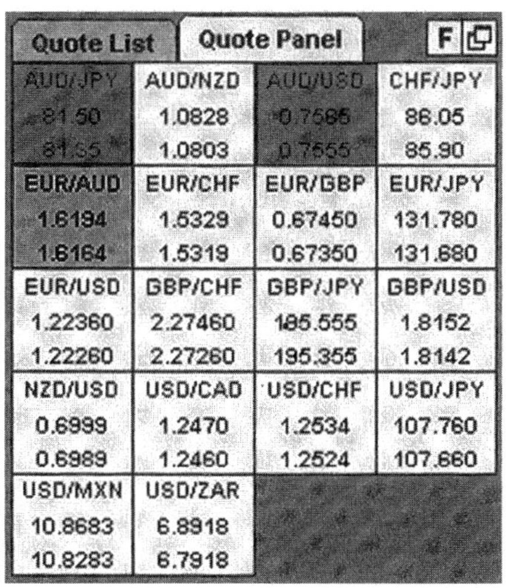

来源：Oanda

图 1-15　Oanda FXTrade 交易平台：报价面板

主要的货币品种（USD/JPY，EUR/USD，GBP/USD，EUR/JPY，EUR/GBP）都是全天 24 小时交易，全球所有的交易中心皆是如此，而很多区域性货币，在他们的主要时间区域之外，将会经历非常不活跃的交易时间区间。举例来说，新加坡元（SGD）在美国时间下午绝大部分时间内，都是十分平静的。在你观察利率波动的时候，如果你正在进行活跃的交易，那么你也能看到你的头寸的实时变化，而且作为延伸，也能看到你的账户的实时值。稍后我们会更多地讲到这点。

现在你已经系统地探究了交易工具。通过它你将能执行你的交易，现在我们接着开始学习如何使用它。

第二章　交易的过程就是执行和管理

本章我们开始进行交易。关于交易执行、头寸监督和管理的基本元素，我们已经介绍和讨论过它的方方面面了。

交易基础

如今来看，交易已经变得异乎寻常得简单。只要在你的计算机上按几个按钮，你就可以把庞大的资金移来移去。这就是为什么你必须弄清楚，在交易进行时实际上发生了什么。因为你非常容易犯代价昂贵的错误。本节的工作，主要为实际交易执行的基础——会在下面的章节里讨论到。

报价

每个交易者都必须明白的第一件事，就是如何看价格。分两种类型，一种是交易价格，也就是你每天在报纸的投资版块能够看到的报价；另一种是收盘价，就像报纸所罗列出的那样，是交易日当天的最后一笔交易的成交价格，如图 2-1。同样的，高点和低点分别就是，交易时间区间内的最高点和最低点，而开盘价则是交易日开始的第一笔交易。（你很有可能也会看到一个成交量图，指出有多少个交易单位——股票手数、期货合约数、期权，等等——在交易时间内成交。）

看着这样的报价，就能非常直观地看到价格的表现。然而，当你真正参与交易的时候，你着手处理的就是指导性报价。指导性报价是指两个价格的组合，实际上也就是一个竞买价或一个竞卖价。竞买价就是，当天市场愿意出的最高购买价。考虑到这很像在拍卖行里的竞买价（这才是该词的真正意思）。出价或索价是市场愿意卖出的最低价。它可以被理解为，市场要求你出多少钱来购买。

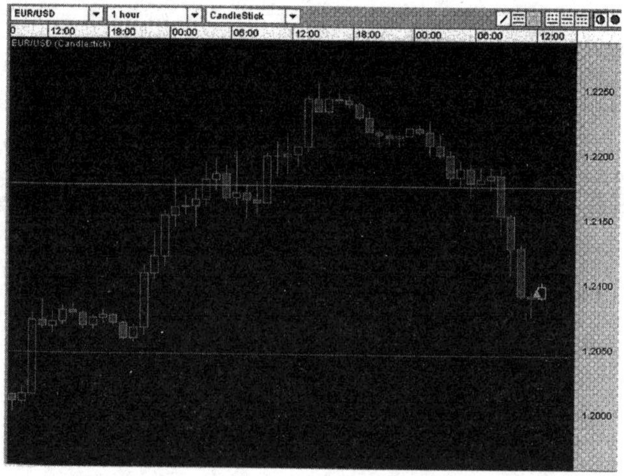

来源：Oanda

图 2-1　报价图

参照图 2-2 FXTrade 竞价界面。这些就是买卖汇率。表格里的第一个是 AUD/JPY，澳大利亚元和日元之间的汇率，其竞价形式是每澳大利亚元兑换多少日元。

Quote List　Quote Panel

AUD/JPY	81.39 / 54
AUD/NZD	1.0803 / 28
AUD/USD	0.7560 / 70
CHF/JPY	85.88 / 03
EUR/AUD	1.6153 / 83
EUR/CHF	1.5320 / 30
EUR/GBP	0.67350 / 450
EUR/JPY	131.660 / 760
EUR/USD	1.22250 / 350
GBP/CHF	2.27280 / 480
GBP/JPY	195.325 / 525
GBP/USD	1.8141 / 51
NZD/USD	0.6989 / 99
USD/CAD	1.2468 / 78
USD/CHF	1.2526 / 36
USD/JPY	107.650 / 750
USD/MXN	10.8278 / 678
USD/ZAR	6.7893 / 893

来源：Oanda

图 2-2　Oanda FXTrade 交易平台：竞价

现行市价报价的第一部分是竞买价。在这个例子中是 81.39。第二部分，在“/”之后是竞卖价 54。为了节省空间，竞卖价的第一部分被省略，因此在该例中，AUD/JPY 交易的竞买价是 81.39，竞卖价是 81.54。

还有一些要注意的东西，就是两个价格之间的差价。这就是买卖差价（Bid-Ask Spread，or Bid-Offer Spread）。小幅度的买卖差价，表明市场资金的流动性非常好。幅度较大的买卖差价则表明市场资金的流动性较差。参照 FXTrade 竞价界面中刚刚提到的 AUD/JPY，其价差是 15。它的交投极其活跃。如果你看这张表格底部，你会看到 USD/MXN（美元和墨西哥比索之间的汇率）品种的交易买卖价差是 400，暗示该品种交投极不活跃。

交易价格 VS 指示价格（Indicative price）

所有的市场都是以竞买价来进行交易。在当前时间促成交易的价格，就是**指示价格**。而**交易价格**是实际交易发生的价格，它通常表明作为交易集合的数据是如何交换的。

区分它们之间的不同十分重要。在活跃的市场，最后一次成交价格，和当前的指示价格之间的差值很小，对于不活跃的交易品种其差价不是这样。期权市场就是最好的例子。许多期权的交投都不活跃。因此，最后一次成交价格，和当前的竞买竞卖价之间的差距相当大。

你也必须注意，交易价格可使市场看起来好像在波动，而实际上它并没有做到这一点。举例来说，一只股票指示价格在 100~102。如果卖出订单出现，它执行的成交价格是 100。如果买进订单出现，他的成交价就是 102。交易价格的形式看起来，就好像价格从 100 运行到 102，而实际上价格并没有移动。记住这一点非常重要。

这就引出了另一个投资学术语。

有两个和价格相关的术语。分别是“基本点”（在货币市场中运用的术语，表示汇率可进行的最小增幅移动。根据市场环境，正常情况下是一个基点）和“跳动点”（价格向上或向下的最小变化）。尽管可能在局部市场中，其中某个术语运用得更为广泛，但是这两个术语是可以对等互换的，都从本质上描述了价格变化的单位。现在普通股票市场中，股票的价格变化以分为单位，因此一个基本点就是一分。其他的市场则有其他的度量单位，与基本点或者跳跃点是等价的，都基于特殊的交易品种。在外汇交易中，基本点比跳动点用得更为普遍。因为汇率竞价是以小数点后两位为基础（比如 AUD/JPY），一个基本点就是 1/100。有些情况竞价汇率是小数点后四位为基础（比如图 2-2 中所示的 EUR/USD），一个点就是 1/10000。

值得注意的是，市场利差变动的实际上是基本点的零头部分，在外汇市场中被称作“pipettes”。例如，EUR/USD 竞价可能是 1.36055/070，其买卖价差是 1.5 点。

订单类型

下一个交易者必须知道的知识点是了解有多少种订单类型。下面是各种订单类型的列表。

市价单（Market Order）：可以立即成交的订单。市价单买入 100 股 IBM 的意思是，买入 IBM 股票 100 股，无论当前的竞卖价是什么，都要立即成交。

限价单（Limit Order）：只在某一特定的，或者更好的价位才成交的订单。这就意味着，如果买入就要限定买入价格，或者以更低的价格买入，对于卖出情形是一样的。例如，限价单在 1200 点为卖出标准普尔 500 指数期货合约，则该订单只能在 1200 或者更高的点位成交。

停损单（Stop Order）：一种延迟成交的委托单。停损单是设置在一个高于（或低于）当前价格的点位的委托单。如果当前价格到达或者击穿该点位时，它将被激活为市价单（参照前述）。例如，一个在 205 卖出的停损单，只有在价格触及 205，或者跌落至 205 以下时，才能被触发。有一点必须明白，那就是停损单并不保证能在该价位成交，或完全成交（交易执行）。这完全取决于价格在订单被触发时的表现。在快速移动的市场，停损单可以在它设置的地方完全成交。

限价停损单（Stop Limit Order）：它是停损单和限价单的组合。不像单一的停损单，它只有在特定的价格为之到达之后才能被触发，现价停损单触发一个限价单。同样的，订单会在指定的价位，或者比限价单的价格更好的价位完全成交。这种类型的订单是用来建仓头寸的，但是如果你要用来作为清仓订单却是很危险的，因为你不能保证订单会成交。

以上四种订单是最常见，并且最频繁使用的。另外还有一些订单也能派得上用场：

收盘市价单（MOC）：一种在收盘时成交的市价单。拥有该类型的订单，交易者在根本上是告诉他的经纪人，他想在交易日结束时，价格接近收盘价时买入或者卖出。实际的成交价格并不一定是收盘价时的精确价格，但是必须是在收盘时成交。

二择一委托单（OCO）：两种订单的组合体，如果其中一个被执行，那么另一个则自动取消。交易者可以通过各种方式利用这一类型的订单，达到很好的效果。

还有两种修正过的在持续期间的订单类型。他们是 DAY（日内订单）和 GTC（撤销前有效订单）。一个 DAY 只有在当天的交易日内有效。如果当天交易结束后仍没有成交，那么订单将被取消。而 GTC 将一直保留在市场里，直到执行或者被客户取消为止。然而应该注意的一点是，并不是所有的 GTC 都是严格意义上的无限期。一些经纪公司会对 GTC 设置固定的期限。

总的来说，以前所提到的订单类型都属于这两种订单中的一种。比如：

限价在 102 买入 100 股 IBM 股票，GTC。

这个订单的含义如下所示：

我想买入 100 股 IBM 股票，价格 102 或者更好。请一直保留我的订单直到完全成交为止。

市价单从本质上来说就是日内订单。

杠杆和保证金

杠杆就是借钱（通常是从你的经纪人或经销商处）来持有，比你的实际资金所能持有的更多的头寸。交易者需要提供的，用来为那些借款提供担保的资金，被称为**保证金**。

以现实中买房子为例。大多数购房者不能百分之百用现金来支付房款，他们只能支付一定比例的现金，这部分资金被称作预付定金，但是余下的钱一定要借贷。这就是杠杆的应用，而预付金则可以被认为是保证金。

在市场中，杠杆和保证金是当前比较流行的。以买房为例，你可以提供保证金，并且同时运用杠杆来控制资产募集，这样的方法比其他任何方法募集得都要多。存款保证金也可以被用来为将来履行资产变更（结转或期货合约）合约提供保证。

下面我们举一个例子来说明，杠杆和保证金是如何在股票市场中工作的。你可以仅以账户上的2500美元，买入100股50美元的股票——50%的保证金。市场的不同保证金比例也不同。在美国的普通股票市场，交易者必须提供至少一半的资金来做保证金，也就是50%。在其他市场中，其百分比可能会低得多。

在当代交易中，运用杠杆是普遍存在的。对于任何在市场中建立头寸的人，比如外汇市场和期货市场，交易必须靠杠杆来完成。如果使用其他方法，要么会由于缺乏资金而不能交易，要么由于价格变化幅度极小，从而导致交易没有效率。

杠杆的使用给交易者提供了风险与机遇并存的交易。杠杆允许你获取巨额的利润，比用其他任何方法可能获取的利润都要多。用前面提到过的股票为例，如果股票的价格上涨到55美元，也就是上涨了10%，而由于使用了杠杆（500美元/2500美元，不包含交易费用和保证金利息），交易者就能得到20%的利润。

保证金：基本保证金VS维持保证金

基本保证金是交易者在初始化头寸时，必须存储的资金。一旦开仓某个头寸，交易者必须在账户里保持一部分，等价于**维持保证金**的资金，来弥补可能发生的亏损。在很多情况下，维持保证金按要求是基本保证金的一半。如果基本保证金要求50%，那么维持保证金可能就是25%。以一个10000美元的交易为例，首先5000美元要存入账户作为基本保证金，其次交易者至少要在账户里保留2500美元，来避免补充保证金通知的发生。（补充保证金通知是要求追加资金作为保证金，或者结清头寸时需要）。市场不同，需求也不同。

要记住，在一些市场中，保证金是要收取利息的，但是其他的则没有。例如，股票经纪人对于保证金借贷要征收一些利息，而期货经纪人则不征收。这些可能会影响到你的交易行为，你必须明白。

可是在下降趋势中，杠杆也同样有效。当股票价格下跌 5 美元，交易者将承受 20%的亏损。这就是为什么杠杆被称作双刃剑的原因。他在快速增加获利和增加亏损方面，一样有效，因此在使用它时，必须慎之又慎。

有了杠杆和保证金，我们就可以继续进行交易了。

交易就是执行

现在交易基础已经打好，我们可以使用 FXTrade 交易平台，来开展实盘交易操作过程了。

订单界面

Oanda 网站提供了好几种便捷的下订单的方式。你可以单击界面左边的买/卖按钮，单击界面下面的买入按钮，或者单击卖出按钮，你也可以直接单击菜单栏上的按钮来实现。无论选择哪一个都会调出图 2-3 所示的界面。

订单界面随平台的变化而变化，但是基本项目是一致的。注意到顶部有两个选项，一个是市价单（Market Order）选项，另一个是限价单（Limit Order）选项。在当前的例子中，市价单选项处于激活状态。我们来检查一下我们看到的东西。

动作（Action）：在这里选择你是买入还是卖出。

货币（Currency）：选择你要交易的货币对种类。注意列表中的第一个货币种类，就是动作选项所提交的货币。在这个例子中，这个订单是用来买 EUR/JPY 的。这就意味着买入欧元（EUR），并卖出同等量的日元（JPY）。

单位（Units）：选择你要交易的量，即总量。而且这关系到货币对中的主要货币。我们买入 1,000,000 单位就意味着，我们想要买入1,000,000 欧元，并且卖出同等数量的日元。

这里我们需要插入一句。FXTrade 交易平台允许用户设置个人账户的杠杆。默认的水平是 50∶1，这就意味着交易需要的保证金的比率是 2%。这可以通过选择菜单栏，“工具/设置保证金（Tool/Set Margin）”来改变。

演示账户选择范围是 10：1 到 50：1。在实际账户中你可以设置到 100：1。订单界面的下面部分显示了可买的单位数量，这里显示的是你可以买入多大的头寸。

回到我们的交易界面，如图 2-3 所示。

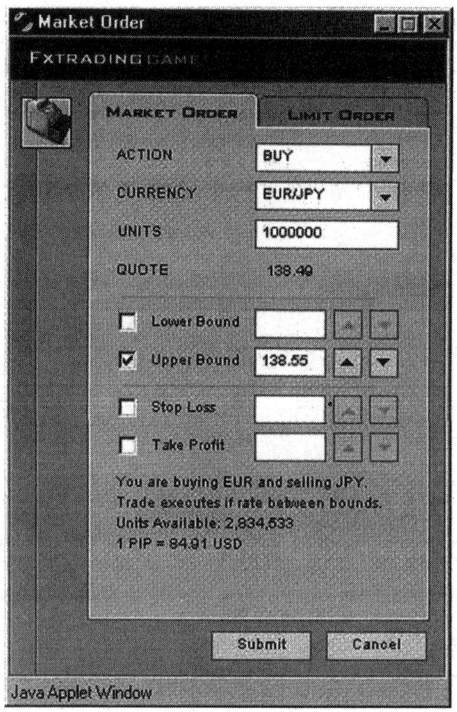

来源：Oanda

图 2-3　Oanda FXTrade 交易平台：订单界面

报价（Quote）：当前你正在交易的品种的市场汇率（价格）。如果你要买入，这就是竞买价；如果你要卖出，这就是竞卖价。记住市场的交易是频繁的。如果当我们放置订单的时候，价格发生了变化，那么在报价上就会有表现。换句话说，你不能悠闲自在地在此时介入，除非价格仍停留在原位。

上/下范围（Upper/Lower Bound）：如果介入，这就是高点和低点的汇率点位的范围，也就是你不想在这个范围之外成交头寸。在另一个例子中，我们设置上界为 138.55，意思就是我们不想在高于 138.55 的价格买入 EUR/

JPY。这些东西能保护你，不在你所期望的范围之外，成交你的头寸。

以上这些都和你马上要介入的头寸有关。还有另外一些与交易相关的选项。

停损（Stop Loss）：这里你可以在一定的价位设置你的交易停损单。

止盈（Take Profit）：这里你可以在一定的价位，当你准备获利了结退出交易时，设置限价单。

回过头来看一下，停损单和限价单在前面定义介入和退出的点位时都讨论过了。此时你可能会不考虑界面上的介入点位。当然，他们将会重新回到交易中。

你也注意到，在订单界面的底部，FXTrade交易平台实际上在逐字逐句地告诉你，如何介入你希望介入的头寸。你也被告知，基于你可用的保证金，你能交易多少单位，包括基于头寸规模和报价的每一个点位的实际价值。

如果我们点击限价单按钮，我们所看到的就有许多不同（参照图2-4）。

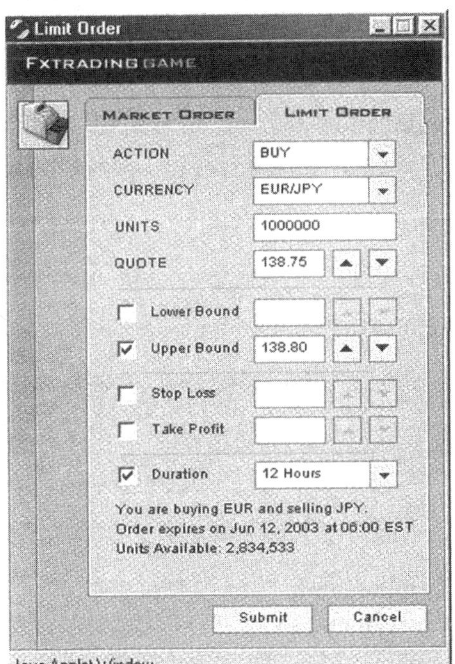

来源：Oanda

图2-4　Oanda FXTrade 交易平台：限价单

注意到报价栏允许输入。这就让你可以设置你想要交易的价格。例如，当竞卖价是138.75（记住，作为买家，我们只能在竞卖价买入）时，我们要买入1000000单位EUR/JPY，这绝不仅仅是以市价单买入这么简单。当市场达到我们设置的买入点位时，交易会自动执行。不需要我们再做其他的事。

市价单和限价单选项的另一个区别是，在底部附近，看到“持续时间”（Duration）按钮了？它允许你规定交易将被执行的时间区间。在该例中，我们设置的是12小时。这就意味着，如果EUR/JPY点位在未来12小时内达不到138.75，该订单就会被取消。因为外汇市场是24小时交易市场，所以很难定义一个“日内交易”。

（**注意**：FXTrade交易平台并不区分停损单和限价单。正如我们前面对他们所定义的一样，限价单在执行时和停损单极其类似，甚至一样。）

交易如何执行

现在我们已经知道如何进场交易，是时候做一个实盘外汇交易了。在这个例子中，我们以市价单进场买入EUR/USD。图2-5展示了我们在Oanda FXTrade交易平台上，展示账户的实盘交易的订单界面。

注意到我们正在设置买入1,000,000单位EUR/USD的订单。当前的市场报价是1.1761竞买。

EUR/USD是非常活跃的交易品种，所以我们迅速满仓。注意到图2-6中，我们的确认界面，订单在1.1761执行，并且我们使用了58,805美元的保证金（5%）。

现在我们已开仓做多头寸1,000,000单位EUR/USD。我们仔细检查那些选项，我们只简单地点击最后一项。（在下一节，我们将复习在外汇交易中发生的一切。）

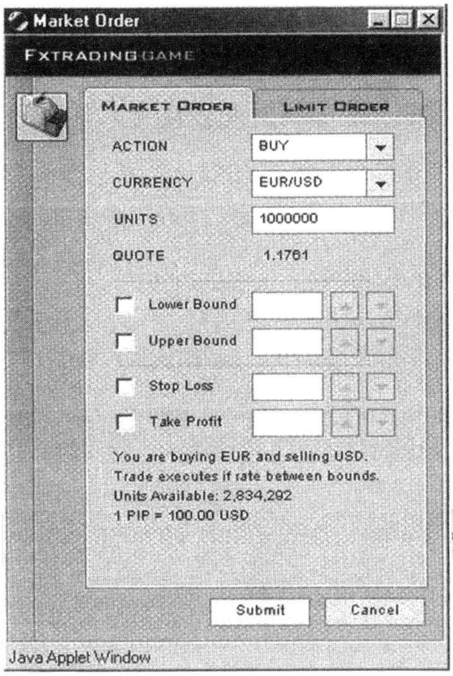

来源：Oanda

图 2-5　Oanda FXTrade 交易平台：市价单

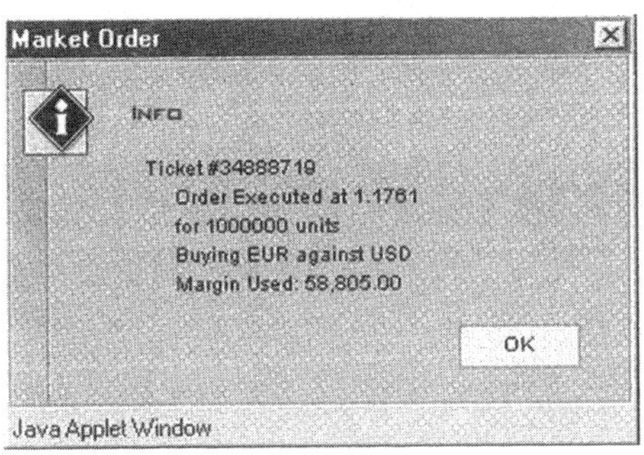

来源：Oanda

图 2-6　Oanda FXTrade 交易平台：交易确认

交易（Trade）：我们买入 EUR/USD（做多，正如你在图 2-7 的左边看到的那样），可以看到我们所确认的，该头寸的大小（单位 Units），和成交价格（Price）。

我们也可以看到当前的汇率（Market），在这个例子中，当前汇率就是我们要卖出头寸的点位。在右边是基于当前汇率的，我们持仓头寸的盈利/亏损（Profit）。当我们完成订单之后，如果我们点击停损按钮（S/L）或者止盈（T/P）按钮，这些数据就会相应地显示在 S/L 和 T/P 列中。（这里简要说明一下。）

订单（Orders）：因为我们没有开仓的订单，所以这个按钮的内容预留为空（参照图 2-8）。

忽略单元格（Boxes）。

头寸（Position）：鉴于我们只有一个 EUR/USD 交易头寸，这个选项的信息如图 2-9 所示，和我们在交易（Trades）选项下看到的一样。如果我们在同一个货币品种有多个开仓头寸，他们就会合计到这里，给出一个平均持仓点位。

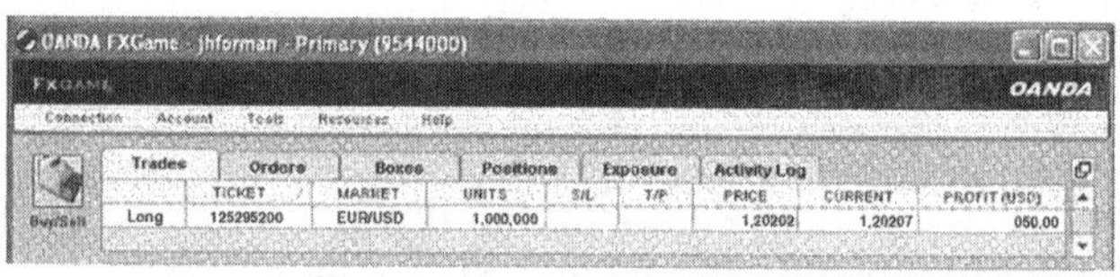

来源：Oanda

图 2-7　Oanda FXTrade 交易平台：交易选项卡

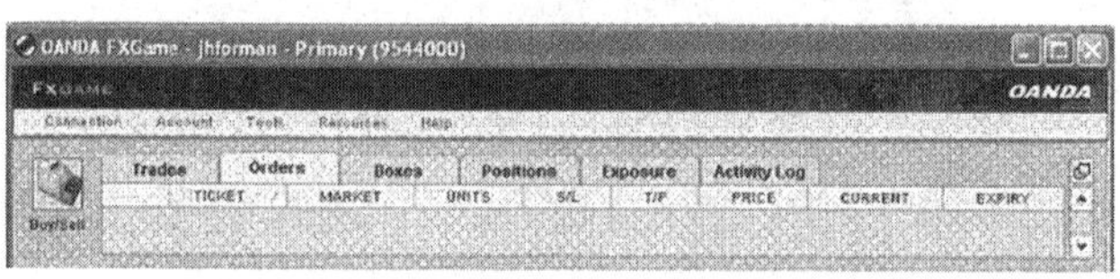

来源：Oanda

图 2-8　Oanda FXTrade 交易平台：订单选项卡

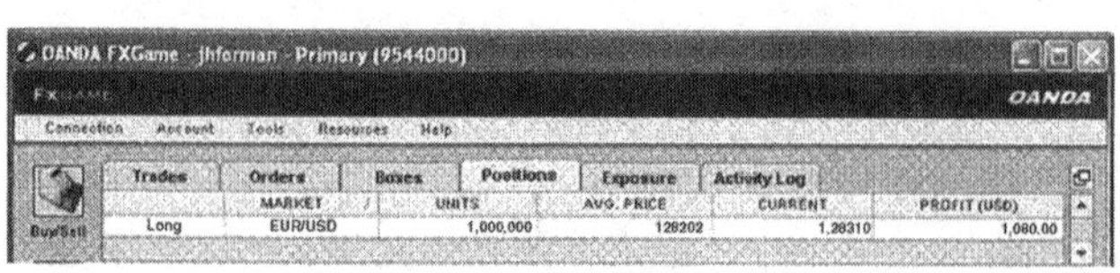

来源：Oanda

图 2-9　Oanda FXTrade 交易平台：头寸选项卡

持仓（Exposure）：由于我们已经买入 1,000,000 单位 EUR/USD，这表明我们做多欧元（EUR），正如持仓界面所示的那样（参照图 2. 10）。我们买入的汇率是 1. 1761，也就是 1,176/100 美元（USD）。而且，这是一个合计界面。它会展示所有的货币交易品种，并且做一个总计，以便我们能纵观全局，看到目前我们持仓的头寸情况。

事件日志（Activity Log）：你能看到我们交易细节的具体纪录，如图 2-11所描述。【**注意**：当看到“账户概况”（Account Summary）下的“保证金使用”（Margin Used）一栏时，你会看到总市值并不和交易确认界面的市值匹配。这是因为头寸的价值改变了。保证金使用是以当前开仓头寸的价值为基础的。】

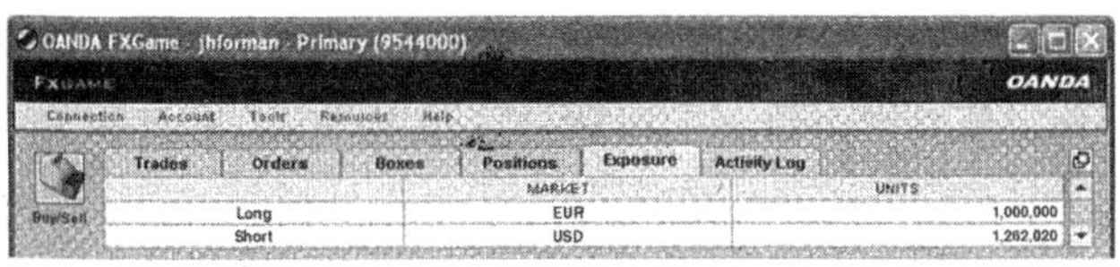

来源：Oanda

图 2-10　Oanda FXTrade 交易平台：持仓选项卡

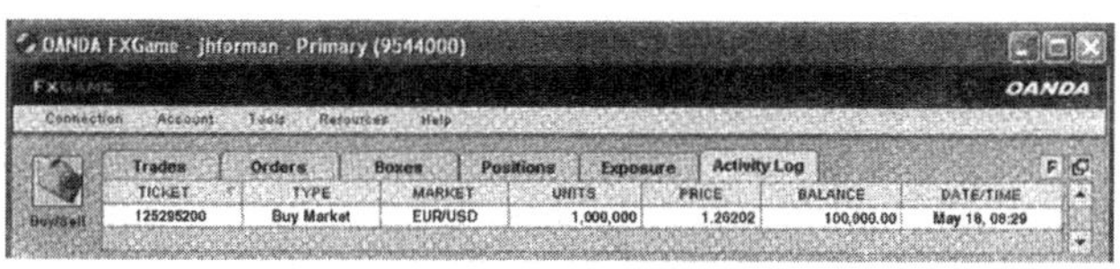

来源：Oanda

图 2-11　Oanda FXTrade 交易平台：事件日志

作业

在了解实盘交易的执行过程后，该亲自动手去获得一些操作体验了。现在用你的 FXTrade 交易平台账户，开仓和平仓多个头寸，体验一下如何去做交易。观察价格的变化，这也是你进行实盘交易的需求。确保你明白保证金是如何被确定的，以及利润/亏损（P/L）是如何计算的。有一点是很重要的，就是在你继续操作之前，你一定要熟悉本章节内所表述的交易所涉及的方方面面。

交易的背后是套利

现在，我们已经动手做过交易了，但是交易到底是什么呢？金融市场把买卖双方集合起来。有一些交易非常直接，如股票市场。买家付给卖家相应的钱，从卖家那里拿到股票作为回报。即使是使用保证金和杠杆手段，交易的本质仍然是十分简单的。然而，事实并非如此。

股票市场就是众所周知的现金市场。也就是说买家给卖家现金，可以立即获取有价证券作为回报。可能要花几天时间来使实际的资产置换发生（在美国股票市场通常是 3 天），这个过程被称作结算，但是买家在这段时间内已经拥有该交易的所有权。

远期市场是一种延期的现金市场，在这样的市场里，交易者就资产在未来某个时间置换达成一致，通常情况下还附着一些特殊的条款（价格，日期，交易数量，资产性质）。举一个黄金交易的例子，A 交易者承诺以 400 美元/盎司的价格从 B 交易者手中买入 100 盎司鉴定过的金块，约定三个月内交付金块。我们注意到在合约达成之时，并没有资产置换发生。A 交易者还没有拥有金块。在 A 交易者给 B 交易者 40,000 美元并交货履行合约之前，资产置换在三个月内还不会发生。

> 期货合约是标准的远期合约。他们在交易所进行交易——远期合约通常是场外交易（OTC）市场进行交易。每一个合约都有一事先约好的数量和资产的详细附加条款（在可交付资产的例子中）。合约都有详细的事先约好的交付日期。唯一变化的是合约的价格，这是贯穿整个交易过程的，由市场决定的因素。

股票的买家被认为是做多，这是因为所有者通过价格增值产生利润。然而，当你介入远期合约或者期货交易，直到将来的某个时间之前，并没有资产置换的发生。即便如此，自愿担当买家的一方获得做多头寸。在前一个例子中，A 交易者是买家。当然他被认为是做多头寸持有者，因为他能从金价的上涨中获利。如果自他从 B 交易者手中买到这 100 盎司黄金后，金价上涨到 410 美元每盎司，A 交易者立即反手卖出这 100 盎司黄金，从而获取 1000 美元（100×10 美元）的利润。另一方面，B 交易者是沽空方。假设黄金价格跌至 380 美元每盎司，它将会因此而获利，因为他可以在市场中买回黄金，然后转手以合约价 100 美元盎司卖给 A 交易者，获利 2000 美元（100×20 美元）。

为什么要远期合约和期货合约？

远期合约市场（延伸到期货市场）的诞生，是为了让生产者和消费者能更好地实现套期保值，事先调整他们的收入和支出。

举例来说，种玉米的农民想为即将收割的农作物锁定一个公平的价格，这可以通过开设一个卖出收成的远期合约来实现。同时，谷类农作物的加工者，也想为作为生产原材料而需要买入的玉米锁定一个好价格。他们就可以达成一个远期合约，从而在未来的某个时间买入玉米。

做市商和投机商保障了市场的流动性。

在大多数情况下，所有散户的远期或者期货合约，都需要保证金。这样做在于保护定约方而不利于违约方（对于期货来说，交易双方都是定约方）。

期权市场与远期或者期货市场有一个非常有意义的区别。像远期合约一样，期权也是一种在未来某个时间进行资产置换的合约。然而不同之处在于，由于是“期权”，所以在期权中的其中一方——期权的买方——并不一定要履行合约。当然期权市场，从本质上讲是一个现金市场。尽管如此，期权的买卖方式和股票是一样的，也就是买家付款给卖家，为了获取将来行使交易合约的权利，或者强制卖家履行合约（例如，远期或者期货合约）。

外汇现货交易市场，就是我们通过 FXTrade 交易平台进行交易的实际市场，本质上就是一个远期合约市场，合约周期为两天。然而在实际运行中，尤其是当使用 Oanda 平台时，它对于个体交易者而言更像是一个现金市场，只不过多了一个显著的创新方法而已。当执行外汇交易时，实际上有一系列的交易活动发生。这并不像一种货币和另一种货币交易那样简单。

简单的外汇现货交易

买入 100,000 EUR/USD

借 121,000 美元（USD）

（支付美元（USD）隔夜利率）

‖

在 1.210,0 把美元（USD）兑换成欧元（EUR）

‖

保证金 100,000 欧元

（赚取欧元隔夜利率）

正如图表所示，外汇交易是复杂的。在交易中带着这样的期望，那就是汇率将会向积极方面发生变化，使得拥有货币（存于银行）的交易者，得益于沽空（借头寸，在低位买回）的交易者，当相反的一系列交易平仓时，就产生了利润。

在这个例子中，让我们看看，如果 EUR/USD 汇率升至 1.220,0 会发生什么。这时 100,000 欧元被以 1.22 美元/欧元的价格，兑换回美元。其结果是 122,000 美元。在归还所借的 121,000 美元之后，交易者还剩下 1000 美元的利润。然而在实盘账户上，并不是这样，因为你还要支付借贷美元的利息，还有赚取欧元的存款利息。这就被称作套利外汇交易。

套利外汇交易依据两种货币利率的不同，会产生要么正面要么负面的结果。我们可以在 FXTrade 交易平台，通过菜单栏中的资源/利率（Resources/Interest Rates）按钮，来核对这些利率。选择的对话框界面如图2-12所示。

通过选择欧元（EUR）和美元（USD）按钮（ctrl 键+单击可以选择多个货币品种），我们就获得如图2-13所示的表格。

记住，利率在市场中就是一切。它们深刻影响着竞卖/竞买原则。这就意味着，作为借款人我们要支付更高的竞买利率，作为出借人/存款人，我们赚取较低的竞卖利率。

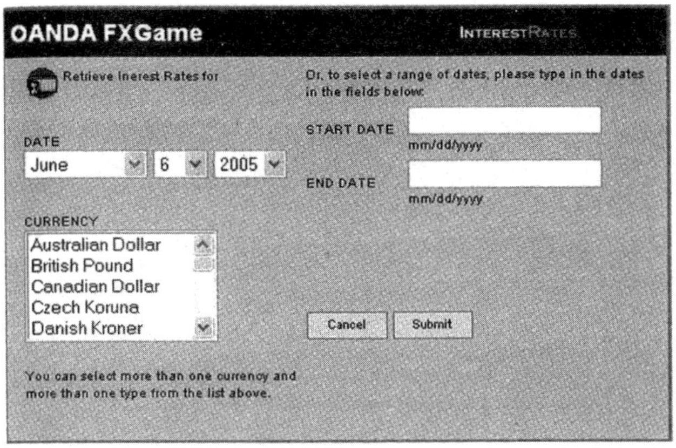

来源：Oanda

图 2-12　Oanda FXTrade 交易平台：利率选择

回到我们所讨论的交易话题，如果我们只关注从美元获利的做多头寸（沽空欧元）的话，那么其他的事情可以暂不考虑。交易的基本结构没有变化。在这个例子中我们只是先借欧元，而后把他兑换成美元。如果美元相对于欧元增值（EUR/USD 下跌），这就意味着你可以花费较少的美元，来偿还欧元的借贷，那么我们就有了利润。

然而，当你进行交叉交易时，事情会稍微有点复杂。交叉交易，因为它不包括账户的基本货币（美元），这给交易程序又多加了一层复杂度。而我们介入交易的每一件事仍保持不变。举个例子，如果我们在 131.00 买入 100000 单位 EUR/JPY，那么我们需要借贷 13100000 日元（JPY）（100000×131），再把它兑换成欧元，存起来。我们可以支付日元的借贷利息，并赚取欧元的存款利息。

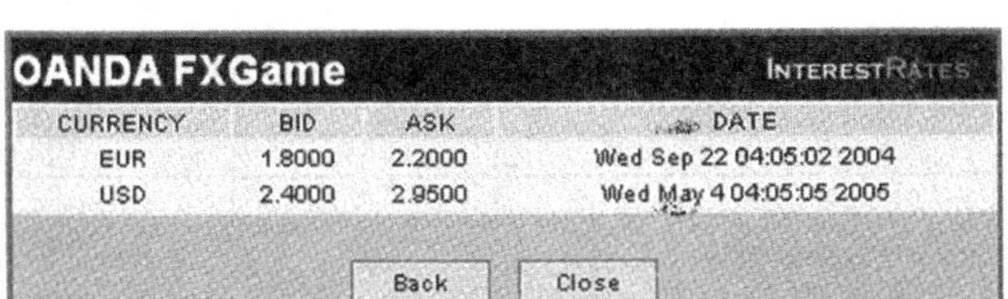

来源：Oanda

图 2-13　Oanda FXTrade 交易平台：利率对比

交叉利率或交叉交易

任何不包括美元（USD）的货币交易品种，就是最普通的被称为交叉利率，或者交叉交易的品种。交叉交易品种和直接交易品种一样都具有关联性。主要的交叉交易品种是：

☆ EUR/JPY

☆ EUR/GBP

☆ EUR/CHF

☆ GBP/JPY

☆ GBP/CHF

☆ AUD/JPY

当平仓的时候，交叉交易稍微有点复杂。假设 EYR/JPY 上涨到132.00，我们来看看做多头寸时如何平仓的：

交叉利率交易

平仓 100,000 单位 EUR/JPY 做多头寸

（介入点位在 131.00）

100,000 欧元

‖

把欧元在 132.00 兑换回日元

（100,000×132＝ 13,200,000 日元）

‖

偿还 13,100,000 日元的借贷

（13,200,000 － 13,100,000 ＝ 100,000 日元盈余）

请注意，原本在日元贷款偿还之后，还有 100,000 日元的盈余，这就是我们的利润。但是由于我们的账户以美元为基本货币，所以为了方便计算，这个利润需要兑换为美元。在把日元兑换成美元时，要执行当前的 USD/JPY 汇率。如果汇率是 107.00 的话，那么我们从这次交易中（100,000/107.00）可以获利 937.58 美元。当然，在计算交易的净利润时，我们也必须考虑套利外汇交易的特点。

应该注意的是，交叉交易业务适用于所有的相对于你的账户而言是非结算货币的交易品种。例如，交易者的账户主要货币是欧元，它就会认为一个无欧元的交易品种（货币对）（如 USD/JPY），是一个交叉交易业务。

头寸市值和盈利/亏损

我们已经简要讨论过盈利和亏损的问题（通常是指 P/L 或者 P & L），但是一般而言，我们应该更多更彻底地关注这一问题和头寸市值问题。这通常是一个通俗易懂的问题。

以最浅显易懂的股市为例，任何头寸的价值等于股票数量×股票价格（Shares×Price）。对于任意既定交易的利润，是通过你介入的头寸总值与平仓时头寸市值相比较而得出的。

做多头寸获利计算公式

（股票数量×平仓价格）－（股票数量×建仓价格）－交易花费

或

（平仓价格－建仓价格）×股票数量－交易花费

在 100 元买入 100 股 IBM 股票，接着在 110 元卖出：

（110 － 100）×100 － 交易花费＝1000 美元－交易花费

沽空头寸获利计算公式

（股票数量×建仓价格）－（股票数量×平仓价格）－交易花费

或

（建仓价格－平仓价格）×股票数量－交易花费

在 100 元沽空 IBM 股票 100 股，接着在 90 元买回：

（100 － 90）×100 －交易花费＝1000 美元－交易花费

这是一个非常简单的公式，可以直接应用于任何市场。我们只需用那个市场的交易单位，来代替股票数量就可以了。这个交易单位，在黄金市场就是盎司，在原油市场就是桶，玉米市场就是蒲式耳，固定收益合约的面值，或者某一指数的乘数。

即使是在外汇市场，这个大家都公认比其他大多数市场稍微复杂一些的市场，交易的本质可以归结为起始价值和结算价值（正如市场所设置的那样）：

非美元基础货币（如，EUR/USD）

做多：（单位×R2）－（单位×R1）或单位×（R2－R1）

沽空：（单位×R1）－（单位×R2）或单位×（R1－R2）

这里 R1 是起始汇率，而 R2 是结算汇率。

在 1.3000 买入 100000 单位 EUR/USD，接着在 1.3100 卖出：

（100000×1.31＝131000 美元）－（100000×1.30＝130000 美元）＝1000 美元

以美元为基础货币（如，USD/JPY）

做多：（R2/R1－1）×单位

沽空：（R1/R2－1）×单位

在 110.00 买入 100000 单位 USD/JPY，接着在 111.00 卖出：

（111.00/110.00－1）×100000 美元＝909.09 美元

在 110.00 沽空 10000 单位 USD/JPY，接着在 109.00 买回：

（111.00/109.00－1）×100000 美元＝917.43 美元

正如我们从 EUR/JPY 的例子中所得知的那样，交叉交易有一个额外的附加步骤。同样的计算方法也可以被用在前面的交易品种（尽管两个计算方法都能用，但是非美元基础货币可能更容易些），但是利润/亏损数据必须使用与账户货币相关的货币来兑换——正如我们早期提到过的一样。

你可能会注意到，我们并没有列出前期提到过的，外汇交易中的花费。大多数情况下，外汇即期交易并没有交易佣金，或者任何交易费用。然而，你一定还记得，套利外汇交易是以利率的差别为基础的。套利交易既可以是正向的，也可以是反向的。它是以交易日为基础（你可以在交易日志栏里看到具体的交易），含周末，计入贷方或者记入借方的。

分时段计息 VS 不间断计息套利外汇交易

Oanda 交易平台是开放式外汇交易平台，计算利息的方法是以不间断计息为基础。这就意味着交易者在开仓持有头寸期间，必须支付或者赚取套利交易的利息，而不用考虑交易时间的长短。其他大多数外汇交易平台在处理套利交易时，只对所有持仓的过夜头寸，在某一特定的时间段（通常是美国东部时间，下午 4、5 点钟）进行当日结算。

FXTrade 交易平台同时提供一个便利的盈利/亏损计算器，交易者可以事先计算介入一个头寸所带来的潜在利润和亏损风险。你可以通过选择菜单栏中的“工具”（Tools）按钮，接着单击“点数/利润计算器”（PIP/Profit Calculator）按钮获取该计算器。接着会弹出一个小窗口。

“点数/利润计算器”参照图 2-14 所示，(在其他交易平台也有类似的工具）它能让你很容易地计算盈亏。只要简单改变输入选项，有选择地输入开仓点位（OPEN）和平仓点位（CLOSE），你就可以模拟任何货币品种的做多或者沽空交易。利润或者亏损数据（P&L）将会在窗口的底部显示。

来源：Oanda

图 2-14　Oanda FXTrade 交易平台：点数/利润计算器

当然，即便是在计划交易阶段，你就已经有了“点数/利润计算器”这样的超级工具，但是你也要明白，工具有它本身的局限性的。对于非交叉汇率交易，计算器会立即给出计算结果；然而对于交叉汇率交易，它只能以当前的利率为基础，大略地估算出交易盈亏。

管理交易的过程

在交易中绝不仅仅只是执行交易那么简单。我们还没有准备好进行交易的决策环节，该环节能驱动开仓和平仓行为，但是在执行交易环节，提出交易管理这一观念是非常重要的，尤其是当它作为订单设置有特别的辅助时。

在前面的讨论中，我们曾提到停损单和限价单。他们可以用来在特殊的价位开仓介入头寸，用他们来定义开仓头寸极为常见。例如，一个拥有做多头寸的交易者，如果市场走势与持有头寸相反时，可以使用停损单来平仓退出交易，而在走势相同时，可以使用限价单来获利了结。

正如前面所讲的那样，设置停损单或者限价单（在 FXTrade 交易平台两者没有区别），与任何其他类型的交易平台都极其相似。让我们再简单回顾一下设置停损单和限价单的过程。

首先，我们开始一个全新的订单——买入 1,000,000 单位 EUR/USD。你可以从图 2-15 中看到，是一个做多头寸，成交价格在 1.227,74。

因此我们就有了一个开仓做多的 EUR/USD 头寸，为了防止汇率有一个反向的运动（下跌），我们可以通过设置一个在当前市场汇率之下的停损单来实现。

在这一特殊的例子中，我们将接受 5 个点的风险。这就是说把我们的停损单设置在 1.227,24。记住一点，由于我们是做多，所以卖出头寸就是平仓出局，我们的订单将会在竞价的点位成交。这是在设置停损单和限价单时，一定要牢记在心的。

这样，我们的订单就如图 2-16 所示。

我们在 1.227,24 有一个卖单。注意到持续时间对话框（Duration Box）被选中，其持续时间是一个月。这个订单的有效期是 30 天，这和 FXTrade 平台所提供的一样。这个持续时间在不同的交易平台和交易系统也有所不同。

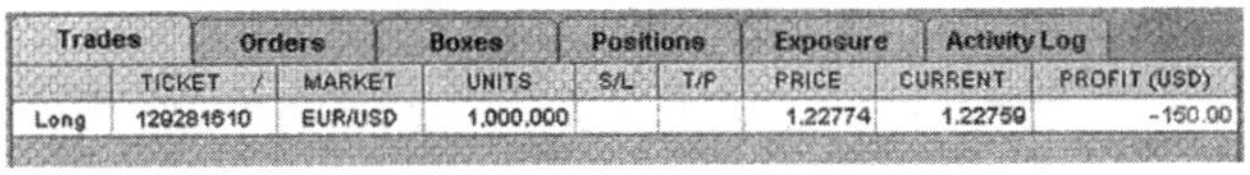

来源：Oanda

图 2-15　Oanda FXTrade 交易平台：做多订单

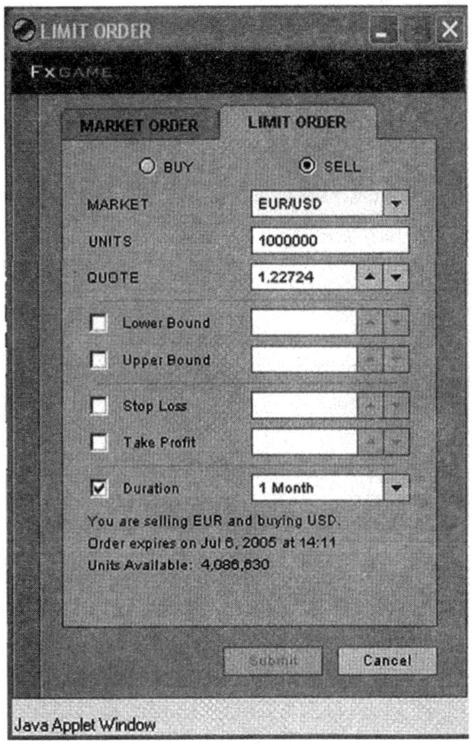

来源：Oanda

图 2-16　Oanda FXTrade 交易平台：委托卖单

在设置开仓买入订单的同时，我们设置一个获利 5 个点的卖出订单。也就是说我们用限价单在 1. 228,24 卖出。如图 2-17 展示了该订单。

这两个订单把我们的头寸限定在上下 5 个点的范围之内。我们现在对于这个特殊的交易，风险/获利比是 1∶1（在本书中稍后部分会再次提到这个问题）。这就意味着，在这次交易中我们可以赚取或者损失相同的量，500 美元。

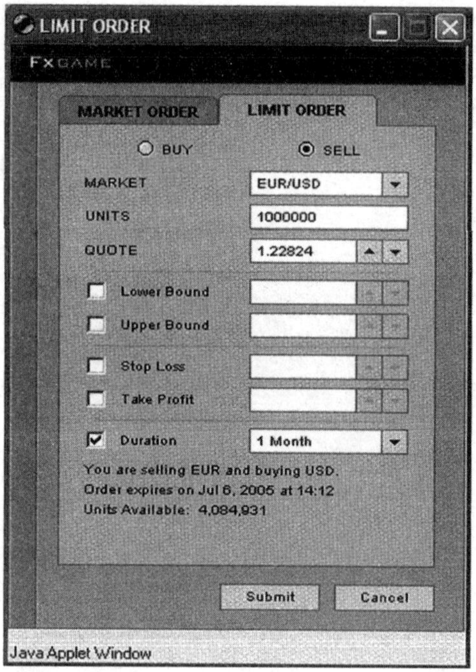

来源：Oanda

图 2-17　Oanda FXTrade 交易平台：委托卖单

请注意，就是因为我们在本次交易中，选择了 5 个点作为停损和止盈，但是这并不意味着其他任何交易都要这样。我们将在以后的章节中提及，设置停损和止盈的过程。

如果我们在 FXTrade 交易平台中，点击“订单”选项（Orders），我们可以看到，刚才我们介入的停损单和限价单，都会显示出来，大致如图 2-18所示。

Trades | Orders | Boxes | Positions | Exposure | Activity Log

	TICKET	MARKET	UNITS	S/L	T/P	PRICE	CURRENT	EXPIRY
Short	129281621	EUR/USD	1,000,000			1.22724	1.22759	Jul 06, 14:11
Short	129281630	EUR/USD	1,000,000			1.22824	1.22759	Jul 06, 14:12

来源：Oanda

图 2-18　Oanda FXTrade 交易平台：订单选项卡

随着我们的止盈单和停损单设置停当，我们就可以放松休息了。如果我们离开显示屏一会儿，发生了什么事，交易将会在要么盈利 500 美元，要么亏损 500 美元而平仓退出（没有计算外汇套利交易利息）。

在这个特殊的例子中，市场运行方向与我们的头寸方向相反。1.227,24的停损单被触发，这样我们就损失了 500 美元，再加上 0.29 美元的外汇套利交易利息。这些都在交易从开仓买入，到平仓卖出完成一个完整的循环之后，会在我们的交易日志里详细列出（参照图 2-19）。

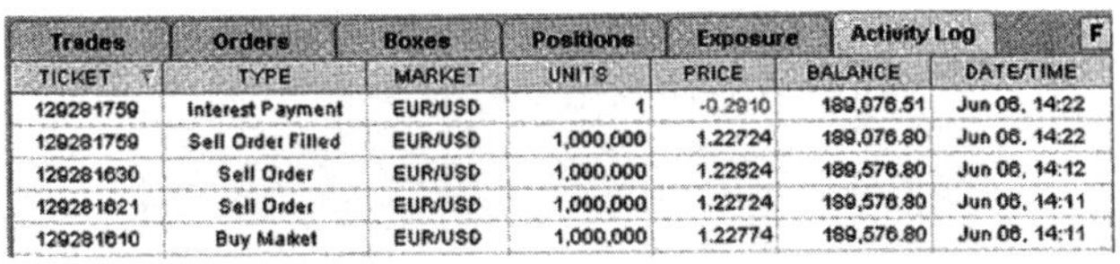
Trades | Orders | Boxes | Positions | Exposure | Activity Log

TICKET	TYPE	MARKET	UNITS	PRICE	BALANCE	DATE/TIME
129281759	Interest Payment	EUR/USD	1	-0.2910	189,076.51	Jun 06, 14:22
129281759	Sell Order Filled	EUR/USD	1,000,000	1.22724	189,076.80	Jun 06, 14:22
129281630	Sell Order	EUR/USD	1,000,000	1.22824	189,576.80	Jun 06, 14:12
129281621	Sell Order	EUR/USD	1,000,000	1.22724	189,576.80	Jun 06, 14:11
129281610	Buy Maket	EUR/USD	1,000,000	1.22774	189,576.80	Jun 06, 14:11

来源：Oanda

图 2-19　Oanda FXTrade 交易平台：交易日志

因此我们现在清算了做多头寸。然而，在这里我们可以稍微停顿一下。如果单击“订单”（Order）按钮来检查的话（如图 2-20），我们可以看到我们的止盈单依然存在。

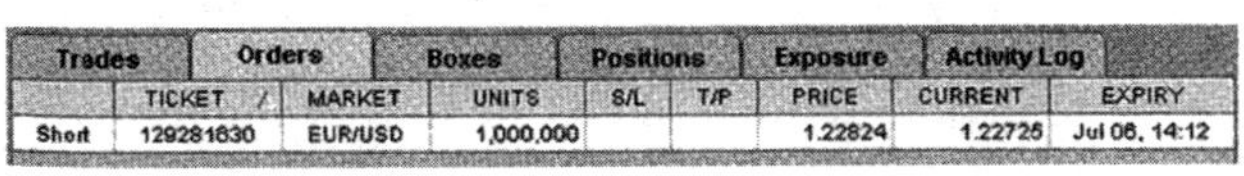
Trades | Orders | Boxes | Positions | Exposure | Activity Log

	TICKET	MARKET	UNITS	S/L	T/P	PRICE	CURRENT	EXPIRY
Short	129281630	EUR/USD	1,000,000			1.22824	1.22725	Jul 06, 14:12

来源：Oanda

图 2-20　Oanda FXTrade 交易平台：订单选项卡

这里可能会产生一个问题。如果市场上涨到 1.228,24，那个止盈单就会被执行，这样就相当于我们沽空 1,000,000 单位的 EUR/USD。假若这就是我们的本意，那么就没什么问题。可是大多数时候，这并不是我们所希望的结果。我们宁愿该订单被撤销。如果我们就在电脑跟前盯盘的话，当限价点被触及的时候，我们一定会手工撤销该订单【在 FXTrade 交易平台，单击具体的订单就会弹出如图 2-21 所示的界面，确保“撤销”（Cancel）复选框被选中，然后单击“提交”（Submit）按钮】。如果我们不在电脑前盯盘，当然，我们可以留下一个附加订单，这个订单可以导致产生一个非预定头寸（Unintended Position)。非预定头寸是相当有害的，尤其是不设置停损单时。

举例来说，想象一下 EUR/USD 开始上涨。涨到了 1.228,24，到了我们的获取利润的点位。正处于激活状态的限价单，就被触发了。突然之间，我们沽空 1,000,000 单位 EUR/USD。假若市场立即反转，那就太棒了！但是要是它继续上涨到更高的点位，怎么办呢？要是有一些消息能促使价格上涨呢？那就真的很可怕了。我们回到计算机跟前，结果发现自己深陷其中。一个 100 点的上涨——不是没有可能——将花费 10,000 美元，那么我们该如何避免这种情况发生呢？

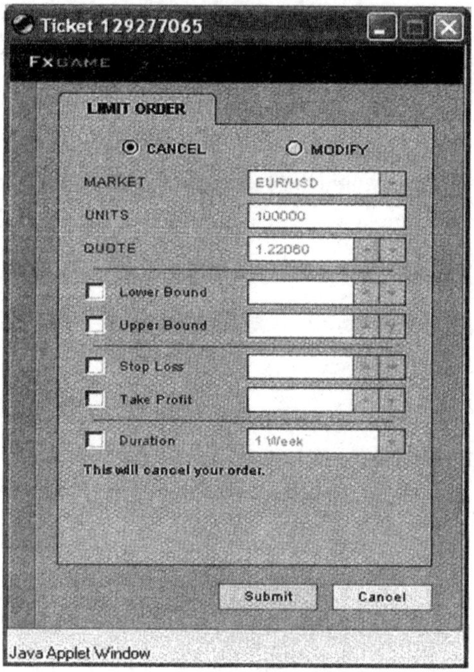

来源：Oanda

图 2-21　Oanda FXTrade 交易平台：委托单

如果你回顾一下，本章稍早些时候我们提到过一种二择一委托单(OCO)。这种单子处理这样的情况十分顺手。如果停损单或者止盈单的其中一个成交，那么另一个订单则自动取消。这是一个相当安全的功能。

不幸的是，二择一委托单（OCO）的设置并不是在所有的市场，或者所有的交易平台都适用。这也包括 FXTrade 交易平台。当然，还有另外一种解决方案。Oanda 已经提供了一种解决出现这种情况的方法，该办法在其他许多（不是绝大多数）交易平台也有。具体方法是这样的，设置停损单和止盈单时，和一种特殊的头寸绑定。

现在我们来初始化任何头寸，这次是 EUR/JPY。我们将在市场买入1,000,000单位的头寸。我们的订单情况如图 2-22 所示。

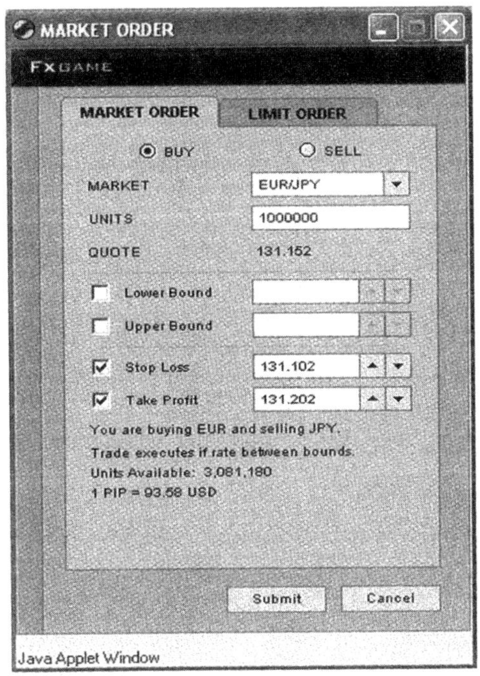

来源：Oanda

图 2-22　Oanda FXTrade 交易平台：订单 ticket 界面

注意，在这个例子中，我们设置停损单和止盈单的点位，都在界面上显示，而在以前我们没有这么做过。这是一个奇妙的小小功能，它在我们进行交易时附加了两个额外的订单。当我们的订单一旦被执行，我们就会有一个在 131. 102 激活的停损单，以及一个在 131. 202 的止盈单。这由系统交易平台基于我们在订单标签中输入的价格而创建，并且在开仓订单被执行时，自动设置到交易系统中。

以我们的买入订单为例，如图 2-23 所示。

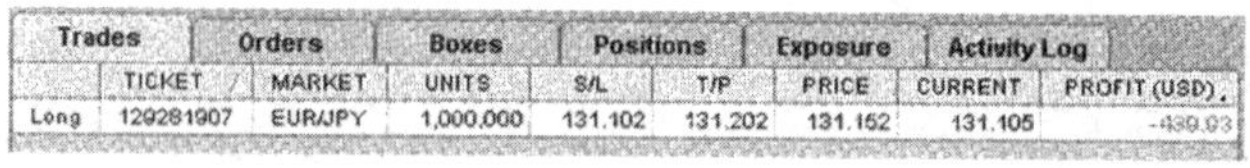

Trades | Orders | Boxes | Positions | Exposure | Activity Log

	TICKET	MARKET	UNITS	S/L	T/P	PRICE	CURRENT	PROFIT (USD)
Long	129281907	EUR/JPY	1,000,000	131.102	131.202	131.152	131.105	-439.93

来源：Oanda

图 2-23　Oanda FXTrade 交易平台：交易界面

交易和平常一样进行。当然，以前我们在 S/L 和 T/P 列（分别是停损和止盈列）没有输入内容。而现在我们在设置交易订单的时候，直接设置了盈亏点位。如果我们单击订单（Order）选项（参照图 2-24），我们可以看到有两个新订单与他们相匹配。

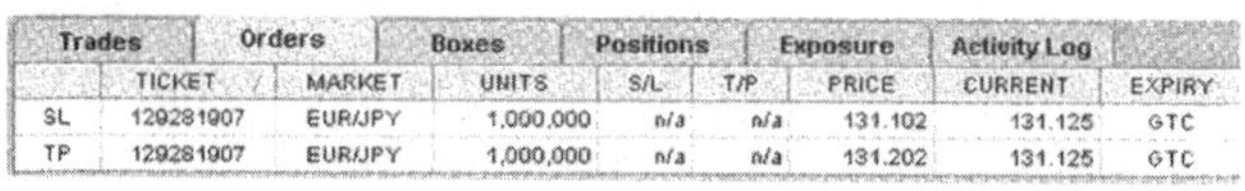

Trades | Orders | Boxes | Positions | Exposure | Activity Log

	TICKET	MARKET	UNITS	S/L	T/P	PRICE	CURRENT	EXPIRY
SL	129281907	EUR/JPY	1,000,000	n/a	n/a	131.102	131.125	GTC
TP	129281907	EUR/JPY	1,000,000	n/a	n/a	131.202	131.125	GTC

来源：Oanda

图 2-24　Oanda FXTrade 交易平台：订单界面

这次我们所设置的这些订单，和前面例子中我们所设置的有许多不同之处。请仔细看看图 2-24。

从左边开始，最左边的列在之前沽空的地方，显示了一个卖出订单，现在我们有停损和止盈点位，表明这些订单与已经存在的头寸相匹配。S/L列和 T/P 列现在都是“n/a”（无效或空）。很重要的一点是，“有效期限”（EXPIRY）列显示的是“撤销前有效”（GTC）。这些订单在它们的基础头寸（我们做多的 EUR/JPY）清算之前，一直是激活状态。

在我们设置订单的时候，使用“停损”（Stop Loss）和“止盈”（Take Profit）复选框，也就同时提供给我们另一个小而灵光的功能。正如图2-25所示的，两个值出现在图中。下面那一条线（通常情况下是红色的）就是停损。上面一条线（通常是绿色的）是止盈。

当我们使用平常的停损单和限价单，作为停损或止盈时，FXTrade 交易系统只是设置一个对话框，来表明在某一个特定价位的特定时间内，已经存在的标准订单。当交易成交的时候，图中会用箭头来表示——就像图 2-25 中所示的一个向上的箭头标识一样。（**注意：**这些交易/订单行，都可以被在

图中左上部分的循环按钮，移动到上部或者下部。参照图 2-26)

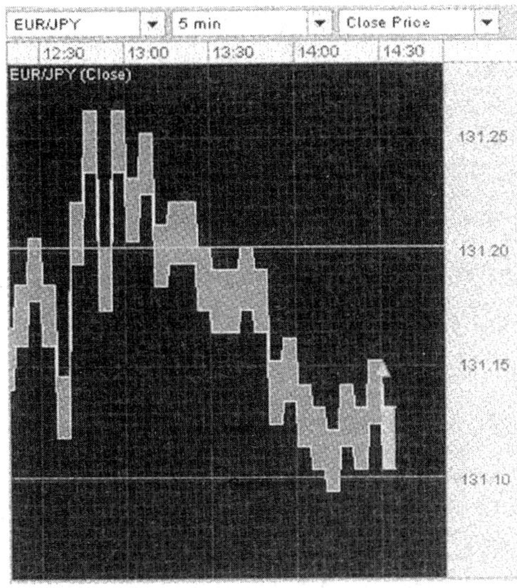

来源：Oanda

图 2-25 带有目标位和停损位的 EUR/JPY 走势图

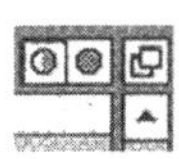

来源：Oanda

图 2-26 显示/隐藏交易栏图标

再说一次，如果市场的运行和我们的头寸方向相反，那么我们就停损出局。(这就说明，这次交易我们没有做好!)

在图 2-27 中，你可以从市场交易日志中看到，我们的停损单被触发了。再回顾一下以前的例子（参照图 2-19），我们的交易看起来像一个很正常的卖出单。它成功地表现为“卖出订单全部成交”(Sell Order Filled)。我们也看到，我们所设置的停损单和止盈单。在订单界面，当我们使用停损单和止盈单这两项功能时，我们并没有在交易日志中看到辅助的订单。我们看到的只是，我们开仓一个新的头寸（Buy Market），它被停损卖出了(Stop Loss)，亏损总计 468.01 美元，同时我们赚取了正向套利外汇利息

（利息所得 Interest Earned）0.02 美元。干净利落。甚至更好的一点是，我们没有未成交的订单，如图 2-28 所示。

现在为止，你就能看到在设置交易头寸时，设置你的停损位和目标位是多么有价值了。还有，你不必事先一定要设置。你可以给任何一个开仓订单添加停损或利润目标位，或者直接修改已有的订单。为了做到这一点，只要在订单选项栏中，单击一个开仓的订单。单击“修改”（Modify）按钮来激活编辑菜单栏。修改完了以后，点击“提交”（Submit）按钮，这样就完成了修改步骤。你能在交易中直接看到变化，在订单选项栏和交易日志栏都有相应的修改。

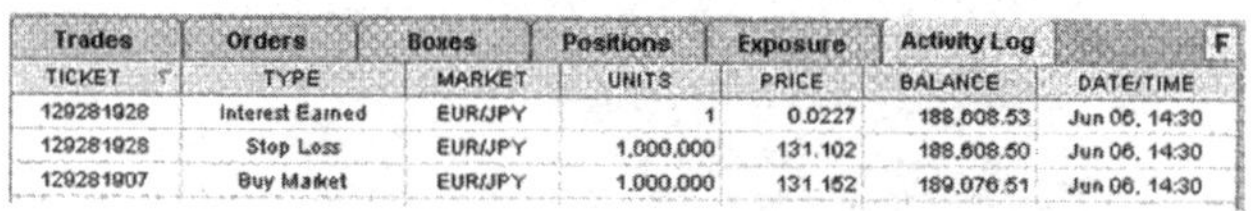

来源：Oanda

图 2-27　Oanda FXTrade 交易平台：交易日志

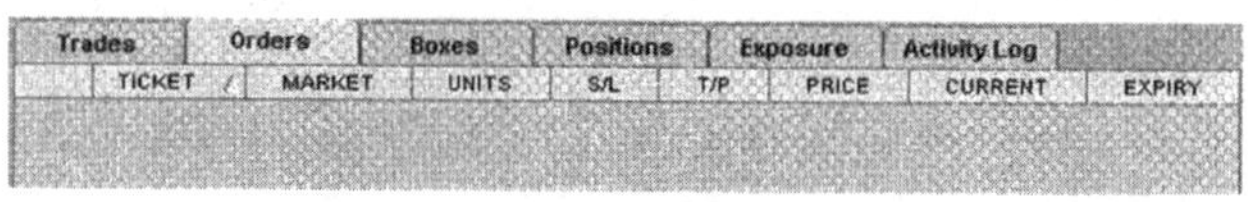

来源：Oanda

图 2-28　Oanda FXTrade 交易平台：订单选项卡

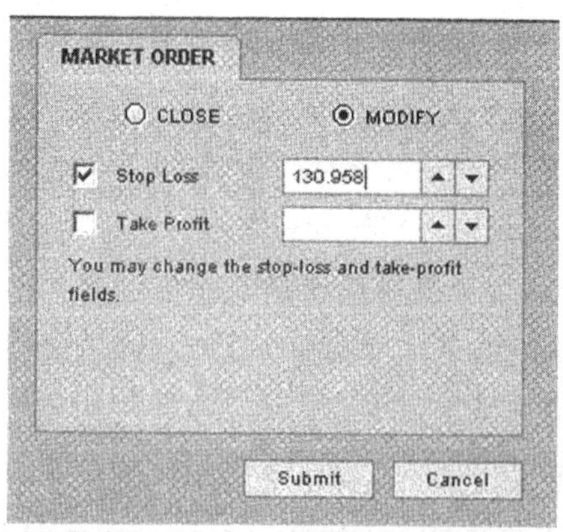

来源：Oanda

图 2-29　Oanda FXTrade 交易平台：修改订单

注意：单击订单选项，让“平仓”（Close）对话框保留空白，单击“提交”（Submit）按钮进行平仓交易，在这个对话框上进行操作时要十分小心。(参照图 2-29)

在这一步骤，你可能对怎样一次处理一个订单非常谙熟了，这就是你以前处理过的。我们忽略了交易管理，未处理好多个同时进行的头寸对账户整体收益的影响。为此，我们再来看看市场持仓。

我们开始一个 100,000 单位的 EUR/JPY 做多头寸，持仓价格在 131.172（参照图 2-30 所示）。我们的头寸非常清晰明了。我们做多 100,000欧元，同时沽空13,118,200日元（如图 2-31 所示）。现在我们来添加另外一笔交易。我们准备在106.921买入100,000单位的 USD/JPY（如图 2-32 所示）。注意到这种变化在我们的总体头寸上是多么显著（参照图 2-33）。我们几乎把做空日元的头寸加大了一倍，同时也加大了做多美元的风险。如果你不注意，这种事情很容易发生。同时它也是外汇交易之外的一个潜在的问题。任何配对的交易品种来协调风险预测——比如，玉米和小麦，黄金和白银，股票和债券等——都有利于对冲投资组合的风险。

也有这样的情形，这时额外的头寸可以从根本上改变你总体的持仓状况。现在来做个演示，我们开始一个做多 EUR/USD 的头寸——价位在 1.227,34的100,000个单位。我们开始的持仓头寸如图 2-34 所示。

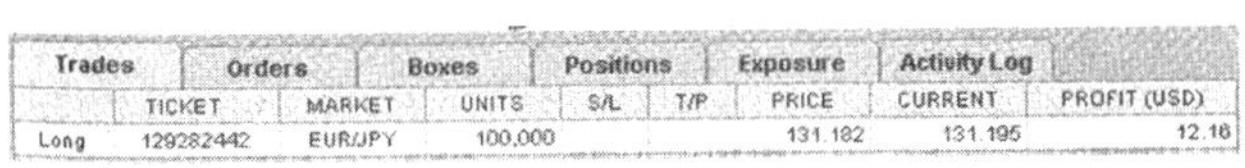

来源：Oanda

图 2-30　Oanda FXTrade 交易平台：交易选项卡

来源：Oanda

图 2-31　Oanda FXTrade 交易平台：持仓选项卡

Trades | Orders | Boxes | Positions | Exposure | Activity Log

	TICKET	MARKET	UNITS	S/L	T/P	PRICE	CURRENT	PROFIT (USD)
Long	129282442	EUR/JPY	100,000			131.182	131.195	12.16
Long	129282668	USD/JPY	100,000			106.921	106.884	-34.62

来源：Oanda

图 2-32　Oanda FXTrade 交易平台：交易选显卡

Trades | Orders | Boxes | Positions | Exposure | Activity Log

	MARKET	UNITS
Long	EUR	100,000
Short	JPY	23,810,300
Long	USD	100,000

来源：Oanda

图 2-33　Oanda FXTrade 交易平台：持仓选项卡

Trades | Orders | Boxes | Positions | Exposure | Activity Log

	MARKET	UNITS
Long	EUR	100,000
Short	USD	122,734

来源：Oanda

图 2-34　Oanda FXTrade 交易平台：持仓选项卡

Trades | Orders | Boxes | Positions | Exposure | Activity Log

	MARKET	UNITS
Long	EUR	100,000
Short	JPY	10,686,100
Short	USD	22,734

来源：Oanda

图 2-35　Oanda FXTrade 交易平台：持仓选项卡

现在我们打算买入100,000单位的 USD/JPY，在 106.861 成交。参照图 2-35 所示，注意，要是在我们的投资组合中，再添加一个头寸，会发生什么结果。你会发现，我们的美元沽空头寸，减少了很多。但是仍在那儿，我们实际上创建了一个复合头寸，一个 EUR/JPY 做多头寸伴随着一个小的 EUR/USD 做多头寸。与原先我们寄希望于 EUR/USD 的上涨和 USD/JPY 的上涨来获利不同，现在我们的账户表现，要取决于 EUR/JPY 的交叉汇率的运行。

在外汇交易中，这种类型的头寸转换方法很容易看到，而且是顺理成章的事。毕竟它就在那儿，在我们眼前的界面上。在其他市场中，账户表现的驱动力，并不总是这么明显和可以计量的，交易者随时都很清楚交易头寸的转换，会对总体的风险预测起到重要的作用。风险价值（VAR）是经济循环中的一种工具，它可以弄清楚在多种手段和多个市场中，固定持有的头寸的变化情况。

在稍后的章节中，我们将更详细地讨论本章的全部内容。

作业

继续练习执行交易订单。分别进行设置有或者没有停损位和限价位的交易订单的练习。在交易组合中也进行此项练习，并观察持仓头寸是如何变化的。

第三章 价格运动及所产生的影响

在前一章节，我们进入市场并且做了初步的交易尝试。本章我们开始着手弄清楚市场是什么以及市场的行为习惯是什么，为后面探讨交易策略的运行做好准备。

价格的影响因素

随着对交易执行和管理等基础知识有了清晰的认识，就该学习研判价格走势了。能够贡献价格点位和能使价格发生变化的因素不计其数，而且各不相同，并且他们的影响可以跨越时间和各种市场。在本章里我们将定义不同类型的因素对价格的影响，以及它们在价格变化中所扮演的角色，图 3-1 是一个价格波动图。

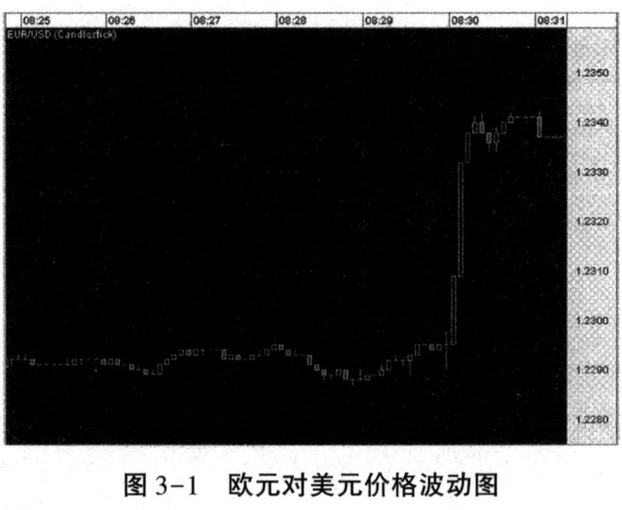

图 3-1 欧元对美元价格波动图

基本面信息

所谓的“基本面信息”，通常是指宏观经济的变化在决定资产或有价证券的价值方面所起的作用。这些变化是以多种方式决定价格走势的因素。他们并不总是在短期内直接影响某一具体证券的价格，但是他们能强烈地影响价格的长期运行、证券交易的方式手段，以及这样做的原因。

这些变化以两种方式来影响价格的变化。第一个是广泛意义上的、长期的、公认的趋势走势。这一系列因素包括：

☆ 利息率

☆ 经济增长总值（GDP）

☆ 政府调节

☆ 法律法规的发展

☆ 政府预算盈余/赤字

☆ 贸易平衡

☆ 物价

☆ 相对汇率

☆ 通货膨胀

☆ 公司盈利

☆ 天气

这些因素通常将会对任何既定的市场的价格产生长期的影响。他们通常是确定市场的潜在价值的最为基本的架构模块。有些对某一市场的影响甚至比另一个市场更大。他们并不倾向于急剧地、明显地影响市场，他们的影响往往在相当长的时间内都能看到。

根据这种说法，经济数据的发布，与以上列出的条目所带来的影响有关，而且就像天气变化那样，可以被直接看到的快速改变，对于市场中价格的短期活跃性，产生了相当大的影响。这主要是通过数据发布的形式来实现。其中一些最为重要的是：

☆ 就业率数据

☆ 贸易数据

☆ GDP 增长数据

☆ 消费和产品通货膨胀数据

☆ 零售和批发销售

☆ 消费者信心和情感指数（如美国的密歇根州立大学调查数据等）

☆ 收入和消费

☆ 制造业

☆ 利率和方针决策

☆ 收益发布

☆ 农作物收成

☆ 暴风雪和其他严重的局部天气

当这些信息的发布超越市场预期的时候，市场会以非常剧烈的形式做出反应。通常，市场是按照自身规律运行，并不容易受到传闻的影响。不确定性可以被认为是唯一的最大的引起价格波动的因素。它使交易变得难以控制，并且很容易产生非理性的市场行为——这些会在稍后的章节中提到。

下面是由非农业就业人口数据——它在每个月的第一个星期五上午 8：30（美国东部时间）发布——所引发的一个非常惊人的例子。在定期发布的经济数据告中，这是最有可能引起市场波动性的数据。它大体上描述了，在过去的一个月内，有多少工作岗位被创造或者取消，失业率，劳动者的收入水平。这些数据被视为直观的经济健康指数的指标，是汇率变化的未来指针。图 3-2 所示的是在宣布统计数据与大众预期相去甚远之后，美国国债期货合约 12 月份走势。

就像 1 分钟 K 线所示，当经济数据在早上 7：30 发布时（图中的时间是美国中部时间，落后美国东部时间一小时），市场下跌了整整 2 个基点。在国债期货合约上，一个基点代表以面值 100,000 美元的债券为基础的 1%的变化，所以价值 1000 美元。这就是说，每个合约面值都在两分钟之内下跌超过 2000 美元。注意到此时的合约保证金需要大约 2500 美元左右。这样算来，所有在数据宣布之前做多国债的交易者转瞬之间就损失了 80%的保证金。

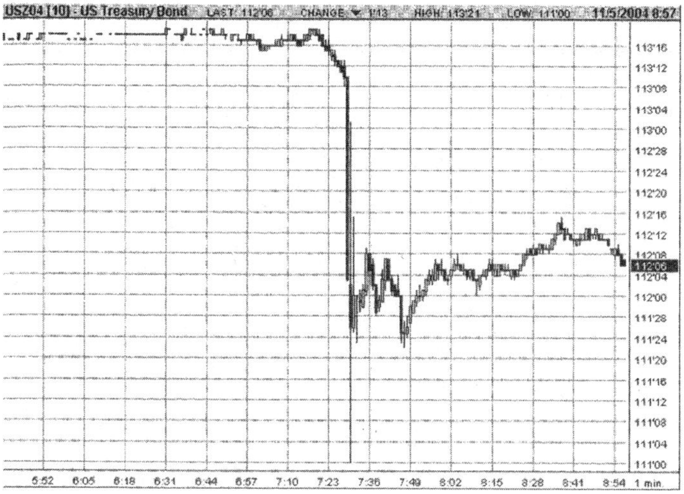

来源：Futuresource. com

图 3-2　美国国债期货合约走势：K 线走势图

在期货中能有挖下如此深坑的走势，常常要归咎于市场的短暂行为。意思是说，市场价格变化如此慌乱，以至于实际上在点位快速变化那一段，交易只能在很有限的几个不同的价位上成交。这对于在重大信息发布的时候，持有头寸的交易者，风险是不言而喻的。正如图 3-2 所示的那样，市场可能立即发生快速反弹，但是在此期间，交易者的持仓头寸可能已经伴随着实实在在的亏损，在停损单处被清算出局。在 111′00 卖出的交易者，正如图表众所显示的那样（所显示的价格是成交价，并非指示价），当他们看到价格在瞬间如此快的反弹之后，毫无疑问会声嘶力竭地咒骂。

幸运的是，所有重要的经济数据发布都是谨慎合理的文档。他们在宣布之前都有预告，宣布该数据即将发布。在绝大多数情况下，你可以在事前从某些资源中，找出公众希望发布的预期。参照表 3-1 所示的例子。

对未公布数据有先见之明，并不能阻止由不可预期的数据所引发的亏损。然而它确实能够提醒交易者看出并且懂得，交易风险正在增加。

表 3-1　经济数据发布样例一览表

时间 (纽约时间)	地点	描述	预报 数据	前期 数据
3/18 12：00	美国	美联储主席格林斯潘讲话	-	-
3/18 09：45	美国	密歇根大学 3 月观点	94.8	94.1
3/17 12：45	加拿大	加拿国家发展银行朗沃斯讲话	-	-
3/17 12：00	美国	2 月费城联储局指数	20.0	23.9
3/17 10：00	美国	2 月份主要指标	0.1%	- 0.3%
3/17 08：30	美国	周失业率公布	315k	327k
3/17 04：30	英国	2 月零售公告	0.1%	0.9%
3/17 00：00	日本	日本银行货币政策报告	-	-

权威人士

下一个主要并且较频繁地影响市场活跃度的消息，是各种官方和非官方对前述经济因素及它们背后的经济政策的评论。这其中最具影响力的是来自中央银行和政府官方经济部门的核心人物的评论。这些核心人物成为影响市场的权威人士，如美联储主席，或美国财政部部长、欧洲中央银行行长、日本财政大臣，或者日本银行行长，以及其他一些较大的工业化国家中类似职位的人。

这些地位显赫的官员，通常事先都会适时地发布公众讲话（就像联邦储备局的国会金融政策报告）。市场的参与者把这些人的发言当作密码来解读，从而找出隐含于其中的将来利率和金融政策可能的变化。针对 20 世纪 90 年代末股市的上涨，“非理性繁荣”这种表述，从美联储主席艾伦·格林斯潘口中说出来，那么市场就不得不做出反应。这只是表明这些评论有多么重要的一个例子而已。

各州领导人也在上述权威人士之列。他们的谈话看似与市场无关，甚至平淡无奇，但是他们的言论（比如美国各州联合声明），可以大体上表明政府的政策，这当然是影响证券市场的。

无数低一个级别的政府部门也发表各类声明。这些言论包括，例如区域性联邦储备银行行长和主要政府部门的部长所发表的言论。然而，任何权威人士的影响力都依赖许多特定的因素。他们是谁，他们说了什么，以及基本的政策内容、经济内容和市场行情等，这些是发言的一部分。

在市场本身，也有许多有影响力的权威人士。以前，市场受到几个特殊的华尔街分析家的严重影响。现在这种情况有了很大的改观，但是他们的言论和行为，对市场仍具有重大的影响。沃伦·巴菲特就是一个很好的例子。乔治·索罗斯也是一个影响力颇大的人。任何享有盛誉的基金经理，都被划归为这一类。许多投资组合经理和市场分析师，成为近期媒体所关注的焦点。许多人关注他们的言论，受到他们的影响。

突发事件

与上面所提到的基础数据和市场言论相比，有一种市场影响因素，很难找出始作俑者，而且事先很难做出准备。有一些混合型的因素，我们对这些因素发生的时机，却常常一无所知。

下面是这一类因素：

☆ 自然灾害

☆ 宣布公司合并或者接管

☆ 产品召回以及相关的不利新闻

☆ 政府行为的宣布或者公司调查报告

☆ 法庭裁决（尽管时间上有时可能会是可预期的）

这种类型的因素总是出其不意，其特殊之处在于并不在预定日程之内。因此，预期从根本上来说是不可能的。正如你以前注意到的一样，市场喜欢可以预测的事情，所以突发事件对于，无论是长线还是短线的价格行为，都将产生巨大的影响。这种情况在消息面很坏的时候更是尤为严重。市场下跌总比上涨快。

订单流

有两种订单流类型对市场产生影响。第一个是来自投机者的订单。简单地说，这就是所有的，包括各种各样的资本管理者、做市商、交易者、经纪人和其他的一切想在市场中获利和提供流动性的人，所设置的订单。这种类型的订单所产生的成交量，往往具有易波动性，并且变化很快。投机者对前面所提到的舆论领导的言论做出快速反应，从而成为市场急剧上涨和下跌背后的主要推手。一个大的订单成交能够推动市场，尤其是在成交量低迷的环境下。这既有可能是短期的暂时现象，也有可能是大行情的一部分，这要视环境而定。

另一种订单流类型来自非投机者的订单。这种订单源自与商业贸易行为相关的产物。公司把资本进行全球化运作。他们通过买卖货物，对冲成本和收益，在市场的激烈波动中套期保值。而实际上，这些非投机者的成交量形态，可能会和投机者的成交量形态不同，这就是为什么先有市场的原因。对于大宗的投机交易来说，大宗的非投机交易也可以影响市场的短期行为。然而，和投机者不一样，那些通过市场来开展商业活动的投资人，能够长期参与价格运动的过程。一个完美的例子就是公司采取股票回购措施。公司不停地买入股票，将会给股票价格带来积极的影响。这种回购行为，对公司的未分配利润和每股收益都产生影响。

干预

全世界范围的中央银行，都会时不时地在金融市场中扮演积极的角色。这种干涉可以是直接的，也可以是舆论上的。比如日本中央银行在外汇市场用日元兑换美元，从而避免日元对美元汇率上涨过高。这些手段也可以是更微妙的，比如联邦储备局通过在市场中买卖国债，来增加或者紧缩货币供给。

这一类交易可能会跟其他一些大规模交易一样产生短期的影响，而随着这种交易对市场所造成的冲击，还会产生一个额外影响。当中央银行参与交易时，这有一个深层次的含义——他们极力想影响市场。交易者会非常认真地对待政府的这一态度，因此它所造成的影响就能长期影响市场，而不管那些交易实际产生了多大的影响。

心理因素

此外，还有一个至关重要的因素，影响价格和市场运行的是心理。当我们提及市场心理的时候，通常是指市场所有参与人士观点的综合展现。因此通常被称作“市场情绪”。他们认为市场是被合理地估值，高估还是低估了？

他们认为市场正处在趋势之中，并且会因此沿着当前的趋势前进？搞清楚这一点很重要的原因在于，它不仅能够决定价格在将来长时间内可能的运行方向，而且还能够决定本节中所提到的某些因素对价格产生的影响。

市场情绪是交易者和市场分析师经常讨论的话题。有许多采用各种方法，专门设计用以度量市场情绪的指标。这些指标并不是我们现在要去探讨的东西。最简单的保持跟随市场情绪的方法就是，多读和多听。听听市场的参与者对市场成交量峰值的看法。同时，见识市场对传闻和发布的消息的反应，也是非常有助益的。

作业

用一周时间观察市场对经济信息发布的反应。回顾过去的一段日子，挑选出有信息发布的那几个星期。（现在，我们暂时不去关注那些发言人。他们是给具体数据量化的大人物。一旦你有了更好的理解力，你就具备了更好的，能听懂他们所说的话的能力，并且洞悉他所说的重点。）确定在每个市场发布的信息之前，市场预期是什么，接着观察当数据宣布后市场是如何做出反应的。把每件事情都记录在交易日志中。这一点是非常值得去做的，在持续的基础上获得对一系列有规律发布的主要市场信息的全面理解。

价格运动及周期走势

明白了是什么因素导致价格运动，接着就该仔细观察他们是如何作用于价格的。为了便于讨论，我们主要关注外汇交易汇率，这样就可以获取一个贯穿本书的标准参考点。当然，要确保所有的市场在价格运动中，都有相类似的特征。这里所提供的信息，都是与除了外汇市场之外的其他任何市场都相类似的。

周期利润回报

最简单的参考点，就是期间利润回报，一般用百分比变化来表示。如果一只股票从 100 上涨到 110，他就产生 10%的利润。然后你会界定这个变化发生的时间区间。该周期可以用分钟、小时、交易日、交易周或任何跨度的时间。

如果上述的股票运动发生在一周之内，我们就把它称作 1 周利润回报。

受到时间周期的影响

以 USD/JPY 从 1999 年 1 月到 2004 年 12 月为例，你可以看到时间周期直接影响到周期利润回报，注意表 3-2 中，随着周期的增长，标准偏差是如何增大的。

表 3-2 时间周期影响周期利润回报和他们的标准偏差

周期长度	平均利润	标准偏差
1 天	-.00475%	0.63530%
5 天	-.02455%	1.37209%
10 天	-.04137%	1.96393%
22 天	-.08031%	2.81958%

不考虑时间因素的话，周期利润回报有着共同的特征。倾向于有频率较高的小利润回报，和少数几次较大的利润回报。相关性是一个重要的特征。实际上这些利润回报，都随着时间周期和市场的不同而大幅变化，这可以通过标准偏差度量法进行演示（参照补充说明）。为了便于说明问题，图 3-3 到图 3-8 是一系列的日收益分布图，来展示价格运动的分布情况。

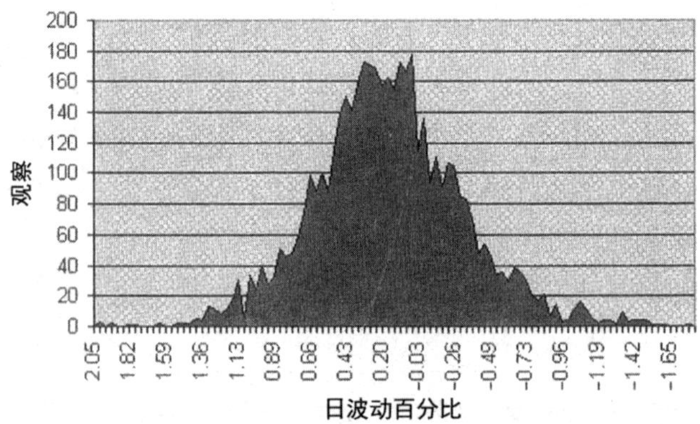

来源：Anduril 分析

图 3-3 1999 年至 2004 年每日 AUD/USD 变化分布图

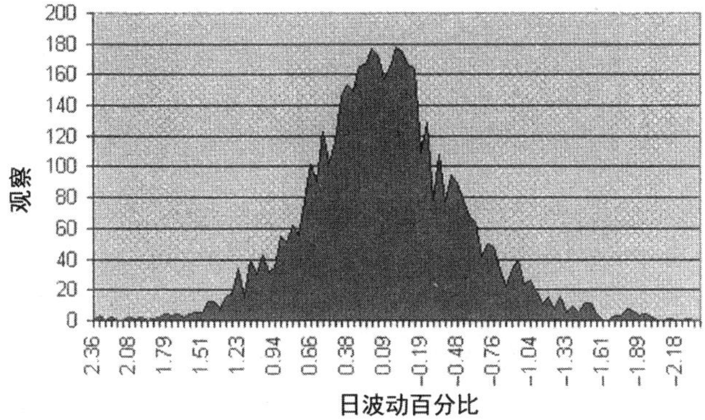

来源：Anduril 分析

图 3-4　1999 年至 2004 年每日 EUR/USD 变化分布图

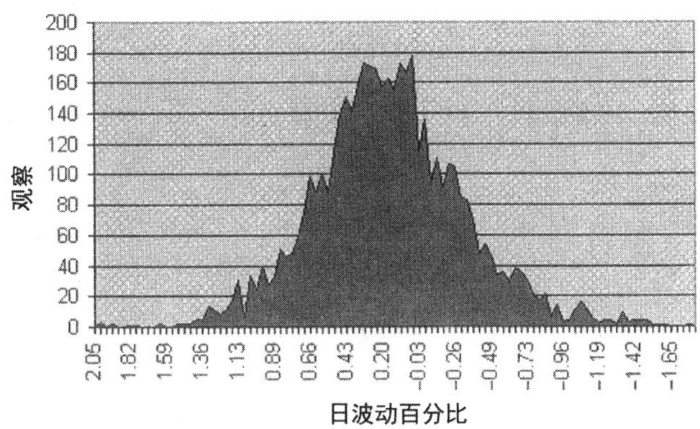

来源：Anduril 分析

图 3-5　1999 年至 2004 年每日 GBP/USD 变化分布图

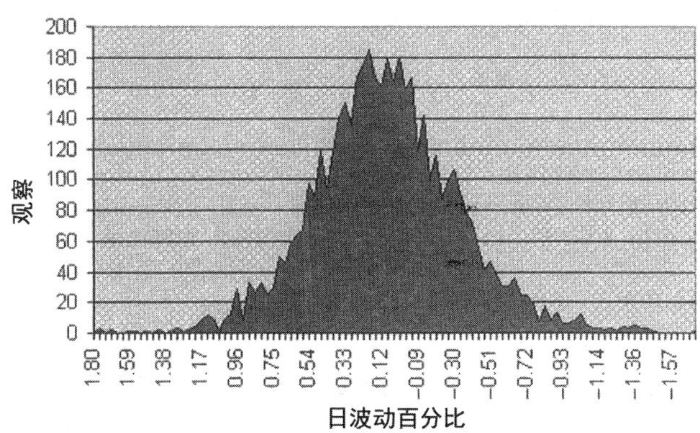

来源：Anduril 分析

图 3-6　1999 年至 2004 年每日 USD/CAD 变化分布图

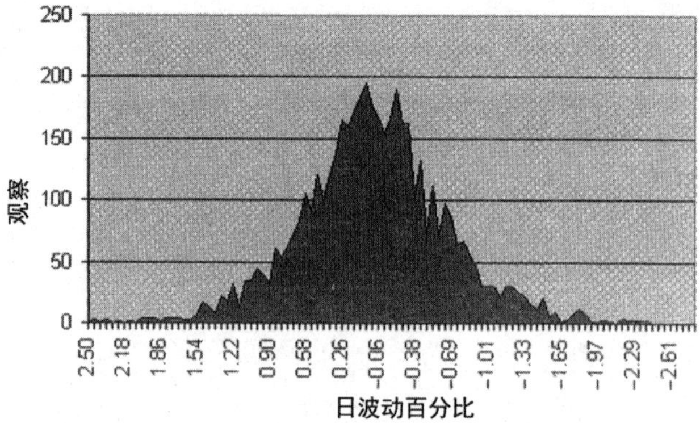

来源：Anduril 分析

图 3-7　1999 年至 2004 年每日 USD/CHF 变化分布图

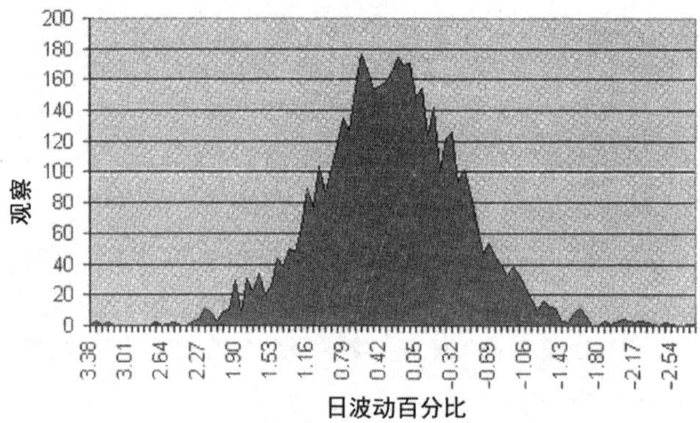

来源：Anduril 分析

图 3-8　1999 年至 2004 年每日 USD/JPY 变化分布图

毫无疑问，观察者会发现所有的分布图看起来十分相似，都是标准偏差的正态分布。有一点锯齿状的部分是我们应该注意研究的，但是基本理念都在这儿。

然而，据说在市场研究人员和纯理论学者之间发生了很多争论，都是关于分布周期收益的精确匹配问题的讨论。大家都很容易接受这样一个事实，百分比变化并不跟随常态分布。这就是所谓的“肥尾”。意思就是说，与基于常态分布能获取的利润回报相比，总有一些更大周期的利润回报（上涨或者下跌）。正是因为这个原因，跳跃—扩散随机过程和一些其他的模型都被提了出来。他们都是基于这样一个观点，就是市场通常的行为表现总是平静的（波动幅度稳定），但是他们的波动幅度，会明显出现周期性增加现象。

你可以通过把问题中的时间周期延伸，从而更进一步讨论周期利润回报问题。图 3-9 到图 3-14 代表了 5 日利润回报的变化，因此本质上他们是 5 个每日利润回报组合而成。也就是说每个 5 日利润回报，其实就是 5 个日利润回报的混合结果。

通常意义上的 5 日利润回报分布图，看起来和每日利润回报分布图很类似。在分布图中只有细微的差别，尤其是在 EUR/USD 和 USD/CHF 两张图中，看起来比其他的更“肥”一些，但是这并没有太多的因果关系。有趣的是在图的底部的刻度。你可能会期望 5 天周期能完成的利润，应该是大约是 1 天收益的 5 倍。然而，事情远不是这样。其原因是极其浅显易懂的。

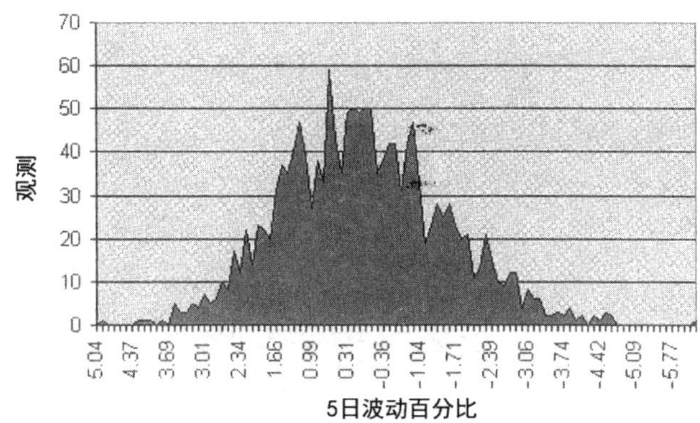

来源：Anduril 分析

图 3-9　1999 年至 2004 年 5 日 AUD/USD 变化分布图

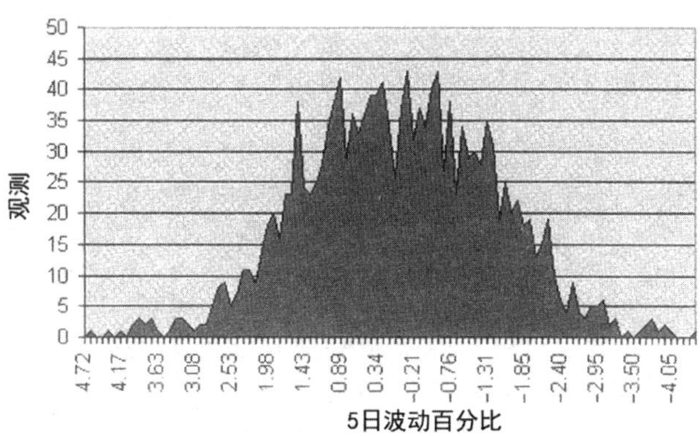

来源：Anduril 分析

图 3-10　1999 年至 2004 年 5 日 EUR/USD 变化分布图

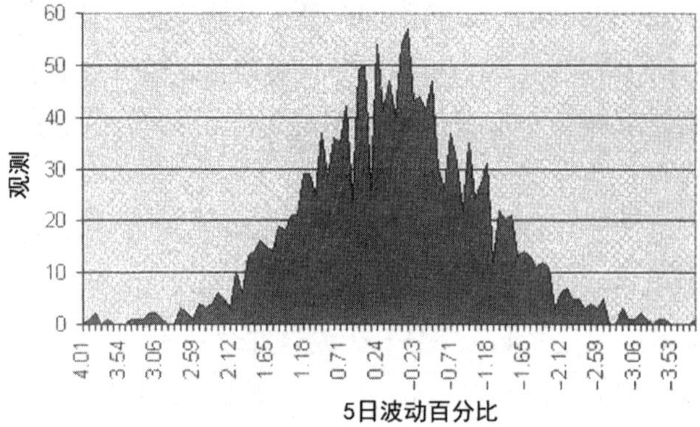

来源：Anduril 分析

图 3-11　1999 年至 2004 年 5 日 GBP/USD 变化分布图

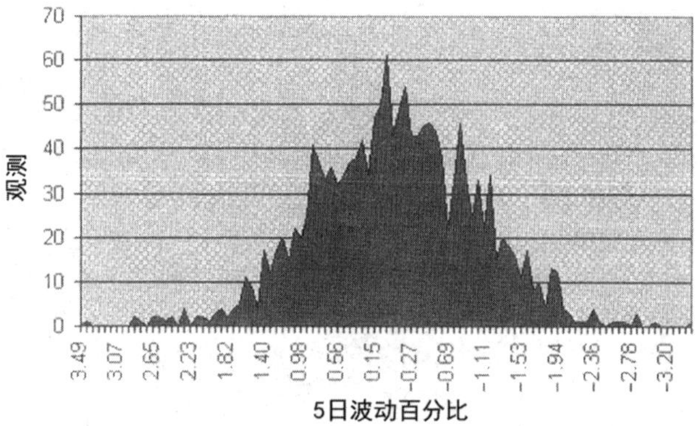

来源：Anduril 分析

图 3-12　1999 年至 2004 年 5 日 USD/CAD 变化分布图

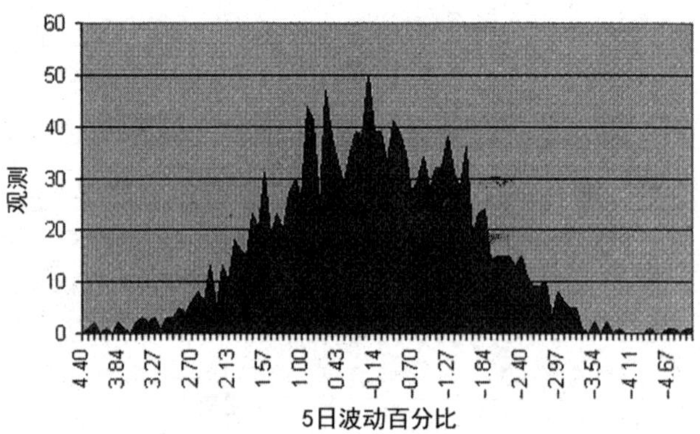

来源：Anduril 分析

图 3-13　1999 年至 2004 年 5 日 USD/CHF 变化分布图

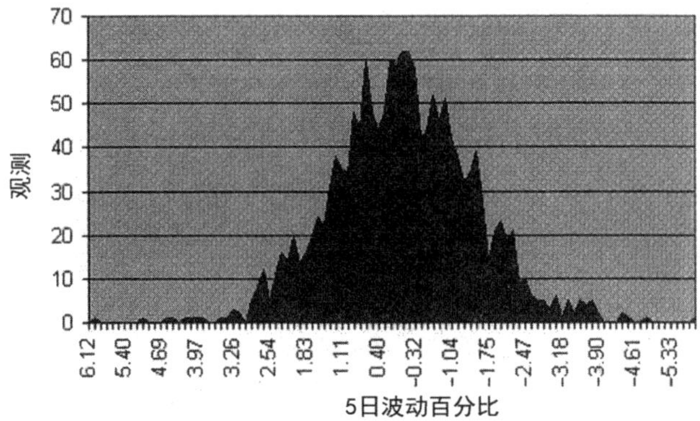

来源：Anduril 分析

图 3-14　1999 年至 2004 年 5 日 USD/JPY 变化分布图

价格运动的持续性

5 日回报率是 5 个日回报率的混合结果，原因就是市场并不是直线运行的。实际上，事实恰恰相反。请看表 3-3 。

表 3-3 中的数据显示，价格按同一趋势方向逐日持续变化的概率是多少。举例来说，对于 AUD/USD 在周三的时候，这个值是 52%。意思就是说星期三的价格走势，和前一天星期二价格走势方向一致的概率是 52%——星期二上涨，星期三上涨，或者星期二下跌，星期三下跌。

表 3-3　价格从一个交易日到另一个交易日的持续性

	星期一	星期二	星期三	星期四	星期五
AUD/USD	52%	44%	52%	44%	47%
EUR/USD	49%	45%	48%	42%	44%
GBP/USD	50%	48%	46%	47%	47%
USD/CAD	50%	**38**%	43%	50%	53%
USD/CHF	45%	46%	48%	45%	45%
USD/JPY	51%	47%	49%	46%	50%

表格中的数据显示的是，从周期到周期间利润回报并没有得到持续。有几个例外——例如，USD/CAD 在周二时 38%是例外。但是通常情况下，对于任意给定的一天，市场的上涨和下跌概率大约是均等的。这就解释了前面所提到的 5 日收益图，而且说明了他们的利润回报为什么并不像你期望的那样多。

周期的变化范围

价格的趋势以直线运行，而不是其他的走势，我们可以通过研究周期的变化范围来演示。研究一下图 3-15 到图 3-20。

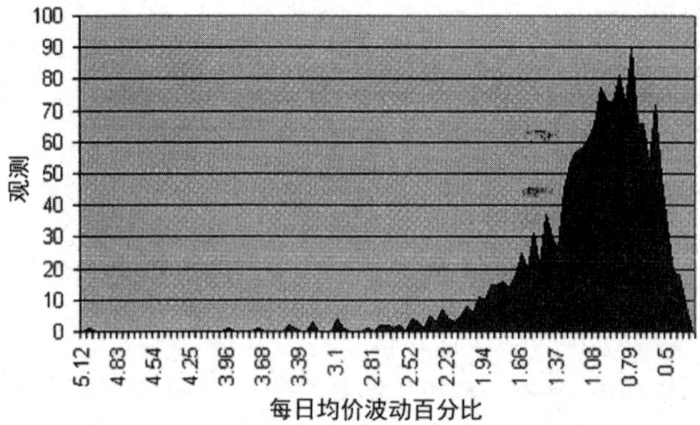

来源：Anduril 分析

图 3-15　1999 年至 2004 年每天 AUD/USD 变化区间分布图

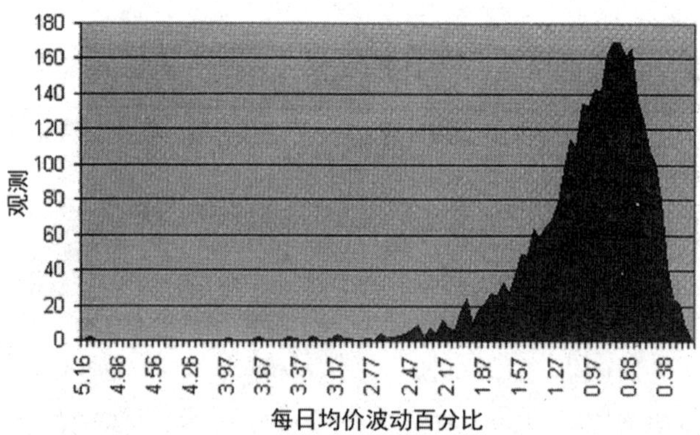

来源：Anduril 分析

图 3-16　1999 年至 2004 年每天 EUR/USD 变化区间分布图

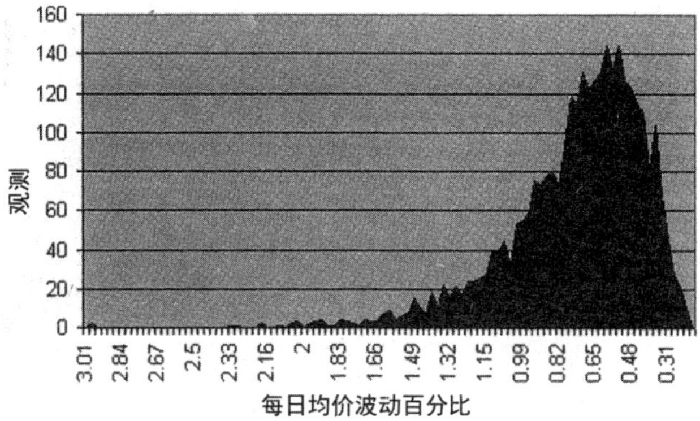

来源：Anduril 分析

图 3-17　1999 年至 2004 年每天 GBP/USD 变化区间分布图

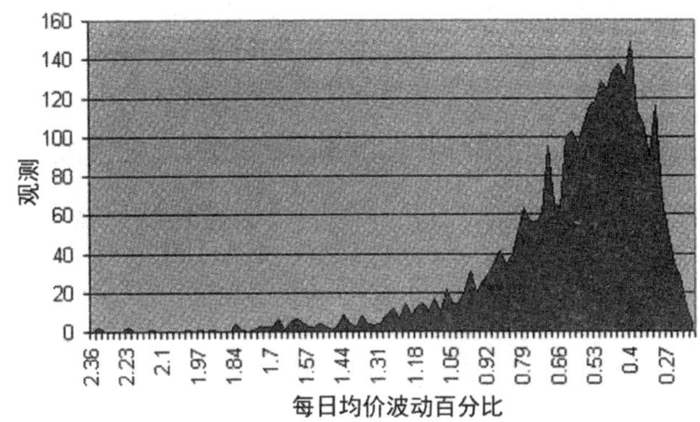

来源：Anduril 分析

图 3-18　1999 年至 2004 年每天 USD/CAD 变化区间分布图

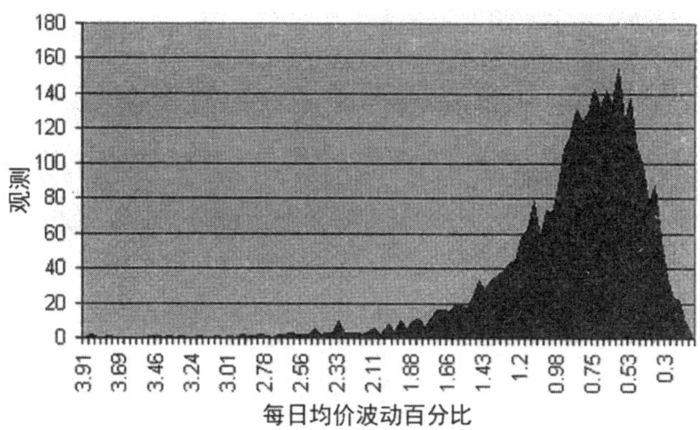

来源：Anduril 分析

图 3-19　1999 年至 2004 年每天 USD/CHF 变化区间分布图

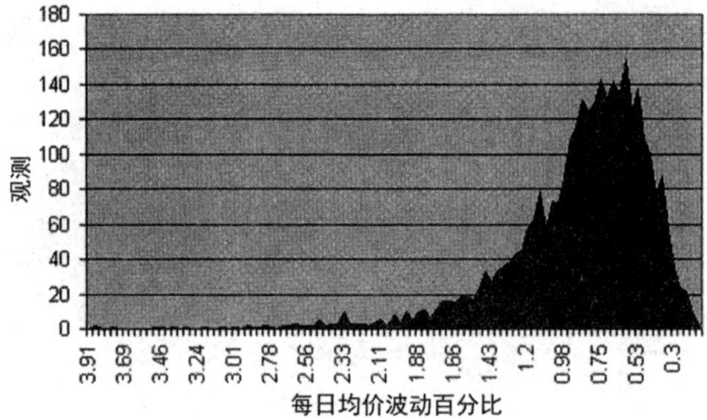

来源：Anduril 分析

图 3-20　1999 年至 2004 年每天 USD/JPY 变化区间分布图

这些图显示，日内波动范围看起来比日利润回报大。当我们拿它们跟1 年利润回报图以及 5 年利润回报图相比较时，都有很大的相似性。毕竟，1 日波动范围也可以被看作是一系列更小的周期收益的组合。此外，你在图中的波动区间也可以看出，价格并不是直线运行的。极少见到这样的交易周期，它的变化区间等于波动范围。

周期走势——直觉及其他

尽管根据指标的提示，市场总是在不寻常和非预期的模式下运行，但还是有一些图形走势显露了出来。其中最有趣和最醒目的就是被我们称作转折点的交易日。

在表 3-4 中，参照加粗的数字。这些标出了每一周的关键交易日。数据显示，所有的市场都在每周的第一天或者最后一天出现最大值——除了星期一的 USD/CAD 的数据为 49%。比如，星期一 USD/JPY 的数据是61%，是全周最高值，而在周三该值仅为 25%，是全周的最低值。

表 3-4　转折点交易日

	星期一	星期二	星期三	星期四	星期五
AUD/USD	**55%**	34%	29%	37%	**50%**
EUR/USD	**57%**	26%	29%	3%	**57%**

GBP/USD	**54%**	33%	27%	28%	**59%**
USD/CAD	49%	35%	27%	30%	**60%**
USD/CHF	**58%**	28%	27%	31%	**58%**
USD/JPY	**61%**	30%	25%	31%	**51%**

各种各样的因素都对周一或周五的转折点有影响。很大程度上是出于本能的直觉。交易者在经过周末的准备之后，周一开始积极地进场交易，而在周五，他们则寻找一些可能会在周末出现的潜在的不利因素。

然而，也有一些非直觉因素，那就是年度日历上的交易波动范围。参照表 3-5 。

表 3-5 列出了从 2004 年 1 月到 2004 年 12 月期间，EUR/JPY（在欧元和日元之间的交叉汇率）的 20 个最小的波动范围的交易日。标记为波动率（Rng%）一列的计算方法是，（最高价-最低价）/【（最高价+最低价）/2】。正如所预期的那样，在数据集合中有好几个对应于假期的交易日，在该时间段内交易清淡并且成交量低迷。

表 3-5　小范围波动日

日期	开盘价	最高价	最低价	收盘价	波动率(Rng%)
2004.1.23	134.37	134.37	134.26	134.27	0.08%
2002.5.27	114.94	115.06	114.68	114.89	0.33%
2003.12.23	133.27	133.44	132.99	133.01	0.34%
2003.4.18	130.09	130.46	130.02	130.31	0.34%
2003.2.10	130.18	130.49	130.02	130.13	0.36%
2002.12.10	124.66	124.91	124.46	124.77	0.36%
2002.8.23	116.09	116.45	116.02	116.33	0.37%
2002.8.26	116.25	116.40	115.97	116.37	0.37%
2004.12.24	139.98	140.36	139.88	140.27	0.38%
2004.10.7	136.71	136.96	136.43	136.62	0.39%
2004.12.1	136.80	137.08	136.54	136.80	0.39%
2005.2.1	135.12	135.56	135.02	135.30	0.40%
2002.10.14	122.54	122.73	122.24	122.72	0.40%
2004.11.9	136.26	136.70	136.15	136.34	0.40%

现在看着表 3-6。

表 3-6　大范围波动日（请帮对照上图把数据补全）

日期	开盘价	最高价	最低价	收盘价	波动率(Rng%)
2000.8.10	97.16	98.94	96.54	98.6	2.46%
2000.9.12	91.06	92.97	90.67	92.3	2.50%
2000.8.3	99.46	99.87	97.37	98.16	2.53%
2001.2.13	109.31	109.65	106.88	107.39	2.56%
2000.9.6	94.16	94.21	97.81	92.09	2.58%
2001.1.19	111.28	112.12	109.23	109.3	2.61%
2004.3.5	135.49	138.96	135.25	138.71	2.71%
2004.3.24	131.66	132.15	128.61	128.8	2.72%
2001.12.14	112.49	115.49	112.36	114.94	2.75%
2001.2.20	106.84	107.3	104.38	105.46	2.76%
2001.2.15	106.80	107.22	104.25	104.35	2.81%
2001.5.31	102.87	103.05	100.07	100.75	2.93%
2002.3.7	114.52	114.77	111.21	112.14	1.11%
2001.1.11	109.07	112.26	108.9	112.19	3.13%
2000.11.3	92.91	95.16	91.98	92.6	3.40%
2000.10.18	92.09	92.61	89.45	90.38	3.47%
2001.1.3	108.78	109.48	105.24	105.45	3.85%
2001.5.23	106.26	106.31	101.99	102.85	4.15%
2001.1.4	105.26	109.89	105.15	109.85	4.41%
2000.9.22	91.55	95.75	91.47	94.98	4.57%

表 3-5 中在同一时间区间内 20 个最高的波动范围交易日，都在表 3-6 中标记出。请注意，这儿仍有相当数量的数据，和主要的假期的数据十分接近。假设在这些交易日内交易清淡，那么你就不会期望有这么大的波幅。那么为什么会有这些交易日发生呢？

图 3-21 的离散点图，既展示了在低成交量时期，你期望发生的事，又展示了会偶尔发生的事。波动范围的计算方法和前面表格中所提到的波动率（Rng%）一样。成交量是一个极其普通的数字，每个观测结果都可以通过过去 6 年间（1999—2004）平均成交量的百分比来计算。所以，观

测值是100%那个点就是平均值，这就是为什么有那么多点在该区域中的原因。

在图中点的走势，通常是从左到右依次代表越来越高的成交量，对应着越来越大的波动范围。注意图形左边观测结果的收集，这些观测结果是每日计算所得，而成交量小于平均周期的一半。这些每日交易范围散布广泛，并不是大多数人所期望的，为什么会这样呢？

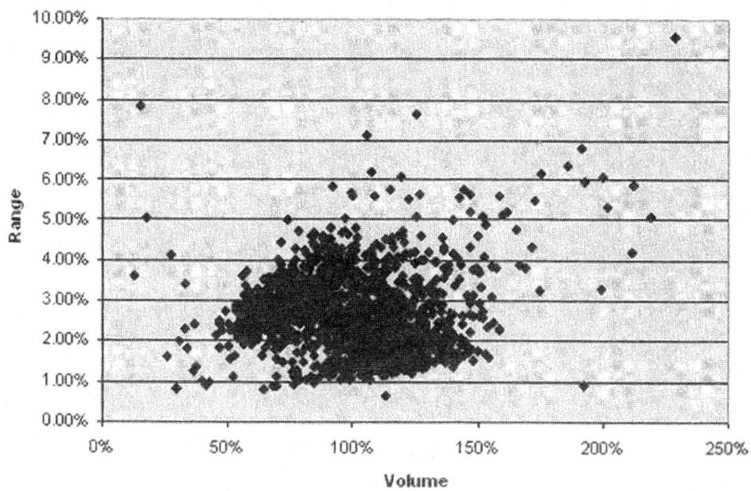

源自：Anduril分析

图3-21　道琼斯工业平均指数波动范围/成交量对照，1999—2004

一个阴谋理论家可能宣称，市场是由大资金交易者人为操纵的结果。这个理论宣称，有一个大玩家可以在市场平静的时候，只用很小的成交量就能推动整个市场。回顾一下前期所讨论的东西，关于订单以及订单所带来的影响。如果市场交易量低迷，那么一个大的订单就能对价格造成很大的影响。所以，拥有大成交量的交易者就可以推动价格运动。一个更机械的原因是，如此大幅的价格运动，也不得不借助于市场的本质来实现，因为他们的执行都要以竞买—竞卖为基础。例如，现在的价格竞价是100—105。这就意味着，买家愿意支付的最高价是100，卖家愿意卖出的最低价是105。记住，和这些价格紧密相连的还有成交量因素。

为了便于问题的深入讨论，我们站在竞买一方的立场上，假设买家在100愿意买入的量是1000个单位。现在如果有人来要卖出2000个单位，那么他首先会在价位100成交1000个单位。剩下的1000个单位，仍在待售中。卖家所能得到的成交价格，要依赖于市场的强度。可能还有其他的买家愿意在价位100时买入，其交易量可以足以消化剩下的订单。在活跃的市场中，事情总是这样。

那么在不活跃的市场中会发生什么呢？在这样的环境下，可能没有人愿意在100买入。可能下一个愿意买入的竞买单是500个单位，价格在99。很有可能下面还有竞买100单位的竞买单，价位是98，依次是价格97,300单位，价格95,200单位的订单，等等。交易者正在寻求卖出剩余的1000单位的机会，他不得不依次在99成交一部分，98再成交一部分，在97成交、在95成交最后的100个单位。这样做，你的2000单位订单成交敲掉了下面5个点的买单（在95的价位上还留有100单位的买单）。很有可能，在相应的交易品种中，它的竞卖率将会越来越低。

为了便于展示，举一个非常极端的例子，而事实上，这个例子主要是为了阐述一个观点的。在成交量很小的交易品种中，一笔或者多笔大额的交易，就能对价格造成很大的影响。这种情况最有可能发生在假期和其他一些休假期间，这时候会有很少交易者参与，并且会首先发生在交易清淡的货币品种上。

大多数时候，这种市场环境并不会引起投资者太多的兴趣。当然，你可以想象一下，假设有一些意义重大的新闻被发布。那么对于成交低迷的交易品种，其市场的反应会被严重夸大，甚至过激，从而引发价格剧烈波动。更有甚者，这个行为是自发的，没有一个值得注意的因素导致它发生，参照图3-22 。

这是EUR/JPY的价格运行图，时间从2000年中期到2001年中期。图中的圆圈部分，是从2000年12月中旬到2001年元月的第一个星期的K线走势，这个时间段通常是一年之中成交平淡的时期，是特定的假期。在这个例子中，市场戏剧性地大幅上涨，因为低成交量的环境，使得价格出乎寻常的加速上涨。

来源：metastock

图 3-22　EUR/JPY 价格走势周 K 线图，2000—2001

有些消息来源于研究学习之中，比如通过转折点的研究，我们发现市场并非总是随机的。有些模式、走势和趋势，你只要愿意学习、研究，你就可以通过做一些功课来发现他们。在观察市场中，往往存在这样一种偏见，认为市场只是形式上的一堆数字而已。你一定要明白，在每只交易品种背后，都是人与人之间的相互作用，以及制定和执行决策。人类有自己的行为习惯，会受到价格运动和交易行为的影响。

作业

挑选一只你感兴趣的外汇交易品种，它的交易时间周期，最高点/最低点/收盘价等数据，都是你可以及时获取的。有了这些数据，执行以下的研究：

- 周期收益的分布。
- 周期交易区间的分布。

·区间内价格向同一方向移动的频率（第一个周期是上涨——第二个周期也上涨，或者周期一下跌——周期二也下跌）。

这些方法和本章所讲过的例子中所使用的研究方法一样。运用基本的电子表单和图表，这些方法会立即得到应用。

进行以下额外的研究：

·时间周期/波动范围分析：确定是否在数据中有这样一个明确的模式，对于市场会在周期价格波动区间内，在最高点或最低点区间，具有最大或最小的波动率。

·波动率持续性分析：确定是否某一个周期的波动幅度（度量方法可以是周期收益法，或价格的周期性波动区间法）之后，会紧跟着在下一个周期，出现相类似级别的波动幅度。

事实上，你能完成的任务远远不止这些。如果觉得有能力，你可以做更多的研究。这样你就能更好地加深对市场中正被讨论的问题的理解。

第四章　建立交易计划

在前三章我们着手研究了基本的交易概念及其背景知识，并知道了为什么是这样。

现在我们该开始动真格的了，深入了解交易执行的关键——在哪儿交易，交易什么品种，什么时候交易，为什么交易以及怎样交易等问题。这一切都开始于交易计划的建立。

表 4-1

交易	货币交易品种	价格	单位	获利/亏损	持仓余额
买入市价单	EUR/USD	1.231,11	1,000,000	0.00	189,302.34
卖出订单	EUR/USD	1.230,00	1,000,000	0.00	189,302.34
卖出市价单成交	EUR/USD	1.230,00	1,000,000	0.00	188,191.03
订单成交	EUR/USD	1.230,00	1,000,000	0.00	188,191.03
卖出市价单	USD/JPY	108.261	1,000,000	0.00	188,191.03
卖出市价单	AUD/NZD	1.070,9	1,000,000	0.00	188,191.03
停损单	USD/JPY	108.40	1,000,000	- 1282.60	186,907.00
停损单	AUD/NZD	1.074,0	1,000,000	- 2185.50	184,722.31
买入市价单	EUR/USD	1.219,75	1,000,000	0.00	184,734.51
卖出订单	EUR/USD	1.218,50	1,000,000	0.00	184,734.51
卖出订单	EUR/USD	1.222,00	1,000,000	0.00	184,734.51
改变交易	EUR/USD	1.219,75	1,000,000	0.00	184,734.51
订单撤掉	EUR/USD	1.222,00	1,000,000	0.00	184,734.51
订单撤掉	EUR/USD	1.218,50	1,000,000	0.00	184,734.51
市价买入单	GBP/USD	1.811,7	500,000	0.00	184,734.51
市价卖出单	NZD/USD	0.697,4	500,000	0.00	184,734.51
获利了结	EUR/USD	1.222,00	1,000,000	2250.00	186,980.39
停损单	NZD/USD	0.699,5	500,000	- 1050.00	185,928.75
获利了结	GBP/USD	1.819,5	500,000	3900.00	189,841.04

什么是交易计划？

有效地开始一个交易的起点，就是**交易计划**。作为交易者，你可以把它想象成一个**商业计划**。正如商业计划详细陈述商业活动的启动和发展一样，交易计划详细制定了交易品种当前的状态、未来所能达到的目标，以及达到这些目标可预计的走势等方面的框架。

简而言之，交易计划是在市场中控制交易成果的一系列规则。在给交易计划的确切的定义中，整合了交易什么品种，什么时候交易，在哪里交易，为什么交易和怎样交易等因素，交易者正在寻求什么样的成功，以及他们怎样着手去取得成功。交易计划是每一个交易者在市场中寻求成功的起点。

请注意，在这里我们谈及交易者的时候，是把他/她作为一个个体来对待，任何存在的和交易者相关的事情，都可适用于基金或者公司。虽然观察市场的角度不同，但是交易计划仍然必须建立。对交易者进行以下所列举的类似的评估，是十分必要的。

你为什么需要交易计划?

一个非常简单的答案是，它允许交易者在持续变化的基础之上，通过一种更明确、更直观的方式来衡量自己的交易成绩。就像你通过使用地图就能够，既可以确定该走哪一条路，也可以判断已经前进了多少，交易计划定义了交易系统，并给出交易者用来评判执行交易计划的标准。

一定要弄清楚，交易计划和交易系统是两个不同的概念。简要地说，如果你愿意的话，可以使用后者来决定介入和卖出的点位——交易的时机。前者是一个更宽泛的概念，因为它包括交易系统，再加上其他一些重要的因素，比如资金管理。在稍后的内容里，我们将对交易计划的各个部分，适时地进行详细的阐述和讲解。

交易计划的目的是什么?

你需要一个交易计划的原因有很多个，但是很有可能最主要的原因是，交易计划能把事情简单化。一个好的，经过慎重考虑后产生的交易计划，是经由多次对交易过程的彻底思考而得来的。决策过程相当明晰。因为交易计划定义了应该做什么，什么时候做，以及怎么做。交易是一种十分情绪化的激情冒险活动。这会导致各种各样的、在本书前些章节所描述的不理想的行为。交易计划把这种因素置之度外。你只要遵照交易计划执行就可以了。

同时，交易计划对于弄明白交易中出现的问题，也是一种非常非常有效的便利的工具。如果你正为交易中发生的、超越你预期（正如交易计划所描述的那样）的亏损而郁闷痛苦的话，那么可能有两个原因。要么你并没有遵循交易计划，要么你的交易系统本身有问题。就是这样。如果没有交易计划，那么要解决交易中出现的问题，则会是一个更为复杂的过程。

虽然交易计划能帮助交易者成功地在市场中进行交易，但是拥有一个交易计划并不能保证赚取利润。计划只不过是交易中的一个组成部分。本章余下的部分，主要致力于研究如何使这些组成部分尽可能的强壮。

如何建立交易计划?

建立一个固定的交易计划的过程，可能非常简单，也可能非常复杂和棘手。这要完全依靠交易者本人，以及他或者她希望取得的成就。大多数因素则取决于很快会出现的评估这一章节。然而，在本质上本书的余下部分，会伴随着读者贯穿建立交易系统的整个过程，同时涵盖了与此过程相关的诸多因素。

当然，在我们继续往下看之前，还有一点小事——交易日志。

做好交易日志

正如前面所提到的，有两个因素能维持交易的成功。其一是具有良好的交易计划并且严格执行。另外一个是，在交易计划内包含一个良好的交易系统。任何一个交易者，都应为这两个因素创建并维护自己的交易日志。

首先，交易日志包括交易系统的开发和研究。在交易日志内，你要对你交易工作中的每件事保持跟踪。这种交易日志可能会成为无价之宝，它可以记录下你所有的交易尝试，以备将来你能参考。它可以让你不断地复制你的交易，并且能为你在以后新的交易探索中提供一些理念。

其次，交易日志是所有交易活动的日志。这个交易日志的对象主要是用来同时监视你的交易系统的表现，以及你能否遵循你的交易系统执行交易。交易系统很少是交易业绩差劲的理由，更多的原因是交易者没能更好地履行它。你一定要遵循交易计划。第二个交易日志能确保你按照交易计划执行。

交易日志实际上相当于你实际操作的记录。如果你没有如实地跟踪你的交易，那就很难判断交易系统的表现。如果你没有如实记录交易系统的测试，将来你可能要用到该记录而极力回忆所经历的交易结果时，你在复制你所取得的成就或者避免你经历的挫折方面都会无据可查。

作业

开始同时维护系统研究日志和交易记录。两者都应该马上着手去做，而不是为了完成某次任务而进行的一次性工作。你一定要严格认真如实地对待。不要偷工减料，没有完全的记录或者记录不完整。

交易者个人评估

一个优秀的交易计划的支柱在于，它是使用它的交易者的反映。对于那些不能有效配合和执行交易计划、交易系统以及交易方法这三个因素，就来尝试进行交易的交易者来说，失败是注定的结果。由于这个原因，在建立交易系统过程中，第一个势在必行的步骤就是对交易者进行评估。

交易并不是你一时兴起做的事，或者有某种程度的犹豫不决而做的事。他要彻底弄明白好几样事情，绝不仅仅是了解自己的个性和情况那么简单。为了达到那个目标，过程中的第一步就是评估。关于方法和系统的建立，我们会在稍后的章节中讲解，但不是在提出打基础之前，这个基础是可以帮助交易者，挑选那些最适合他或者她个人情况的交易系统。

通过以下步骤，你一定要确保在你的交易研究日志中，既有问题又有答案。

第一步：第一要事——为什么?

你能说清楚你想成为一名交易者的动机吗？是因为潜在的巨大利润？还是因为交易本身非常刺激？抑或是想要面对解决难题的挑战？又或许是另外一些原因。

你知道你交易的目的是什么吗？顺便说一句，这个问题的答案当然不必和今天有任何关系。这只不过是一个你作为金融市场的参与者，希望从中得到什么的问题。

动机是必须要严肃考虑的因素。在最高层面上，它可以帮助你决定你是否应该参与交易这件事。市场会很快地清除那些由于错误的原因而进行的交易。举例来说，激动人心和稳定的获利方式与大多数人都没有关系。尽管有些交易者，在情绪高涨时可以交易得很好，但是绝大多数人不能。通常情况下，解决冲动交易的好方法就是去寻找别的资料来源。

同时，动机是可以直接应用到交易中去的。举例来说，比起只是想妥善地处理自己的养老金，如果你从事交易活动是为了谋生，你就要有一种不同寻常的方法。这一主题将会在后面的章节里被提到，而且这也是一种需要时不时地进行重新评估的方法。

第二步，金融评估

甚至在你还没有开始考虑交易之前，就很有必要首先决定参与交易是否合理。只有使用风险资本，才可以进行交易。风险资本由投资资金组成，如果亏损，将不会对投资者的经济状况造成消极影响。简单而言，你不应该冒着你不能支付得起的亏损的风险去交易。这是最最重要的一点。一个交易者做金钱的游戏，他或者她首先需要活着。很多操作并不是建立在一步一个脚印的踏实的基础之上，对它产生的压力以及它对交易决策的影响毫无概念。

一旦问及这一个问题，就是你能承受的最多的亏损金额是多少，当这个数值被确定以后，另外一个类似的问题必须要提出来。那就是你愿意亏损多少钱？乍看起来，你可能认为这是同一个问题。但是实际上，二者之间具有重大的区别。在一些已经接受过亏损的交易者来说，他们可以回答出这两个问题的共同之处，而大多数人则不能做出回答。例如，交易者有 10,000 美元可以用来交易，但是作为风险资金，他最多只愿意亏损 5000 美元。

上面的第二个问题把我们从现实领域带入情感领域，因为他提出作为单个的人对待金钱的特殊感情。不同的人对于不同数量的金钱有多种不同的态度。从上述刚刚提到的例子中，风险资金是 10,000。有的交易者可以承受 100%的资金亏损，但是有些却认为 50%的资金亏损简直就是灾难。可能对于相对较小的资金量——10,000 美元——来说，很难区别不同人对于金钱的态度，但是如果我们把风险资金追加到 10,000,000 美金呢？事情就从根本上发生了变化，不是吗？现在，第一个交易者可能就不愿意接受 100%的亏损了。因为钱实在是太多了！

在这里要提出的一点是，在你开始交易之前，首先必须同时从客观实际和感情两个方面，搞清楚你正在拿什么进行冒险。这就是交易者正在进行的风险评估和资金管理的第一步，而且这一步骤必须周期性地进行重新评估。

另外一个必须慎重考虑的金融问题，就是账户以及投资组合的规模。你可以使用相对数量较少的钱来投资股票，而且在 FXTrade 交易平台上，你可以开设初始资金少于 100 美元的账户。而在几乎所有的股票市场，全部的经纪人事务所或者交易平台上，情况却不是这样。许多市场要求最少 3000 美元或者更高才能交易，而且在你使用保证金的时候还有一个底线。

然而，现在略去最低开户资金的限制不说，你必须在脑海中时刻保有交易成本的概念。小额账户与大额账户相比较而言，更容易受到交易费用，比如佣金的影响。假设一次交易的佣金是 20 美元。那么对于一个 1000 美元的账户来说，就是 2%，而对于一个 5000 美元的账户来说，只不过 0.4% 。更重要的是，非固定交易佣金制（现在依然存在）往往采用按比例的佣金制，在这种机制下，大资金的交易者承担按百分比计算的较少的基本佣金。例如，在期权交易中，总有一个固定的基本交易费用，然后每只期权还有一个较小额度的交易费用。

此外，如果你在期货市场进行交易，账户的资金规模就是一个问题，这主要是考虑到保证金的要求。如果你交易小型标准普尔 500 指数期货（E-mini S&P500）合约，那么你的账户至少要满足最低保证金的需求（大约 2500 美元）。一个很好的主意是，你最好能有一个缓冲金额，这样的话，在期货交易中，你不会因为没有足够的保证金而导致小小的亏损。

以上所有的这些，在你的模拟账户交易时都显得无关紧要，但是，当你转换到实盘账户中时，他们就变得十分重要。

第三步：时间评估

交易在很多方面都需要考虑时间因素。第一，时间是专门用来开发交易系统的因素。开发交易系统可能会被认为是一次性的，但是实际上，它更多的是某种正在进行的过程。一旦交易系统确立，时间作为一个必备要素，则会被用来检测市场以便寻求交易信号，执行交易和管理头寸。反过来，交易系统需要考虑交易者所能使用的有效的时间区间。

考虑到这一点，第一个要回答的问题就是，在每天/每周/每月（任何一个适当的时间段）当中，你有多少时间可以投入交易，以及管理交易系统？不同交易风格要求不同的时间投入。通常情况下，短期交易会要求更明确的专注交易的时间。举例来说，一个日内交易者，在同一个交易日的交易期间经营自己的头寸——开仓或者平仓。这在通常情况下意味着要花费更多的时间盯盘，以便发现介入和平仓出局的信号。一个中线的或者长线的投资者，好几个星期或者更久地持有头寸的人，并没有必要花费等量的时间来看关注市场。他或者她通常可以离开，只是时不时地看一眼。当然，在持有头寸期间任何事情都有可能发生。

在这一点上，对注意力集中与否的问题，也显示出其重要性。每天 6

小时不间断地看盘，和拥有 6 小时的时间可以开会、打电话或者做一些其他的事，没有必要把注意力集中在交易上，而只是在必要的时候进行交易，相比较而言，两者之间有显著的差别。前者可以作为日内交易者。然而，对于后者来说，因为可能会错过频频出现的重要的交易时机，所以日内交易可能就是灾难。这种事情必须慎重考虑。

你首先要考虑的是：你用于交易的时间周期是什么，这是一个交易者能够从容操作的基础。个体的投资者，必须能完成所有数据的收集、研究、市场分析、执行交易、盯市和投资组合管理，以及交易系统所要求的其他功能。这就意味着，交易者的时间周期的选择，必须满足交易者处理所有的职责所需，没有那种导致用户做出错误指令的干扰——那肯定会引发较差的系统绩效。

在我们继续之前，首先要明确一点，这就是，没有人规定交易者不能够在多个不同的时间周期内进行交易。这一步骤的关键是，实实在在地确定最短的时间周期，而且对于交易者来说是切实可行的时间周期。他或者她肯定能在一个比基本周期更长的时间周期内交易。举例来说，仅仅因为某人有能力进行日内交易，但是这并不意味着他或者她，不能在一个更为长期的周期内进行交易。

最后一件需要确认的，尤其是与短线活跃交易——例如日内交易——相关的因素，就是交易日内的时间。如果一个交易者在交易时间区间内，每天具有 8 个小时不间断的自由时间，那就太好了。可是，要是这个时间段正好是美国东部时间下午 6：00 到凌晨 2：00 呢？没有任何一个主要的美国金融市场会在那个时间段开市，因此日内交易期权，对于在美国本土的交易者来说就比较稀少。(外汇市场被认为是一种期权)。

还有一点需要申明，有时候参与交易并不是一个好主意。我们每个人在生命中都经历过这样的阶段，我们会被一些事情搞得心烦意乱（比如作者正在写这本书的时候!)。这些问题可能是因为疾病、伤害、家庭或者人际关系，或者与工作相关的压力所引发。这些从本质上来说都是暂时的，但是，尽管如此，它们依然是我们交易中的一个重要因素。如果你不能以交易所必需的方式——我们的意思是遵循你的交易计划——集中注意力在交易上，那么任何时间周期都不合适。最好的做法就是抽出一部分时间，不要进行交易。

第四步：对预期的评估

很明显，任何参与交易的人，都是带着美好的获利预期来参与交易的。我们冒着风险来获取回报。然而，每个交易者必须回答的问题是，他或者她期待什么样的利润回报。这是一个非常重要的考虑。因为它直接表述了将会发生什么类型的交易，什么股票或者金融市场最能为这一目的服务，并且还有所必需冒的各种风险。

让我们以一个非常简单的例子开始。假设某个交易者愿意非常稳健地每年赚取约10%的利润。有许多期权都满足这个条件。如果银行利率足够高，交易者就会简单地把钱放到一个有固定利息收入的银行账户里，就像CD一样保存，或者投资风险相对较小的政府债券。然而，在利率不高的时候，交易者会投资一种或者多种市场（股票、现货、外汇等市场），通过不同的风险预测和投资结构，寻找一种或多种适合（可能是投资组合）需求的方法。交易者甚至可能每年，并不需要进行多少次实盘交易，就能达到自己的目标。

假若有一个交易者希望每年获取100%的利润回报，那么情况就大大不同了。这个交易者就不能只盯着现金固定收益市场，而应该通过提供杠杆的期货市场来实现。类似的，其他运用杠杆交易为基础的市场，与现金固定收益市场比较起来更有可能成为候选，可能也包括股本或股权收益。交易者为了达到自己的目标，肯定需要冒更大的市场风险，而且与前面所提到的每年10%的交易者相比，肯定要执行大量的交易。

正如你所看到的一样，你的目标决定了你的交易方法。你所要达到的目的，很显然在很大程度上决定了你所使用的方法。请参照图4-1。

在这一特殊的评估行为之中，还有另外一个因素需要考虑，这就是在前面章节所讨论过的投资者愿意承担的亏损限度问题。交易系统都涉及资金回撤的问题。资金回撤就是指（以百分比或者账户/投资组合的实际值来测量）从净资产的峰值点直接下到最低点之间的距离。例如，假设一个交易者的投资组合从10,000美元上涨到15,000美元，接着回落到12,000美元，然后又涨至20,000美元。那么从峰值15,000美元到12,000美元的下跌，就被认为是资金回撤，在本例中该值为3000美元或者20%。请参照图4-2。

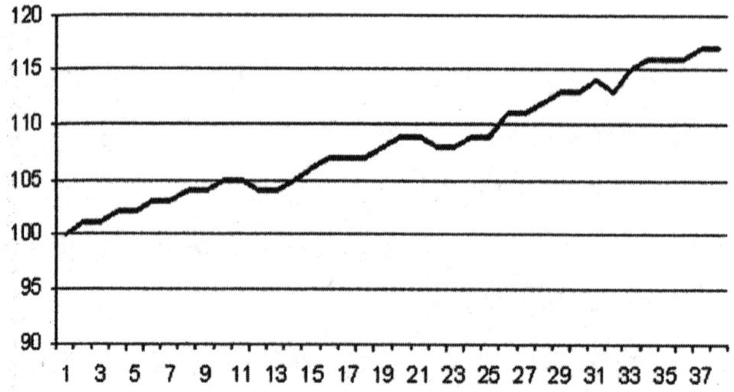

图4-1　资产净值资金回撤幅度较小的曲线

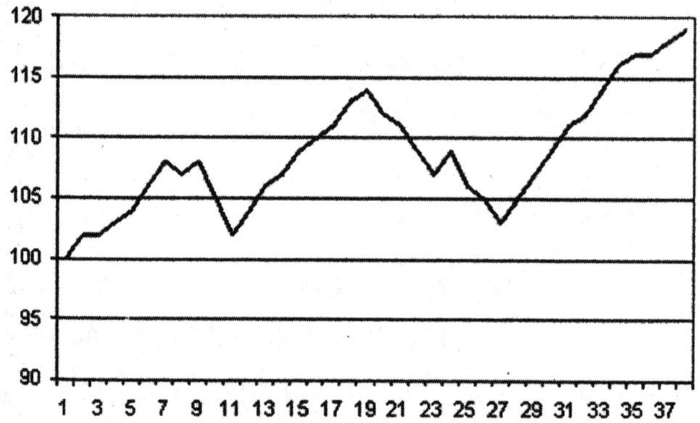

图4-2　资产净值资金回撤幅度较大的曲线

每一个交易者一定都会决定，可以在多大程度上接受资金回撤（本例中是以百分比来计算）。这更多的是对一个风险/回报率问题的决策。在一个极端的交易系统中，他有着非常非常小的资金回撤幅度，但是同时它的回报率也是较低的（低风险——低收益）。另外一个极端是，具有高额回报的交易系统，但是却同样地具有大幅的资金回撤（高风险——高收益）。当然，每一位交易者的梦想是这样一个交易系统，具有高收益的同时，具有很小的资金回撤。而交易的实际却是，常常不太令人愉快地处于两个极端之间的某一位置。

可能有人会问这样的问题，如果高收益是现实的话，那么又何必在乎资金的回撤呢？这很简单，资金账户的市值跌得越多，弥补损失所需的收益也就越高。这就需要时间。大的资金回撤在净资产的两个峰值之间，往往需要花更多的时间。资产净值的迅速下跌和把钱赚回所需的冗长的时间周期混杂在一起，很容易造成交易者心理失衡，从而在最不应该的时间放弃自己的交易。简而言之，交易者在使用交易系统时，必须能够毫无顾虑地接受预期中的资金回撤。

在更进一步讨论之前，一定要注意，在第三步的时间周期规则和这里所提出的期望值之间，有一个潜在的重要联系。在早些时候我们注意到，在某些案例中可能会要求更为频繁的交易活动，来到达风险利润率目标。如果第三步的结果和第四步的结果发生冲突，那么一定要找出一个解决方案。而且这也必定是这一步骤所引发的，需要慎重考虑的问题，前面所提及的，作为操作时间周期一旦被确定之后，你很可能就不会有那么多灵活性了（尤其是从长线交易转变为短线交易）。

第五步：市场认识评估

在评估完最后两个步骤之后（时间和预期），你可能已经对什么是市场，或者市场最能适应的是哪种类型的交易，这样的问题有了一个明确的概念。表 4-2 会帮助你把视野更集中些，放得更远些。

接下来问题就变为一种认知，对于你开发的带着美好期望的清单上所罗列的舒适交易的认知。在市场中，交易通常是一件最简单的事，在那里有固定的操作说明和受到质疑的交易手段。在这种环境下，交易者可以集中注意力在其他事情上。交易者正试图寻找一个对他们来说全新的市场来参与，然而，首先他们就要学习如何看曲线。

熟知任何给定市场的基本规定，以及他所使用的交易手段，是一件很容易的事，因为在这一方面有丰富的资料可以参照。然而，要想能够舒适自如地参与交易，通常需要更多经验和洞察力。而这些则需要时间的积累。

表 4-2 市场矩阵

市场	高成交量时间段	现金/点	期货	期权
普通股票市场	美国东部时间 9:30—4:00美国证券交易所(对于全球其他市场来说,也采取与之相类似的本地时间)	主要交易方式	是的(单一股票期货)	是的(现金)
指数市场	美国东部时间 8:20—4:00美国证券交易所(对于全球其他市场来说,也采取与之相类似的本地时间)	是的【交易所买卖基金、标准普尔指数存托凭证(SPDRs),纳斯达克 100 指数(QQQ)等】	主要交易方式	是的(现金和期货)
定息套利市场	美国东部时间 8:20—3:00美国证券交易所(对于全球其他市场来说,也采取与之相类似的本地时间)	是的(但是个人交易者积极参与度不高)	主要交易方式	是的(期货)
外汇市场	24 小时交易(在纽约与伦敦外汇交易时间交叠期间,具有最好的总体成交量,但是对于区域性的货币交易品种有其他的成交量高峰期)	主要交易方式	是的	是的(期货通过交易所,但是点数的变化是增值的)
商品交易市场	随市场的变化而变化	交易者不能参与	主要交易方式	是的(期货)

在你进入市场交易之前，你需要搞清楚下列这些事情。

·强调第三步所提出的要点，交易日的概念要搞清楚。外汇交易仍是一个真正的 24 小时交易市场，但是许多其他的市场也缩小了与它的差距。当然，即便是在外汇市场中，也有交易日的概念，尤其是对于特定的交投清淡时的外汇交易币种。长线交易者可能不会对这类问题有所关注，但是对于短线交易者来说，熟知在选择交易场时，这种资产折现力和波动性所带来的报酬，就是至关重要的。

· 现在考虑第二步所提出的问题，搞清楚能够实现有效交易的资金需求，也是十分重要的。现在很多市场都可以用小额账户进行操作，但是这并不意味着你可以达到预期的交易效果。应该认识到交易的成本也是要考虑的，而且保证金的需求也会造成影响。资金较小的账户能严重地妨碍交易，因此交易者应该只操作具有足够的风险资金的账户，这一点也是非常重要的。

· 考虑第四步提出的观点，交易者必须明白交易手段，按照价格增加的形式进行交易。股票市场很简单，因为股票价格每一点的变化就是每股1美元。期货市场是以公认的、更为多样化的、规范的合约形式进行交易，并且以点数来计算价格。外汇的点数值，随着市场汇率和持仓头寸多少的变化而变化。为了能同时弄明白风险和期望值，很重要的一点是你要知道他们的价值。在你所参与交易的时间期间，对交易过程中可能会发生的价格波动行为，经过充分地考虑，并具有很好的应对策略，这一点也是相当重要的。

参照本书的技术支持站点（www.andurilonline.com/book）去获取更多的，关于多种市场和交易手段的信息。

第六步技巧评估

交易可以向你所想象的那样简单，也可以像你所想象的那样复杂。有些交易者使用的方法，只需要很少的一点内行技术。而其他交易者，则把自己的交易系统建立在复杂的数学模型和计算机程序之上。交易者迷失于诸多方法之间，试图决定什么方法能产生积极的交易结果。

现代交易确实在很大程度上，需要你至少对技术有一点点了解。然而，通常情况下如果你能够足够熟练地操作计算机上网，那么你就可以进行交易。其他所有的一切只不过是奖金，虽然有时候唾手可得。有数目庞大的软件包都是可以使用的，从微软的Excel到专业的数据整合和图表软件，再到人工智能的应用程序（神经网络等）。你会发现成功的交易者，使用了几乎任何层面的技术，包括那些现在仍然用手工来做所有的事的交易者。

当然技术的伟大之处就在于，它能够扩展和延伸。所需要的只是一点点知识。正如一个单个的人，可以通过在市场的持仓交易中，获取经验，他或者她一定要获取新的知识，得到新的领悟。这是一个进化的过程。

作业

在你整个交易系统研究日志的第一部分，就强调了这一问题，并且在本章中提出了论点。回答讨论中提出的问题，并使用这些答案做出全面的决策，对于你怎样才能在市场中操作得最好，是大有助益的。

形成可执行的交易计划

现在我们开始仔细检查所有的评估过程，是该获取这些信息，并且了解下一步骤该做什么——形成一个实际的**交易计划**——的时候了。我们的交易计划必须考虑以下事项：

☆ 交易目标
☆ 交易市场和交易手段
☆ 交易可用的时间周期
☆ 软件、硬件和其他用到的工具
☆ 可以用来交易的风险资金的数量
☆ 交易通过的经纪人事务所或者交易平台
☆ 风险管理策略
☆ 使用的交易系统
☆ 交易常规

下面我们将仔细研究这些在交易计划中出现的每一个因素。当然，风险管理和交易系统是讨论最多的部分，因此在稍后的章节中，我们会对这两者进行更为详尽的描述。

交易目标

你参与交易所要达到的目标是什么？很多情况下，这一点可以用每一单位时间内所获取的利润来表述（要么以货币的形式，要么以百分比的形式）。例如，你可能会选择这样一个目标，每月赚取 500 美元，或者平均每个季节达到 5%的收益。你可能会用修正过风险的收益，来制定你的交易目标，因此你会设置一个基于夏普比率（Sharpe Ratio，衡量的是每单位风险的超额收益）或者相类似的标准（稍候会提及）来衡量。

无论你选择什么，都要基于你在本章的前些部分所给出的评估，一定要确保你的评估既有详尽的规范定义，又有具体的度量手段。不要用诸如“赚钱”这样的目标来低估你自己。记住，交易计划的部分价值，就是有助于交易绩效的评估。如果不使用点数来衡量那些计划中包含的预期收益的话，那么整个交易的目标就是完全失败的。

交易市场和交易手段

你是基于资产净值数来交易期权的吗？你打算使用期货市场来交易黄金吗？你在即期外汇市场交易吗？也有可能你在以上所有的市场都交易。无论如何，一定要确保在交易计划中，你明确阐述了你的交易意图。在开始的时候，通常情况下，最好是坚守在一个市场，并且使用一种方式。其余的则可以随着知识和对市场熟悉程度的增加而不断补充。正如贯穿全书所说的那样，我们主要以外汇市场为例，继续进行讲解。

交易的时间周期

你交易的时间周期是什么？你打算作一个日内交易者、一个波段交易者，还是一个长线交易者？这对于一个初入市的交易者来说，专一地在一个时间周期内交易，进而养成良好的操作行为，是一个最好的选择。

软件，硬件和其他工具

简略叙述你将在交易中用到的东西。这包括能对你的交易和分析有促进作用的计算机系统或者操作系统、软件、数据提供、互联网访问方式等因素。确保一定要适当地准备一些候补计划，以便在关键时刻，你的交易系统失败时使用。再也没有什么事情比在关键的时候因为因特网故障而不能交易，或者不能修改订单，更糟糕的事情了。

新的（和有经验的）交易者能够紧跟时代潮流，使用能得到的所有需要娴熟技巧的软件和其他工具。尽量避免走向极端。除了能够进场交易，监视交易和持续跟踪价格之外，交易真的并不需要那么多。随着你逐渐地建立自己的技术分析方法和交易技巧，你可能会发现，某种特定的软件包、数据源，或者一些其他的工具或者资源，是你交易全部技能的有益补充。那么就选择它，使用它。

风险资本

在前面的评估阶段，这个被十分清楚明晰地强调过。在早期的学习和发展过程中，你应该坚持使用模拟账户。一旦你有一套稳定的操作交易的方法，并且你很适应自己的交易系统，那么你就可以转换到实盘资金账户上进行交易。

经纪人事务所或者交易平台

早些时候，你定义了你参与交易的市场和使用的工具。这就在某种程度上确定了你怎样从事交易，你的交易在哪里成交。无论你有什么样的交易计划，都会有许多不同的可供选择的期权进行交易。

在寻找经纪人事务所或者交易平台时，能符合你交易需求的一个很好的资源是 Trade2Win（www. trade2win. com）网站交易平台。该站点有许多经纪人事务所的相关评论（以及一些另外的相关信息），另外再加上在信息公告栏——问题被解答的地方——里对他们进行的讨论。

鉴于我们已经进行了这么久的学习，我们打算继续使用 Oanda's FX-Trade 系统进行交易样例展示。

风险管理策略

这将在下一章进行讨论。

交易系统的使用

这也将在下一章进行讨论。

交易日志

交易是一个过程。有许多步骤必须要依次完成。你的交易日志必须与之相适应。特定的事情将由交易系统或者交易策略决定，例如什么时候以及怎样来分析市场，什么时候开始设置交易订单。例如，一个长线交易者可能会在周末做必要的市场分析，并接着在周一首先设置订单。

另外一些事情就更为普通一些，例如你什么时候以及如何为了计算的需要而记录自己的交易。这个对于税收来说是相当重要的记录。而且，在日后对交易进行分析时——这种事情常会发生，也是十分重要的记录。

一定要确保在你的日常交易过程中，有可以对交易进行评估的时间。这就意味着，不仅要依据交易预期目标计算你的交易系统的表现，而且还有你对自己交易系统的遵循力度。在你成为一名交易者的过程中，交易评估只是一种学习工具而已，你可以用来增强你的交易系统，形成你的交易风格，或者完善你的交易方法。另外，交易评估也是一种给你的计划分派任务的方法。记住我们早期是如何表述的，即，拥有交易计划，可以方便交易者确定，是什么原因导致交易效果较差。

计划的修订

交易计划是一个不断完善的工作。就是有些事情总是萦绕在心头。随着事情的变化，交易计划也必须随之而变化。定期仔细检查评估过程，尤其是当你的财务或者生活状况改变的时候。而且，由于你的研究最终导致你的交易系统或者交易方法发生了变化，一定要在你的交易系统中反映出这些调整。

记住，交易系统的主要目的，就是确保你完成交易任务，并且提供高效而切实的操作方法，给你提供操作参考数值。当然，只有你完全正确的按照交易计划进行操作，而且如果在实战中，你没有遵循交易计划的话，那它就根本没什么用处。

坚持按照计划进行交易

交易计划必须严格执行才有价值。如果你有交易计划而不遵循它进行交易，那么还不如没有。我们都知道这一点，然而交易者总是会发现一些背离他们交易计划的理由，而最终无一例外，几乎都是负面的结果。为什么？可能有以下几个理由。

· 交易计划并不适合交易者：交易计划是因人而异的，因为他是为某个特定的交易者而制定的，基于该交易者的个性特征和具体情况。如果在建立的时候不是诚实地依据实际情况，而是依据自己的主观愿望的话，那么该交易计划将不适合这个交易者，而且很有可能会是恰恰相反的。

· 缺乏耐心：交易计划是一种长期的，至少是相对长期的计划。许多交易者放弃他们的交易计划，或者是经常在交易计划中规定了过于明确的交易系统，经过一段时间不够标准的执行期，而不是在不可避免的艰难时期，始终如一地坚持遵守交易计划。

· 缺乏纪律性：交易要坚持不懈地遵循交易计划中每一个被明确禁止的行为。而要做到这一点，就需要纪律。交易者因为缺乏纪律而没能坚持遵循交易系统。（这里的“纪律”，经常与成功交易相关。）

· 自暴自弃的行为：有的时候，交易者由于自身固有的根深蒂固的心理问题，可能会对交易计划产生破坏作用。这一点是可以通过努力而克服的。但是首先你必须要认识到，并且着手处理它。

以上这些，并不是所有的交易者违背交易计划的理由，但是他们确实代表了相当大的比例。关键是，交易计划如果不付诸实践，那么它只不过是个文档而已。

作业

记录下你的交易计划，依据前面章节所讨论到的知识，在你的系统研究日志中，从头到尾地认真记录。给风险管理和交易系统部分留出空间。我们会在稍后把他们补充完整。

第五章　风险管理和资金管理

在决定进行交易之前，在定义交易系统、交易方法之前，在领会何时买入、何时卖出的交易技巧之前，风险必须被明确界定和重视。这就是本章所要讨论的全部内容。

图 5-1　玉米价格波动 K 线

什么是风险？

在我们开始交易计划这一主题之前，我们已经讨论过如何执行交易，是什么东西推动市场前进，以及他们是如何推动的。在本章，我们将继续遵循这一逻辑思路，来仔细研究一下价格的运动是如何影响市场的参与者的；或者更详细一点，它是如何影响某一投资者的投资组合或者交易账户的。正是价格的运动，给投机者提供了交易机会。当然，与此同时，同样的价格运动（或者至少存在这种可能的）造就了风险，风险并没有对投机者有什么特殊的限定。任何参与市场的人，不管是出于套期保值、发行、投资或者其他的目的，都必须充分知晓，并强调这样做所固有的风险。

风险可以定义为，关于一些行为（或者需要如此）发生了一些潜在的不符合需要的事件。这通常被称作偶然性或者概率。例如：当你正开着汽车，那就有可能发生车祸。当然大多数情况下发生车祸的可能性还是很低的，但是如果天气糟糕，或者缺乏光照、司机疲劳驾驶，这时候不幸事件发生的偶然性就大大增加了。司机可以通过不在不利条件下驾驶来减少事故发生的概率，而且也可以通过充分了解，提高警惕和小心翼翼地集中注意力驾驶汽车，来避免事故的发生。

这一事例可以套用到交易中，这里风险被认为主要针对的是资金或者利润率。在金融市场中持有头寸，正如开车一样，总是暗含着一定程度的风险。诚然，交易并不会引发肢体受伤（除非你的配偶发现你赔光了家庭正常开支!），但是基本道理就是这样。对于市场中的任何投机行为总是会有不利的结果。

尽管如此，正如开车一样，总有增加风险的因素。天气正是这些因素之一（至少对于一些市场参与者来说）。有数据发布，外围市场的崩盘、权威人士的发言、经贸往来，还有另外一些在第三章中所讨论的因素。就像开车一样的，有时候交易者可能会被这样或那样的理由所影响，这就增加了获得糟糕交易结果的机会（回顾一下第四章所讨论的评估部分）。但是正如驾驶一样，交易者可以通过对周边环境的预警，在合理的范围内使用杠杆，和坚持不懈地遵循交易计划来减少获得不利操作结果的概率。

用学院派的术语，风险通常被认为是不能获取预期收益的概率。这是一个双向模式的定义。有获取比预期更高额的回报的风险，正如获取比预期回报更低的风险一样。统计学数字被用来尝试近似地计算这种风险，随着我们研究交易系统的深入，其中的一些统计数字我们会在稍后用到。

当然，相对数量较少的交易者，会赚到比预期收益风险更多的钱。这并不是说，这就是可以采用的最好的方法，但是风险是以资产损失（相对于资产收益）的形式定义的。这要着重强调以下两个方面。一个就是可能发生的亏损。另一个就是亏损的额度。

亏损发生的可能性总是和头寸的建立和清空的时间有关。这是交易系统的功能之一，我们在前面的章节已经讨论过。尽管如此，正如我们在第三章所简述的一样，预测在任意给定时间区间内的市场收益，甚至是双向的上涨/下跌模式，很大程度上来讲是一个很难的问题。交易者极力使风险概率对自己有利，或者至少大概知道风险概率的可能后果。也就是说，没有人真正知道任意给定的交易会产生什么结果，所以一次交易是盈利还是亏损的控制权并不在他们手中。甚至是一个有着99%成功率的交易系统，也会遭遇糟糕的交易结果，并且它事实上也不能准确预测一次亏损即将发生。

那么，交易者究竟可以做什么呢？就是如果发生亏损，控制亏损额度的多少。交易者也可以控制在投资组合中的一系列交易亏损所造成的影响。表5-1和图5-2说明了为什么这样做的重要性。

表5-1简要说明了要弥补既定的亏损所需要获得的收益。例如，如果你的投资组合市值惨遭损失25%，那么你就要赚取33%的利润才能回到初始的资金水平（100 - 25＝75，25/75＝33%）。

图5-2用可视化的方式描述了同一件事。在亏损以幂指数速率增加了一点点之后，注意你需要赚取的利润进行了怎样的突变。这就是为什么说控制亏损是第一重要的事情的原因。

表5-1　从亏损恢复到无亏损状态的获利需求

投资组合亏损	恢复无亏损状态的获利需求
1%	1%
5%	5%
10%	11%
20%	25%
25%	33%
30%	43%
35%	54%
40%	67%
45%	82%
50%	100%
75%	300%

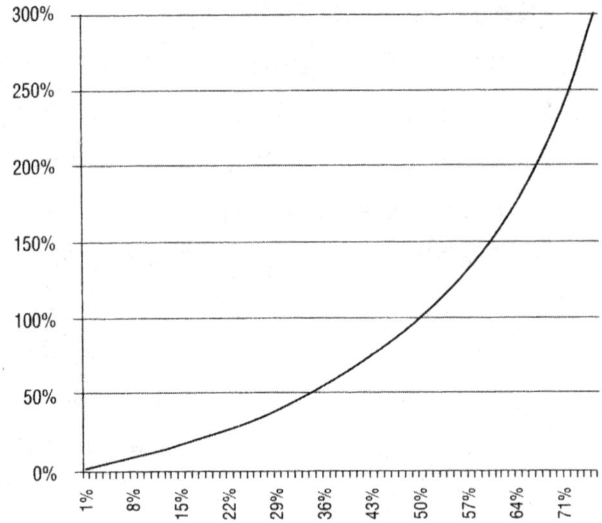

图 5-2　从亏损恢复到无亏损状态的获利百分比需求

本章中接下来的段落，将会深入研究控制投资组合或者头寸市值的潜在的亏损。然而，当我们这样做的时候，需要强调下面这件很重要的事情，它是其他所有事情的前提和基础。

风险忍耐力

在你开始着手规划有目的的风险，或者自己管理策略之前，首先要做的就是必须搞清楚，他或者她所能承受风险的程度。一些人是天生的厌恶风险者。他们倾向于只能接受潜在的、较小额度的亏损风险。另外一些人的风险承受能力则强得多，能够超常承受投资组合市值的波动。

当前进入忍耐力决定时代，还有很多事情要靠忍耐力——个性、收入、生存环境——但是问题的关键在于，风险控制必须要引起足够的重视。（你可能会发现，机构也有不同程度的忍耐力，虽然基于为数不多的几个可变值）风险忍耐力在决定一个交易者的操作风格方面大有帮助。一旦明白了什么是风险忍耐力，那么我们就可以接着讨论本章所要提及的另一个重要因素。

作业

在你总体规划您的交易计划时，在交易系统研究日志中，你已经为你的风险控制策略留有部分空白。现在我们打算通过界定你对风险的忍耐力而充实这一领域。在你的交易研究日志中，回答以下问题：

· 在你结束交易之前，你的投资组合或者交易账户，你愿意亏损总体资金的百分之几？

· 在任意给定的时间区间，您愿意亏损百分之几？（以周期的形式来界定你的交易时间周期：日内交易者，其交易周期就是日；短线交易者以周为交易周期；月或者更长的时间，作为中线或者长线交易者的交易周期。）

· 在任意给定的交易中，你愿意亏损百分之几？

· 从最高点往下的回撤过程中，你能接受多少的资金缩水？（参照第四章所讲的期望值评估）。

资金管理：交易

简而言之，资金管理是一个过程，在这个过程中界定和控制交易风险。资金管理，也可以随着交易者同时尝试最小化交易风险和最大化交易收益的过程，而被系统地观察。

从实际出发的观点，资金管理必须达到以下三个层次。第一个层次是在交易计划中，这里交易者规定了大体上对付风险的方法。第二个层次是作为交易计划一部分的交易策略或者可用的策略，而资金管理以头寸大小的形式包含其中。最后一层是建立在真实的、逐笔交割的交易之上，这些步骤可以被采用来控制可能的亏损，该亏损主要来源于市场的反向运动行为。第二个层次，我们已经在交易系统发展一章有详细的讨论。本章剩余的部分，主要致力于第一层和第三层次，稍后再进行讨论。

停损

在第三章中提到，停损单（停损）是市场订单的一部分，并且还讲解了具体的使用方法。他们通常情况下是持有开仓头寸的交易者所使用的一种交易工具。一个活跃的长线头寸，可以在市场价格之下设置一个卖出停损单，用来防止超出一定限额的亏损。例如，一个在 100 美元的价位购买入 100 股 IBM 股票的交易者，可能会在 95 美元设置停损单，以便在这个点位，股票可以卖出。该交易者在本次交易中会损失 500 美元，但是却能够在 IBM 股票继续下挫的过程中保护投资者。同样的情况，可以在高出市场价格的地方，设置沽空头寸的停损单。

在一些情况下，随着价格朝着有利于自己头寸的发展方向运动时，交易者将调整停损单以便锁定利润。举个例子，如果以为交易者在 400 美元时沽空卖出黄金，同时在 410 美元设置停损单，那么我们说，如果价格上涨到 410 美元或者更高的话，那么他的沽空头寸就会清仓出局。如果黄金的价格跌至 350 美元，那么交易者将把他的停损位向下移动，比如可能会移动到 370 美元。那将会锁定 30%的利润，而与此同时，又继续开仓获取更大的利润。这种类型的订单被称作浮动停损。随着市场行情的变化，停损位也会随着浮动。

当然，你也必须认识到，停损并非是自愿的行为。记住停损单在到达或者击穿订单价格时，就会变成市价单。假如市场在触及停损位时，价格变化得十分迅速，那么实际交易的成交价格，会和订单所设置的价格有些出入。

市场箴言

给新入市的交易者的建议中，最为流行的一条就是，总是使用停损单来保护你免受过度的亏损。这种策略在绝大多数情况下是非常有效的。除非你的交易系统排除止损的需要（有一些确实是这样），但是我们强烈建议您设置停损单。

当然，必须搞清楚一点，在作为资金管理而采用的有意的停损控制，和在交易系统中清仓头寸所使用的停损单之间，是有区别的。前者是为了在市场向相反方向运行时，保护您免受过度亏损的伤害。这一点是本章所主要论述的。后者是在市场预示交易系统出现问题、是时候该做出决策的时候，清仓头寸退出交易而使用的。这一点我们会在后面的章节中着重讨论。

例如，如果您在 9. 75 有一个卖出停损单，那么你可能会看到你的成交单是 9.76，9.70，9.50，或者任何其他附近的价位。通常情况下，它的确可以在活跃的、流动性较强的市场中平仓出局，但是你不能奢望成交价格精确到你的停损价位，即使是在电子化交易的今天也不行。

在期货或者股票市场中，这一类风险，在不连续的开盘和收盘的情况下，尤为明显。如果价格从一个交易日的收盘运行到下一个交易日的开盘，伴随着可能发生的突发新闻事件，那么停损单可能的成交价，会与你所设置停损价位相去甚远。这种情况的发生是不可避免的，而且这一点也是你在完善停损策略时（或者即使是交易一只股票），所必须要认真考虑的问题。

封涨（跌）停板

封涨（跌）停板是在期货市场中，为适应这样一种环境而设置的：当真实呈现的市场清算价格（该价格是交易所推动的）超越当日的涨跌幅限制时，交易价格实质上停留在当日的限价位置上。之所以成交量停留在这个位置，主要是因为不可能在限价位置之外成交，也没有人愿意在限价位置之内交易。

我们以玉米为例，假设在星期一的收盘价是 5.15 美元每蒲式耳。在星期二有报道说，剧烈的光照严重影响了玉米的产量，就造成了供应短缺。价格直接跳空至 5.35 美元涨停板（5.15 美元+0.20 美元）开盘。人们预期会达到 6.00 美元。

在这种环境下，市场将会继续锁定在涨停板价位进行交易，因为不能超过 5.35 美元进行交易，而且也没有交易者愿意在该点位之下卖出头寸，因为他知道市场很可能会走得更高。所以交易本质上来说停止了。

如果事态有所缓解的话，封涨（跌）停板可能会在当日打开，或者可以连续多日封涨（跌）停板。在这个例子中，如果玉米会直接涨到 6. 00 美元的话，那么就意味着会有连续四个涨停板。

隔夜的反向运动并不是唯一一个能导致订单完全成交的因素。在许多市场中，尤其是期货市场，都有价格运动的当日限制价位，也就是众所周知的涨（跌）停板。这些当日的价位限制主要是依照上一个交易日的收盘价而设置的，在给定的交易日内，交易价格不应超出价格限制的范围。例如，在芝加哥商品交易所（CBOT）交易的玉米期货，有着每蒲式耳 20 美分的限制，实际上相当于每手玉米期货合约 1000 美元。这就意味着在每一个给定的交易日内，价格上涨或者下跌不能超过 20 美分。这些限制能导致真正的紧张气氛出现，也就是众所周知的封涨（跌）停板。（参照深色方框内所论述。）

另外，贯穿市场之中，还有一些其他形式的交易限制，有时候是指停板制度。限制的价格区间要取决于交易类型【正如众所周知的，在股票市场中的“报升”（Up-tick）规则，也就是你要卖出沽空的价位，只能高于最后一次成交价格才行】所允许的实际交易限制价位，要是某一特定交易日的停板价格被触及的话（正如在 1987 年股灾之后，美国股票交易所所规定的那样）。

在当日价格限制和停板制度之间的推理类型过程，就是为了在面临极端的波动幅度时，使市场情绪冷静下来。这个想法就是，如果给交易者一些时间，自己聚集在一起，平静下来，那么就不会导致出现疯狂的行为。虽然规则制定得不错，这些在交易上的限制，在实际上增加了交易者的关注程度。在压力之下，没有人想被留下，总在设想什么时候，在什么价位他们能够清仓头寸退出交易。这是一个令人恐怖的情景。

套期保值

套期保值是一个过程，交易者使用其他头寸来抵消与特殊交易相关联的一些交易风险。当你主要考虑投机的时候，它并不是正常交易的一部分，但是的确有一些人在使用它。在这一点上，交易者套质保期的类型，是被用来抵消一个或多个风险，这个风险并不是交易时使用的工具或手段所特有的，但是它确实能对价格运动造成影响。

什么是套期保值？

套期保值是次要的头寸，具有和主要头寸相关联的特征，用来减少或者弥补和主要头寸相关的特殊类型的风险。这些风险包括：

☆ 货币风险

☆ 利率风险

☆ 现货价格运动风险

☆ 普通市场下跌风险

套期保值是拥有固定资产的人，为了保护自己免受反向价格运动带来的风险，而使用的手段。例如，石油生产商可能会卖掉原油期货（获取沽空头寸），来规避石油价格下跌所带来的风险。

套期保值也是为那些准备指望买固定资产，或者打算持有沽空头寸的人，避免价格上涨所带来的损失。例如交易者沽空黄金股票，同时可能会买入黄金期货来保护自己的头寸，免受黄金现货价格的上涨带来的损失。

套期保值通常是，但是并不是唯一使用，通过使用期货和/或者期权来实现的。

例如，某个交易者期望 IBM 公司会公布业绩预计盈利的报告，所以在股市中持有该公司的做多头寸，并希望能在随后的价格上涨中获利，与此同时，他沽空标准普尔 500 指数（S&P）期货，或者买入标准普尔 500 的看跌期权（Put options）。通过对指数（和 IBM 头寸有某种程度的关联）的沽空头寸，交易者可以从股票市场的全面下跌中获利，这就弥补了与 IBM 股票做多头寸相关联的风险（也就是所谓的系统风险）。交易者接着退出交易，而只留下与 IBM 本身有关的风险（非系统风险）。反过来，如果市场出现反弹，那么在标准普尔 500 指数期货上的沽空头寸会亏损（至少会在损失保证金）。这样，套期保值更像是一个保险策略：她避免了特定种类的亏损，但与此同时也要付出一定的成本。

绝大多数交易者并不使用套期保值的主要原因是他们的交易时间周期。大多数交易者从本质上讲都是纯粹的短线交易者。套期保值在那样一个时间范围可能不会起作用，假定是一个相对变化较小的价格区间，并且买入和卖出套期保值头寸的额外交易费用也要被考虑到。例如，利率总是逐渐地发生变化，而且它的上涨和下跌要在经过一定的时间之后，才能对总体经济和其他一些市场发生作用。但是一个交易者在日内进出头寸，或者以周为交易单位，不大可能会受到这些变化的影响。在这种情况下，套期保值还有运用价值吗？

大体上来说，套期保值对有些交易者来说，是一个有用的工具来界定和限制头寸的风险。如果要学习更多的关于套期保值的相关知识和相关的章节，请参阅本书的资源站点 www. andurilonline. com/book.

差价期权组合

套期保值是被定义用来设置一个一定要完成的目标，尤其是对你所持有的，一个或者多个特殊头寸相关联的风险的一种弥补。正如所指出的那样，它可以和保险策略相比。在有些时候，这个概念可能会和建立差价期权组合头寸相混淆。

差价期权组合头寸是投资者用来弥补交易所涉及的两个或多个相关的，但是不同的投资品种，其目的是试图通过价格的变化，或者通过其他当前持有的交易品种来获利。这和套期保值不同，尽管前面提到的多个或两个品种具有同等的效果。套期保值并不具备相同的保险策略特征。

一个差价期权组合的例子是，买入 2 年期国债，并在同时卖出 10 年期国债。在这个例子中，交易者在打一个赌，那就是短期和长期利率之间的差额点，到期时会加大（收益曲线将会变得陡峭）。另一个差价期权组合的例子是，买入黄金与此同时卖出白金，期望前者的价格上涨比后者的多(或者下跌得少)。

有价证券的固定收入

有价证券的固定收入，像 10 年期国债，其收益与其价格的运行方向相反。随着价格的上涨，收益减少。随着价格的下跌，收益增加。收益的变化程度，引发了固定收益品种的价格的变化程度，这是持续期的功能。

收益曲线是对每一个给定的到期收益，从最短期到最长期的描述。之所以说是曲线，这主要是因为它很少是直的。正常的收益曲线是倾斜向上的——长期利率比短期利率要高。一个倒转的曲线正好相反——短期利率比长期利率要高。（据说翻转的收益曲线是经济低迷时期的预报器。)

要直接地把套期保值和差价期权组合进行比较。我们可以从做多通用汽车（GM）股票头寸开始。我们买入该股票是因为，我们认为通用汽车在即将公布的季报中，会有很好的业绩盈利增长。当然，我们也注意到，作为综合考虑的整体市场，在近期可能表现不会很好，可能会给该股票的价格造成压力。作为最终的决策，我们决定买入标准普尔500看跌期权，这样如果市场确实下跌，那么我们也能受到保护。这就是套期保值。

在这个例子中，我们想要预防股票市场的下跌，我们并不想沽空另一个汽车类股票，比如福特（Ford）的头寸。当然，这可能会给我们提供某些保护，一只股票很难提供代表整个市场走势的样例，或者即使是整个市场的某一个部分。就像福特所归类的行业（非系统化的），是福特股票价格变化的决定性原因一样，这是一种效率低下的套期保值。考虑一下类似于产品召回的事件，这肯定会对福特公司的收益造成压力，但是这通常并不会对整个汽车行业的整体状态造成太大的影响。

从另一方面来说，如果我们认为通用股票（GM）可能会把福特汽车（Ford）的市场份额占有的话，那么我们可以持有后者的沽空头寸，以便和我们通用汽车（GM）的做多头寸相关联。在这一特定情节，我们会期望通用股票的表现优于福特股票，而不用考虑市场总体是如何表现的。这就是差价期权组合交易，有时候也被称作配对交易。

差价期权组合操作方式

假设我们买入100股通用汽车的股票，同时沽空100股福特公司的股票，价格都是60美元。

如果通用汽车上涨到70美元，同时福特公司跌落至50美元，那么我们就赚了2000美元（10美元×100×2）。

如果情况正好相反，福特股票上涨至70美元，同时通用股票下跌至50美元，那么我们就亏损2000美元。

由于对GM股票上涨高度并没有规定上限，所以理论上讲，我们可以赚取无限的利润。相对于福特股票的下跌来说，也是一样的，或者不能同样快速地上涨。同样的，在相反的情况下，由于对福特股票上涨的高度也没有规定上限，所以理论上讲，我们的亏损也可以到无限。

这两个头寸之间的差别是微妙的，但同时也非常重要。在每一种情况下，我们都持有相反的有价证券头寸，我们都期望这些证券根本的运行方向是相类似的，尽管在差价期权组合情况下，我们可能会期望通用股票上涨，同时福特股票下跌。当然，在套期保值情况下，我们想极力限定对我们不利的事件发生，至少由某一个潜在的风险因素所引发，该因素可能也会降低我们潜在的收益。然而，套期保值组合基本上是没有明确限制的。套期保值可以在任意方向交易的本质上不限制金额的有价证券实施。

抵消交易

另外一种行为有时候被称作套期保值，但是事实上不是，具体做法是同时持有同一交易品种（通常价格不同，但也并不总是不同），同样大小的做多和沽空两种头寸。这实际上是抵消交易，因为只要这两种头寸都被持有，那么交易者要么获利，要么忍受价格朝任一方向运行的痛苦。市场的风险被抵消了。

抵消交易并不是套期保值。一个套期保值的头寸仍有潜在的风险，这主要是对于剩余的利润来说的。抵消交易并不是这样，因为两种头寸都处于开仓状态。一旦其中一个头寸清仓，那么剩下的另一个头寸，就转换为标准的做多或者沽空头寸，和其他的一样。如图 5-3 所示。

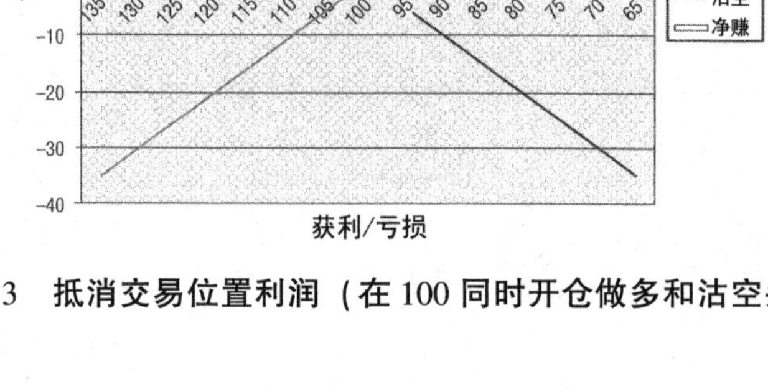

图 5-3　抵消交易位置利润（在 100 同时开仓做多和沽空头寸）

假设做多和沽空的交易头寸同时在 100 开仓。亏损/收益大体走势如下，两个交易都可以用对角线来表示。然而，把它们组合起来，正如图 5-3 中水平线所示，该组合头寸总是净收益为零。如果有出现在做多买入价格和沽空卖出价格之间的价格时，那么净收益曲线将不为零，而是一定数目的沽空价格与做多价格的差值。（例如，假如做多头寸发生在 100，同时沽空价格发生在 101，那么这个差值为+1）。

所以剩下的第一个问题就是，为什么会有人持有这样的抵消交易头寸呢？理由就是，交易者期望两个头寸都获利，或者至少在一个上面赚得比另外一个上赔得多。这就像套期保值交易。这种想法非常好，但是却丝毫不能改变这一基本事实，就是两个头寸同时处于开仓状态，投资组合的价格运动或者账户的实际结果是零。假设做多头寸在 105 出清，这个可以记录为 5 点收益，但是剩余的沽空头寸却有 5 个点的亏损。如果市场转向，开始跌得更低，那么头寸可以以这样一种方式退出，就是整个投资组合总体上有净利润收益。当然，如果市场继续上涨，最后在 105 之上清仓所有头寸，那么对账户总体影响就好像是，当交易者在考虑组合交易的总获利能力时，沽空头寸在 105 出仓（100 + 5 点的做多头寸利润）。（这种类型的策略可能被用来在窄幅波动的市场使用。尽管如此，请记住交易或者持仓的成本。）

外汇交易的新手法

现在回顾第二章，当我们有多个开仓的外汇交易头寸时，研究自己的净外汇持仓头寸。它表明我们在不经意间改变了我们整个风险状态，而我们自己却完全没有注意到。如果当你认真考虑使用套期保值形式时，就会有一些事情发生。

例如，假设一个沽空 EUR/USD 交易者，由于他相信美元会比欧元强势（回顾一下 EUR/USD 的下跌意味着美元正在增值，而欧元正在贬值）。而且，与此同时，他也在密切关注，美元可能会因为一些即将来临的数据发布而全面疲软。所以通过在 USD/JPY 头寸中卖出等量的美元，来平衡他全部的美元持仓头寸。

那么我们的交易者到底该做什么样的操作？如果你回答，建立美元的抵消交易，那么你答对了！对美元的价格运动，他的持仓头寸根本就没有任何风险。

当然，现在他所做的一切，是彻头彻尾的新的风险预测。他可以对美元不确定，但是他开始建立沽空欧元的头寸，而且增加了日元的做多头寸。后来在账户中建立了沽空 EUR/JPY 的头寸。现在不是原先我们所想的那样，我们的投资者的利润或者亏损，会随着美元相对于欧元的走强或者走弱而降低，而是其损益应该由欧元对日元的走强或者走弱来决定，至少这两个头寸都出于开仓状态（而且也没有在添加其他头寸）。

为了能在美元的全面走弱中能够受到保护，我们的交易者应该改为，卖出美元指数或者买入其看跌期权。

资金管理：投资组合

资金管理所包含的内容更多，绝不仅仅只是简单地去定义一个特殊交易或者头寸的风险。除非交易者一次只持有一种头寸（对于新入市的交易者来说，这样很好），大多数时候，他们将不得不拥有或者寻求在多个市场开仓交易，或者启用多种交易工具。这就是为什么要考虑复杂性，并且交易者必须对他所经受的风险要十分清楚。

资金管理的投资组合方面的策略是，从采取逐笔（Trade-by-Trade）交易的观点，转换到更为宏观的视角。如果做不到这一点，短视的交易者就不能领会用来增加或者降低交易者头寸的整体风险的方式方法。在本章内，我们着重关注交易者自我引发的这一类交易风险问题出现的各种原因，以及如何规避这些风险。

相关联的市场

参照图 5-4 至图 5-7。图 5-4 是从 2003 年到 2005 年初期的黄金走势图。图 5-5 是在同一时间段内 EUR/USD 的走势。由于黄金是使用美元来定价的，金属的增值趋势伴随着货币价值的下跌（回顾一下，EUR/USD 的上涨意味着美元相对于欧元来说在贬值）。如果你看图 5-4 到 5-7 中的图表走势的话，那么你应该很容易看到他们之间的关联性。

另外一个这样的例子，是资产价值和固定收入。股票和国债（或者债券）似乎价格运行的方向总是一致的，这主要是因为利率的下降，通常情况下对于公司的盈利来说，具有正面效果（这就是说，在这种估值分析方法中，当人们在计算现金流的折扣时，享有较低的折扣率）。你可以看出，在图表中，标准普尔 500 指数（S&P500）和 10 年期长期国债价格走势，各自分别走出了相互独立的行情。虽然走势的丰富变化有所不同，但是两个交易品种，在 1982—2005 年间，都戏剧性地向同一个方向发展。

在资本日益全球化的环境下，各个市场之间相互作用，并受到相类似事件的影响，这就意味着，它们的走势基本相似。其结果就是正相关。这对于交易者来说，在评估总体的投资组合的风险方面，是极其重要的。交易者很容易就会拥有关联性很高的头寸，直到突然出现大幅亏损——两个头寸在同一时间内，都往相反的方向运行——之前，你很少考虑它们之间的关联性。

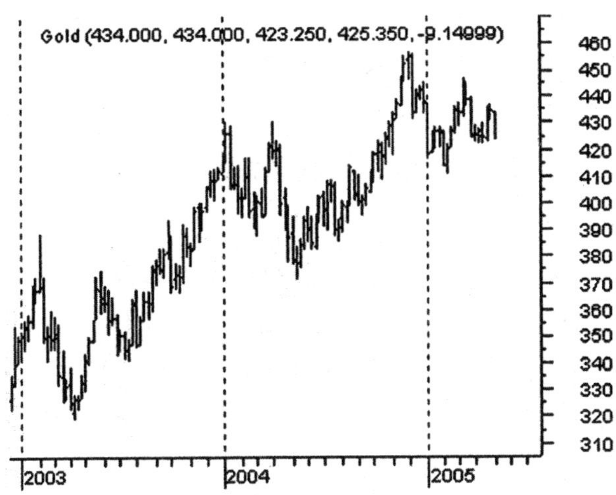

来源：metastock

图 5-4　黄金价格走势 2003—2005

如果你在同一时间周期内，如图 5-4 到 5-7 中所示的那样，准确计算一下黄金和 EUR/USD，或者股票和债券关联系数，你会发现结果是 1.0。这种情况根本不可能在任何外汇品种或者证券中出现。如果你持有两个市场或者证券的头寸，它们之间恰好具有适当的相关性，那么你投资组合的总体风险大大增加了，理论上讲是原来的两倍。因为假如万事如意的话

(两个头寸同时获利)，投资组合的回报高过其他任何可能性的收益，而这一点总是被忽略。回顾一下我们关于风险的定义，交易者并不认为，期待高过预期的收益其实就是一种风险。这只不过是红包而已。

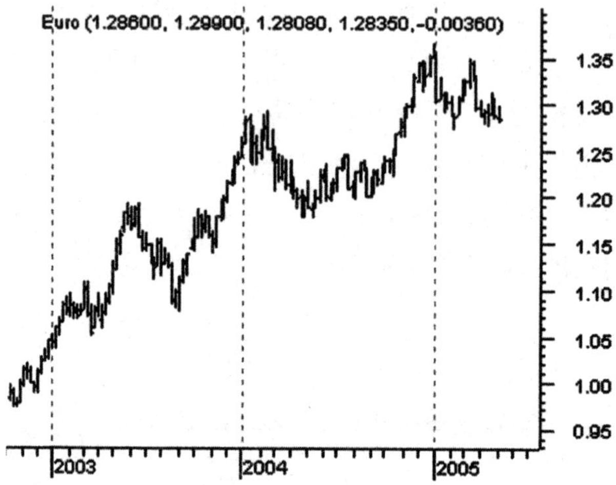

来源：metastock

图 5-5 EUR/USD 走势 2003—2005

相关联的投资组合头寸的风险，只有在发生了一些事，就是相关联的头寸同时向相反的方向运动时，才会充分地暴露出来。这些事情可能是一条新闻，或者一项数据的发布，或者只不过是一个没有明显原因的交易过度活跃。无论是什么原因，交易者目不转睛地盯着比预期亏损还要大的损失，并且诅咒他们所犯的错误导致了如此之大的亏损。这时候，你应该尽量消除（或者至少大大减少）这种不幸的事后诸葛亮的经历，而且也必须要有所改变了（做一些不同的事了)。

当然，市场并不总是一个跟随另一个。即使是在两个相互关联很好的头寸之间，其走势也会时不时地彼此相背离。现在请参照标准普尔 500 指数和 10 年期长期国债走势图（图 5-6 和图 5-7）中的点 A 和点 B 为例。当 10 年期长期国债在这两个点之间快速下跌时，标准普尔 500 指数仅仅下跌了几个基点而已。(我们注意到一个很有趣的现象，在 1999 年，当 10 年期长期国债走势，从 A 点下跌到 B 发生时——我们能不能得到一个信号，即，在 2000 年股市就会暴跌呢?)

来源：metastock

图 5-6　标准普尔 500 指数 1982—2005 走势

来源：metastock

图 5-7　美元 10 年期长期国债 1982—2005 走势

这种类型的市场之间的非关联性十分频繁地发生着。你可以参照黄金和 EUR/USD 的走势样例（参照图 5-8 和图 5-9）。

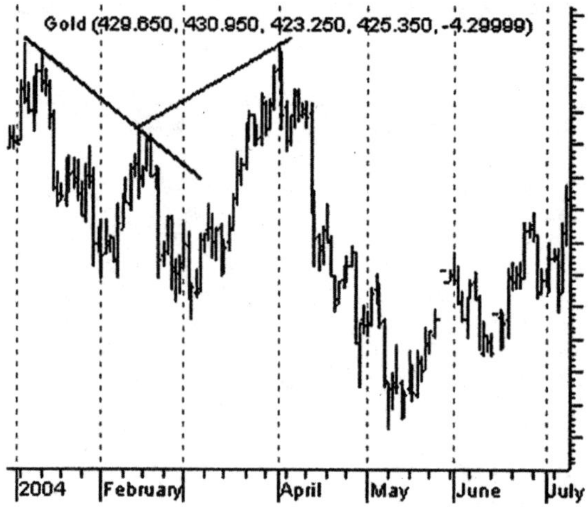

来源：metastock

图 5-8 黄金价格 2004—2005 走势

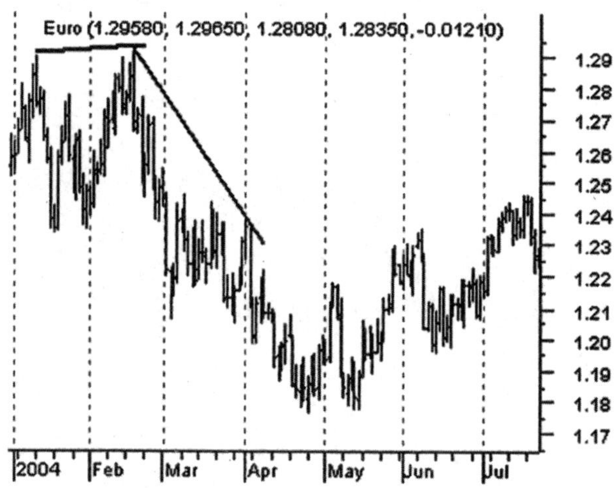

来源：metastock

图 5-9 EUR/USD 2004—2005 走势

这些图表是从 2004 年上半年的走势所采集的，是前面的图表中的一部分，他们之间展示了相当清楚的关联性运动。请注意，这些图表中第一部分的时间区间之内，其走势远非作为一个非常好的关联的范例。在 1 月份和 2 月份之间，黄金价格走势是下跌趋势，而与此同时 EUR/USD 实际上创下了新高。接着出现了两个快速换手的过程。在整个 3 月份，黄金走势开始展开反弹，而 EUR/USD 却持续下跌。正是这种行为走势，才能展现交易者当把头寸放在不同的市场或不同的交易品种时，为什么必须十分明了他们之间当前的连接和交互关系。

唯恐读者会留下这样一个印象，拥有多个活跃的持仓交易并非好事，而且是应该尽量避免的。有人一定会说，如果这样做，能够降低整个投资组合的风险。这就是当代投资组合理论的整体观点。而实际上，你可以拥有多个头寸的交易品种，来降低整个投资组合的风险。从交易者这一方面来看，这通常等同于拥有相反关联的多个头寸，或者至少关联值接近零。

现代投资组合理论（MPT）

这一理论建议，以投资组合的方式进行投资，比投资单一的证券相对的风险回报率要好得多。你可以使用预期的回报，来确定多个投资品种组合的多样的波动性，从而提供了最佳的风险收益预期模式。这种投资组合可以被列举出来，建立效率界限。投资者可以在该界限中选择一个投资组合。

这可以被杠杆效应进行充分放大，进而导致市场投资曲线的形成，这就是所谓的“超级高效的”投资组合。

然而，绝大多数交易者——当从观察者角度，而不是作为投资者角度看问题时——并不是这样以投资组合的方式进行思考的。

尽管如此，在这种关联性讨论中，真正重要的事情是，提出了交易者必须基于放眼未来的心态来思考问题。如果一只股票，相比另外一只股票，在过去的任何时间区间，都有着某种特定的关联系数，这当然很好，但是，这并不能意味着，市场是否在接下来的走势中，仍具有相应的关联系数。交易是与期望值相关的活动，因此，他也是对风险和资金的管理。当我们仔细研究两个投资组合之间的关联性时（活跃的或者积极的），交易者不得不做出一个评估（如果你愿意的话，也可以是预测），关于关联性是否会发生变化，以及如果发生了，怎么办。从另一方面来看问题，就像开车一样，只能在后视镜里查看道路状况。

我们把这和下一个话题结合在一起。

风险值（value at risk，VaR）

风险值是一种在给定的时间区间内，评估投资组合总体风险的方法。这是专门为大型机构设计的评估指标，比如银行，这样他们就能够很好地管理他们在各种投资市场投资的多种头寸的累积效果。风险值所指的是一个范围或者限度，即在给定一定程度的信心的前提下，投资组合的价值在特定的时间区间内，能够在特定的范围内波动。举例来说，某一特殊的100,000美元的投资组合，具有一天风险值 5000 美元，95%。解释一下，这句话的意思是，有大约 95%的机会该投资组合会处于麻烦之中，也就是会增值 5000 美元或者亏损 5000 美元。这是一种相当有价值的思考过程，对于交易者来说，他或者她监视着整个投资组合的风险状态。

风险值（VaR）在学院级别上的应用会表现得相当复杂，假设可能会有很大数量的股票和多种投资工具。想象一个投资银行在交易股票，有固定的收入和外汇结算业务，两者都是普通的头寸及衍生物。在风险决策相关方面有相当大的复杂度，而且建模的应用也很复杂。

对于个体的交易者来说，如果给定较小数量的头寸规模来参与讨论，那么它和风险值（VaR）的关联性不是很强。即使如此，风险值（VaR）的决定，正如通常所表述的那样，很有可能有仅仅追求数量的倾向。它包括决策价格运动的可能性（还记得第三章里面的图表吗?)，并且要把与之相关的不同的市场和不同的交易工具组合在一起。建模可以被运用到过程中。

这里我们没有时间来对风险值（VaR）进行完整的讨论。如果你很有兴趣的话，你可以参考 www. andurilonline. com/book 网站的详尽列表，从那里你可以学到更多。当然，你所应该做的是，牢牢记住风险值（VaR）这一概念——风险的价值。每一位交易者都需要弄清楚，在任意适合的时间区间内，他或者她的投资组合能够发生什么，而且极有可能会发生什么。如果使用别的方法来做，就好比你深夜在布满冰山的、浓雾弥漫的大海上，来领航一只船一样。记起泰坦尼克号了吗？它在当时被认为是永不沉没的，这正如很多投资者认为自己的投资组合是永不亏损的一样。接着，随着他们投资组合的沉没，他们带着完全不可思议的震惊，撞到了那些冰山。

破产风险（Risk of Ruin，RoR）

风险值（VaR）的概念和破产风险（RoR）这一概念密切相关。简单而言，破产风险（RoR）就是指，某人的账户被爆仓的机会（对于一个爆仓记录，当具体指某人的账户时，并不是一件好事情）。正如在本章前面讨论到的一样，我们中的每一个人，对破产风险（RoR）到底是什么都有各自不同的理解，因此破产风险（RoR）对于不同的交易者，其概念也是不同的。

举例来说，假设他们是用同一个交易系统，而且也使用的是完全一样的交易方式，被认为“爆仓”的交易者是指，他损失了投资组合总市值的50%，如果对于更高的破产风险（RoR）而言，某位交易者会认为应该损失投资组合总市值的75%。毕竟，和亏损50%相比较，很少有可能会损失总市值的75%（希望如此！）。

破产风险（RoR）的概念和交易系统的大致表现，或者所使用的系统的表现紧密相关。同样的，这一点在交易系统的表现评估一章会着重讨论到。我们在这里提到它，主要是因为交易者必须要知道，额外风险的结果是什么。

作业

正如前面所提到那样，理解各个市场之间的关联性也相当重要。挑选一个你感兴趣的市场，再挑选两个其他的市场，一个你希望和你第一个选中的市场有强烈的关联性，另一个则和第一个毫无关联性。然后，挑选三个时间区间，进行基本的回归分析，来判定你的判断正确与否。

同时也可以开发一个详细列表，包括在第三章《影响市场价格》所提到的三个市场相比较，画出适合每一个市场种类的大体轮廓。接着，比较每一市场和数据、新闻，以及其他你定义的因素之间关系的表现。

在交易系统日志中，记录下你所有的发现。

执行交易计划

对于交易者来说，风险或者资金管理这类概念，从本质上来讲是负面的。因为那些习惯于正面思考的交易者来说，这是一种十分不寻常的现象。尽管如此，使用适当的方法来着手进行交易仍是相当重要的。交易者很容易被获取巨额利润的幻想所吸引，但是成功的交易者却花很多时间，把注意力集中在可能会发生亏损，以及损失多少的机会上。为什么呢？因为总是有机会来获取交易利润，而只有当你还在市场中交易时，才是这样。冒太多风险的交易者，增加了他或者她在游戏中被扫地出门的可能性。因此，我们要谈资金管理。

本章前面已经给你分配决定你自己的风险规模，以及具体界定风险的任务。现在，为了指引你的交易过程，是时候把这些付诸实践计划了。本章的最后一部分会提出一系列问题，这些问题会指导你将那些问题的答案，直接添加到交易计划中。

1. **在你的资金账户里，你愿意接受多大的损失才肯停止交易？**决定你的“Uncle”点的位置（Uncle Point，它的意思是净值水平降低，引发投资者或管理者信心丧失的那个点）——就是这个损失使得你关闭一切来停止交易。这不是我们希望发生的事，但是如果它真的发生了，你应该知道这样的偶然性。这是计划过程中的一部分。在这里我们的意思是，要么是你的交易执行的问题，要么是你的交易系统的问题。无论是哪一个，停下来重新审视所有的东西，是非常好的方法。这有点像电路短路这一类问题。

准确决定这一点位该设置在哪里，并整合一些你个人的自我安慰，和期望自己的交易系统的表现的时尚元素。后者将在下一章内着重论述。当然，你也可以完全依据个人性格缺陷，而忽略交易系统的表现。

2. **你可以接受什么样的谷峰到谷底的回撤？**这可以回溯到前面所讨论过的个人风险忍受程度的问题。而这也同时引发在本章开头所提及的从亏损到无亏损分析。简而言之，其实就是一个你愿意接受的投资组合或者账户总市值的反弹和回撤的强度。你是缓慢而稳健的投资者类型吗？或者你不介意坐过山车？一句话，你在这里所做出的决定，会影响到你愿意采用的交易系统的类型，同时也影响到你每一次交易，以及你愿意承担多大的超额风险。

3. **作为你的账户总市值或者投资组合，在每次交易中最基本的，你愿意承受承担多少风险？**一些一直以来都是最好的交易者，他们从来都是把自己总资金账户的投资风险限制在 1 到 2 个百分点之内。这看起来似乎是一个很小的值，但是这必须被认定为，交易中亏损发生的次数的形式。一个日内或者波段交易者，或者操作于类似短线交易者的时间之窗内的交易者，可能会在给定的时间之内，比起一个长线交易者有更多的交易次数。这就是问题所在，短线交易者经历相反的市场表现的概率，远高于低频率的交易者。

假设 x 是某人连续亏损交易的可能性，他每次可能的亏损是 p（获利交易的可能表示为 1 - p），p 的 x 次方就是总亏损的发生概率。因此，如果我们有 50%的概率发生亏损，而且假设我们连续 5 次交易发生了亏损，那么其真实发生的可能性就是 0. 5×0. 5×0. 5×0. 5×0. 5 = 0. 031,25（假设每次交易的可能性都是相互独立的事件）。

当然，这一数据有些误导性。即便是真实的也不至于连续 5 次发生亏损，这只是一个可以用来证明你看到的，只不过是 5 次交易亏损的适当例子而已。

当你超越这 5 次亏损交易的观察资料，5 次交易发生亏损的可能性出乎意料地发生了，但交易的次数变得足够大时，其可能性几乎达到了 100%。例如，一个日内交易者每天进行一次交易（每年大约 260 次交易），几乎一定会至少存在一次连续出现 5 次亏损的交易。你可以设定一个假想的情节，来看看 x 次接连亏损的可能性是多少，给定交易的总次数和成功率，你就可以通过网站：www. andurilonline. com/book/calculator. aspx 来计算出结果。

如果手头拥有这样一类数据是相当有用的，尤其是当你在冒着风险做决断的时候。如果每次交易都冒着损失 10%的风险，很可能这不是一个好主意，而当你在每 5 次交易中，发生一次亏损或者更多亏损的可能性高达 75%，这就将会迅速赔光你的账户中的所有资本。

我们还没有对交易系统的表现进行评估，所以在使用这些数据方面，你现在还有一点点限制。尽管如此，你仍可以通过你计划使用的时间区间，获取到一些近似的数据。稍后我们将再次重温计划中的这一部分。

4. **在任何给定的时间内，你总共愿意拿出你账户或者投资组合的多少来冒险？**如果你一次只交易一种头寸，那么答案和上面问题3中所提到的是一样的。假如，当然你计划开仓多个交易，你需要决定你愿意持仓什么样的净利润头寸（本质上就是风险值VaR）。你仍可以使用在第三部分我们讨论过的评估结果，作为指导你应该采用哪一个风险级别，但是你可能不得不做出调整。不是从交易的角度来思考，就像我们以前所做的那样，你一定要以时间周期的角度来思考问题。正在被讨论的时间周期问题，主要是以持有被讨论头寸组合的期限为基础。举例来说，一个波段交易者在任意给定交易中，他拥有持有头寸1天到3天不等的时间周期，他可能会考虑2到3天的持仓时间。在这样的习惯方式下，他们最终的损益评估表现将和问题3中的结果一样，但是他们观察评估的角度不同。

这就是与我们在前一章节所讨论的问题相关联的地方，而且要以风险值（VaR）作为完结动作重新回到游戏中。高度相关联的交易头寸，在任意给定的时间周期内，其风险值（VaR）也是相当高的。无关联的头寸（记住我们是以一种发展的眼光看问题），通常情况下会降低风险值（VaR）等级。正是风险值（VaR）这一个指标，才是确定你应该将投资组合风险限制在哪里的最佳措施。

交易计划应用

我们前面说过，如果计划不去执行，那么计划就没有什么用处。在你正在执行交易计划中的风险管理部分时，必须严肃认真地对待你所做出的决定，以及你执行交易计划的方式。尽量保持简单。交易的要点在于，无论你是赢还是输，你都要经历它，同时它也能对你的风险管理策略造成严重破坏。实际上，这只是计划的一部分。

思考一下下面非常简单的例子。

乔刚刚取得了相当不错的收益，苏则刚刚经历了巨大的亏损。他们两个都觉得，在他们的下一次交易中，有增加头寸的迫切需求。乔感觉良好。因为交易刺激而充满热情。“为什么不交易更大的资金呢？交易系统工作良好。让我看看能否再多赚一些。”

然而另一方面，苏却在想如何把这些亏损弥补。“毕竟，我的交易系统还是很好的，这次为什么不用更大的资金交易，以弥补损失呢？”

注意他们两个都没有考虑到，在这个点上背离交易系统，而只是想到了风险管理策略。他们都应该停下来，思考下一次交易中潜在的亏损风险。

从本章中我们应该汲取的重要一点是，你要么在开始确定交易目标时考虑到风险，要么在将来的某个时点直接面对市场的风险。这和汽车维修和保养相类似。你可以在平日里做好一点一滴来使你的汽车保持良好状态(更换机油，时不时地维护服务，等等)，或者你等到某些重大故障发生之后再解决。无论在时间还是金钱上，比起你随手做一些应该做的维护来说，这都会花费掉更多。

在这一个环节，我们已经充分强调了在交易中进行风险管理的必要性。有一些条目留作将来再行讨论。随着我们交易计划的继续进行，通过交易计划的设计、发展和测试过程，它们将被重新审视。现在，是时候继续进行交易系统的开发了。

第六章　市场分析的主要方法

每一个交易系统，从最简单到最复杂，其核心部分就是市场分析。这是决策制定过程的最基本环节。本章将略述所使用的主要方法。

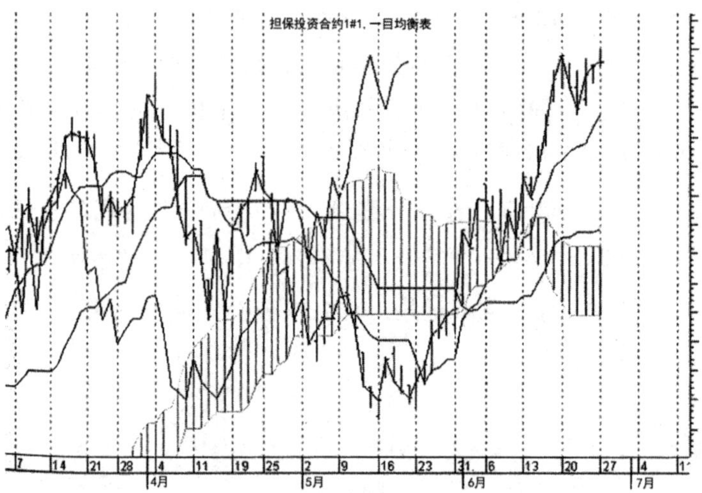

图 6-1　担保投资合约

分析市场主要指标

当你把交易当作是一种投机寻求获利的冒险时（在某种程度上，完全对立于商业活动），那么肯定会有一些机构，他们可以决策应该采取什么行动，或者取而代之什么也不做。这一过程就是市场分析。每一个交易系统都在某种程度上与它相结合。

本章我们将研究交易者和市场参与者使用的三种主流方法——基本面

分析、技术分析和定量分析。前两个都被公认为相反的两极，而且你总是能听到他们的代表者对己方论点的的赞誉之词，以及对另一个的毁誉之词。他们很多人在讨论中都没有考虑到第三个主流方法，定量分析法。然而，著名的市场评论员阿克姆波拉（Ralph Acampora），在给罗德岛州立大学（Rhode Island）学生和全体教员的赠言中，把这些市场分析方法描述成一个三角关系。这三种方法可能被不同的市场参与者采用，但是它们之间仍然是相互联系在一起的，正如图 6-2 中所示的那样。

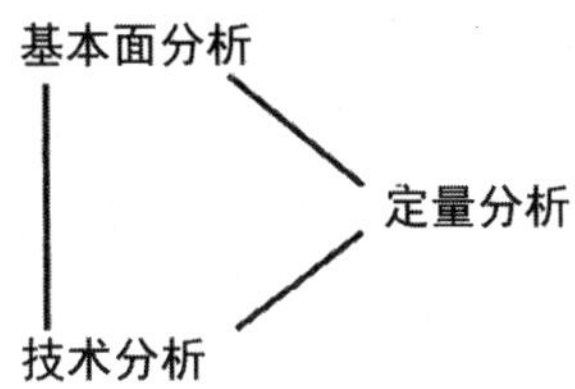

图 6-2　分析方法的关系三角形

本章将花费相当多的时间，尤其关注单个的市场分析方法，并且在一些实例中结合多种方法来讲解。然而，在达到这一点之前，花一些时间来讨论到底什么是市场分析的含义，是非常有必要的。

代表性偏差

地图并不是地形。或许你已经听说过这种说法。它的基本意思是，无论地图是如何的栩栩如生，它都不是实际事物的本身。用别的方式来思考，就会陷入自讨苦吃的窘境，这被认为是代表性偏差。

交易者不得不牢记在心的是，在他们的分析中无论是用到什么数据、图表，或者任何其他的信息，这些都不是市场。他们只不过是代表市场的某一方面的表现形式而已。例如，价格只不过是一个指示器，代表了一方或者多方愿意转让筹码或者筹码被转让，除此之外再无别的意思。此外，由于市场是持续流动的，所以任何价格都代表了即时的市场快照。它是历史的。一个在交易时制作的，或者在某些时间周期内所制定的（交易对应的可表示的报价）价格表，并不比一个地图代表更多的意思。

一个简单的事实是，没有人是无所不知的。财经市场是高度复杂和无定形的。你可以从某种程度上正确地说，地球上的每一个人都与经济密切相关，都直接或者间接地为基于市场的供给/需求环境做出贡献。当你学习这一章节的内容时，记住这一点是至关重要的。

在继续学习之前，还有另外一个应该提及的要点。市场分析通常情况下有两种思考方式：自上而下的（top-down）和自下而上（bottom-up）的方式。前者是以一个宽广的视角来观察，然后使用它来持仓头寸特殊的交易品种。一个例子是全面处理掉的美元头寸，有利的或者不利的，然后交易外汇货币对儿（比如EUR/USD）。自下而上方法是一种为什么交易者都集中注意力在一个特殊的交易品种上（比如股票），而同时却不愿意多花一些时间研究宏观经济（比如，整体经济景气指数）。两种方法都是非常有效的。这只是一个偏爱的问题。

基本面分析法

基本面分析法经常和股票市场紧密联系。这样看来，这种方法其实就是努力对公司的价值做出判定，并且要搞清楚为什么它的股票的价格是那样。当然，这不过是这种方法的一个应用而已。基本面分析法几乎以这样或者那样的形式被应用到每一个市场。尽管一些其他的方法也日渐流行起来，但是它仍被看作是最常用的经济分析方法，这取决于市场当前正在讨论的问题。

我们开始讲解基本面分析法的起点是，首先决定什么是最高层面的因素，然后再开始层层深入，分析更为细节地影响到具体投资品种的因素。在某种意义上，我们将采用组织严密的方式，来观察基本面是如何进行应用的。

商业周期

也被称作经济周期，商业周期是在某一给定的时间段内，经济增长和紧缩的模式。这里用“周期”这个词汇，可能会有些误导作用，这是因为这个模式并不是一个有规律的和连贯一致的循环模式。相反，在时间总长不变的情况下，这些周期往往会有不同的变化，而且每一个阶段的持续时间和振幅也不尽相同。尽管如此，把那种认为经济发展就是阶段性地扩张，紧跟着周期性的停滞或者消退的观点，谨记在心还是相当重要的。

国内生产总值（GDP）

GDP 是一定时期内一国生产的最终产品和提供劳务的市场价值的总值。（注：一定时期一般指一年一统计的期限）。通常的 GDP 是一个确切的数值，而真实的 GDP 还要根据通货膨胀指数来调节基本数值。

根本上来讲，商业周期有两个主要的阶段。一个是增长期，即国内生产总值（GDP）的增长。在这一阶段，失业率下降，商业和消费指数均呈上升趋势，公司利润增加，所有和普通产品相关联的东西都开始繁荣。

衰退期和萧条期

衰退期被定义为两到三个（这主要取决于你讨论的对象）持续的 GDP 负增长阶段。衰退被认为是在商业循环中极其普通的现象。

目前对于萧条期并没有达成一致的看法，但是它可以被认为是一段持续的消退期，所有的数据特征资产，商品和各种服务都贬值（负增长）。

在相反的方面是经济收缩期，GDP 负增长。此时失业率上升，银行坏账增加，利润下降，个人和公司手头拮据无钱可花，并且所有的事情都不容乐观。依赖严重的和/或者紧缩的持续时间，这个周期可以被定义为衰退期，或者甚至可以定义为萧条期。

当然，每一个循环都有自己的程度。一些阶段比另外一些阶段速度快，而实际上，经济增长速度一开始是比较缓慢的，当增至某一高峰值后就开始跌落。衰退期也是和这个循环基本一样的。有一些还是十分严重的，而另外一些相对轻微一些。当然，还有一些时期被称作过渡期。毕竟经济并不是立即从增长期转变到紧缩期或者负增长期的。

许多因素影响到商业周期，如依据各个周期阶段和过渡时期的时间长度、经济增长率和紧缩率的量级。它们可以分为：（1）利率；（2）货币和财政政策；（3）通货膨胀；（4）货币汇率；（5）现货价格；（6）政府的政策法规；（7）外汇汇率。本章节的这一部分将分别讨论这些问题，以及他们之间的相互关系，并且最终将这些讨论结果直接运用至单个公司的层面。

普通经济分析

我们现在回顾一下第三章，那里列举了影响价格运动的因素的一个详细清单，其中包含了海量的经济数据。经济活动影响到金融市场的所有一切，这是一个无法更改的事实。例如，假设经济正处于商业循环的紧缩期，那么利率很有可能会越来越低，交易率可能会受到消极的影响，对现货和服务的需求也会下降，通货膨胀指数也会更低，而公司将在压力下寻求盈利，这就意味着股票价格低廉。在绝大多数情况下，在经济扩张中，则是相反的情况。而过渡阶段，则可以看成是这两个时期的混合体。由于以上的原因，对于交易者来说，明白自己身处于哪个商业周期，并且基于这一认识，知道这一阶段所造成的影响是什么，这是十分重要的。因此，大量的努力和精力都是花在对经济形势的前瞻性监控和预测上。

季 GDP 数据对于商业周期分析来说，是直接可以获取的第一手资料。然而，问题是我们的数据并不能很及时地得到。对于任意给定的季 GDP 数据，几乎总是在下一个季节快要过完时才能发布。因此，那些极力想知道当前经济健康与否的人，不得不找到在短时间内度量经济增长的方法。这是通过监控，是以正在进行的事情为基础的，同时这也是 GDP 的组成部分。

GDP 的组件是四个部分：（1）个人消费指数；（2）商业投资；（3）政府开销；（4）净出口。一组政府和私营部门的报告和信息，可以被用来度量这些组件。例如，你可以非常接近地观察交易数据。你仅需要看一眼任意一个公众可以获取的月度经济数据发布日程，就能知道到底有多少这样的数据被发布。而且你也肯定会发现他们总是和某一个经济模块相关联，并被用来预测 GDP。

为了能够更前瞻地看出未来 GDP 增长会是什么样子，同样我们也可以通过搜集被称为领先指标的信息来做到这一点。它们是公认的未来经济增长的领先指标。有了他们，你就拥有了一个十分有用（并不总是精确）的水晶球来预测 GDP 增长。世界大型企业联合会（www.conference-board.org）业已收录了好几个美国（和其他国家）有代表性的经济增长领先指标的数据。这一指数 包括：

☆ 平均每周申领失业保险指数（作为反向指标参考）

☆ 建筑许可指数（为新建筑批准的）

☆ 平均每周制造业工时指数

☆ 非国防物资新订单指数

☆ 消费品和原材料新订单指数

☆ 消费者期望指数

☆ 实际货币供应量

☆ 利率差额（收益率曲线）

☆ 股票价格指数（由一个或多个指数来衡量）

☆ 供应商表现

当你通读这一系列指数时，你肯定会看到到底有多少项目，潜在地影响着未来经济的发展。例如，建筑许可指数预示着，在建筑业领域生产资料和劳动力的需求情况。它将给我们提供预测未来 GDP 增长的非常有意义的数据。

关于 GDP 增长数据，交易者和市场分析师将采用一到两种方法来进行预测（假设他们在工作中使用基本面分析法）。无论市场是如何表现的，你都可以使用独特的分析方法，将 GDP 增长数据考虑其中，由此建立各种模型。例如，GDP 增长可以放入公司年度收入增长模型。其他的交易者更多地将宏观经济形势看作是一个指导方针，或者带有偏见的背景。

利率

虽然利率与经济发展的联系越来越密切，利率仍独立于经济周期之外。它们通过在定息收益市场的交易而自由地波动。就其本身而论，既可以作为基本面分析的组成部分（利率对很多市场的分析都有贡献），又有其自身独立的市场。随着利率的持续变化，它成为基本面分析法中的一个高度敏感活跃的因素，同时也会受到其他市场因素的影响。

尤为特殊的是，利率（定息收益有价证券价格的一个因素）对通货膨胀高度敏感。假设一个以固定本金支付年利率 10%的债券（票面价值）。这些利息的真正价值，将依赖于通货膨胀的水平。通货膨胀率越高，真实的利率越低，反之亦然。

名义利率 VS 真实利率

名义利率回报是实际的支付，例如，1000 美元的国债每年将被支付 100 美元的利息，其名义利率就是 10%。真实的利率是经过通货膨胀调整后的利率。在前面的例子中，如果通货膨胀是 3%的话，那么真实的国债利率就是 7%。

为了把真实汇率维持在一个稳定的水平上，定息收益投资者将要求在定息收益有价证券上有更高的名义利率。例如，在 3%的通货膨胀下，7%的国债收入还算不错，但是如果通货膨胀率是 5%的话，那么收益必须要达到 9%，要把投资者的真实投资回报率维持在 4%。因为国债价格和收益是成反比的，即随着通货膨胀指数的上涨，国债的价格就会下跌，这样就能给投资者提供更高的收益。

因为通货膨胀对于利率市场来说是如此的重要，所以读者把可观的时间花费在衡量通货膨胀指数，诸如 CPI（消费价格指数）上是不足为奇的。CPI 是度量一组代表性消费商品及服务项目的价格水平随时间而变动的相对数，用来反映居民家庭购买消费商品及服务的价格水平的变动情况。CPI 数据的大致变化，勾勒了这些商品和服务的价格变化情况，是变得越来越贵，还是越来越便宜。由于通货膨胀是在一定时期内价格的变化率，所以 CPI 仅仅给我们提供了这方面的数据。PPI（生产物价指数）在衡量贸易方面，和 CPI 相比较，本质上是一样的。可能还有其他的一些衡量通货膨胀的方法，有的比 CPI 效果好一些，有的差一些，但是这里我们不再讨论这些问题。至少我们可以有把握地说，在给定的时间周期之内，总有一种衡量通货膨胀的方法。

当然，市场关心的并不仅仅是当前的（或者可以是最近的）通货膨胀指数。定息收益市场更关注将来的通货膨胀指数。因此，基本面分析法对于定息收益市场来说，主要关注那些能够给出未来通货膨胀预测的事情。

那么通货膨胀来自哪里呢？也就是说，是什么东西促使物价上涨的？这一点我们已经就市场方面讨论过这一问题。这是一个供应和需求状况的表现。如果市场供不应求，买家就会给出更高的价格，因此价格就会上涨。而如果市场供应过剩，那么随着卖家倾销自己的存货时，价格就会下跌。当需求增加而同时又供应短缺，那么价格将会极速上涨。如果供应过剩，而同时需求又锐减，那么价格的下跌就会相当迅速。

因为现货市场中的铜、原油、谷物和其他一些日用品，作为重要生产资料，他们的价格变化被作为通货膨胀的指示器来仔细研究。毕竟，正如我们所看到的那样，如果原油价格上涨，那么我们很有可能会在加油站看到更高的汽油价格。我们也能看到它对同类产品价格所造成的影响。继续我们上一个例子，当原油价格上涨时，天然气的价格也会有与之相类似的上涨。这是因为随着一部分人使用原油的替代产品，市场中对原油替代产品的需求增加了。

劳动力是另一个可以用来综合考虑商品和服务内在价值的因素。因此，交易者关注失业率作为发现市场压力的一个信号。劳动力同样作用于其他市场。当需求增加时，工资需求也随之增加。这就是为什么经济学家和定息收入交易者，在失业率很低的时候，变得十分紧张的原因。它暗示了潜在的工资增加的可能。

然而，对于消费者或者商人来说，高投入并不总是能转变为高价格。现代化技术可以大幅度提高效率，这使得某些方面的商务费用大为节省，从而避免他们的总体费用的提高。与此同时，我们重新回到供给和需求上来。在一个高度竞争的环境中做生意，那里有充足的供给（按照某种说法），或者需求受到打压，价格将会持续下跌。同样的，你不能简单地假设高投入一定会推高价格，进而提高诸如 CPI 之类的数据。事情总不是绝对的。

通货膨胀还涉及另外一个供给/需求方面的因素。这就是资金供给。一些人给出通货膨胀的合理定义（与之相反，不合理的判断），这是因为有过剩的金钱去追逐很少的商品所造成的。正如其他事情一样，资金过剩就意味着货币的贬值。因此，如果货币的供应量增加，而同时商品和服务的供应减少，并且对它们的需求再增加，那么将会发生灾难性的通货膨胀。（在第一次世界大战和第二次世界大战之间的德国，就是一个非常生动的例子。）

货币供应问题，是中央银行直接管理的领域。中央银行是货币的管理者和利率的决策者。在定息收益市场，交易者商定利率，自由交易，但是他们极易被中央银行的行为和言论所影响。

联邦基金利率：美国同业拆借市场的利率，是一家存托机构利用手上的资金向另一家存托机构借出隔夜贷款利率，是美国最重要的利率。

贴现率：隔夜利率，美联储掌管银行从联储局直接借出储备基金。

中央银行对利率的影响的最明显的形式是，特殊的政府利率的上涨和下跌。在美国，有联邦基金利率和贴现率，这被银行用来决定诸如最优惠利率的东西。银行使用利率作为基准点，来决定贷款利率。其他国家也有相似的基准点。

美联储也对被称之为公开市场运作的方式负责，在那里他们分别通过买入和卖出国库债券，来增加或者减少货币的供给。在其他国家中，有不同的系统代替联储局，但是其中央银行的运作方式和目的都是一样的。

在很多情况下，中央银行首要关注的是，防止超常的通货膨胀。有一些中央银行表现更为积极一些，而且有一些中央银行被授权参与促进经济增长和加强政府货币管理的宏观调控，但是对通货膨胀的关注始终占主导位置。中央银行使用利率来控制通货膨胀。当他们感觉到有通货膨胀风险的苗头出现时，他们就会提高利率，而当通货膨胀退潮时，他们允许利率下调。这就是对经济增长的调控。而且你会认为 GDP 增长被遗忘了。但是事实并不是这样！

公开市场运作

通过在定息收益市场进行交易，中央银行能够影响货币供应，并通过这种手段改变利率。

如果中央银行（比如，联储局）是政府债券的买家（如，美国短期国库券），他们能扩大货币供应。这是因为他们通过给卖家支付货币，而把货币投入市场。与此同时，买家往往提高与之相关的定息收益债券的价格，降低收益。

作为卖家的时候，中央银行通过接受买家支付的费用，把货币从市场中取回。这种卖出将会给那些定息收益品种的价格造成压力，增加收益。

那么需求来自哪里呢？在消费者和经营者这一案例中，需求来自增加收入和货币消费。这通常是经济增长的功能之一。同样的，中央银行总是在经济向好时期，随时关注经济“过热”的信号。在经济持续稳健增长时，通货膨胀不会突然发生。只有在经济增长开始超越平常的速度出现加速时，通货膨胀才会悄然而来。无论如何，这至少是一种思路。有很多人想就这一观点展开辩论。而我们在这一特殊的辩论中不站在任何一方。这里要提出的一点是，如果中央银行认为快速的经济增长，有可能会带来通货膨胀的话，他们就会提高银行利率，从而设置障碍，使得经济增长放慢速度。

作为中央银行有能力操控利率的一个结果，基本面分析法就发展出了一个支脉。在美国，这被称之为美联储观察，这意味着它的支持者是如何花费很多的时间，来监视所有在联邦储备金检查小组成员身上所发生的事情，当然也包括美联储主席。这些人发表公开言论（正如在第三章所说的那样），分析师试图从他们的言论中揣测关于利率和货币供应的政策。

必须强调的一点是，尽管中央银行具有绝对的权威，但是他们并不能完全控制利率，尤其是期限较长的利率。中央银行在短期投资品种上起作用，它们能围绕长期走势相当自由地发生波动。这就意味着，你可以挑选这样的时机，即中央银行和交易者之间看法不一致的时候，比如当利率开始增加时，但是与此同时，10 年期长期国债利率却保持不变，或者甚至下跌。

以上描述所产生的走势，如图 6-3 所示。

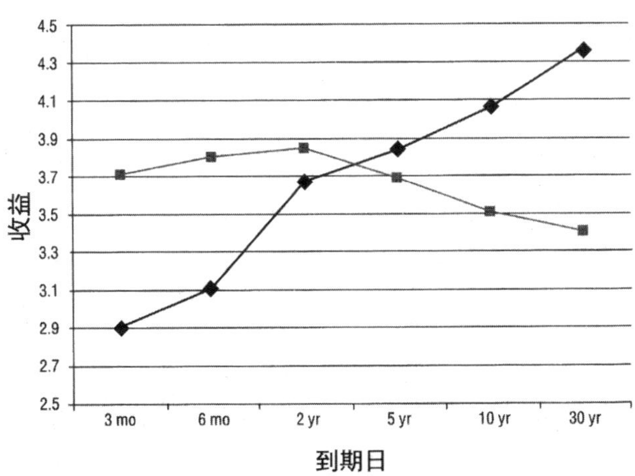

图 6-3　美国国债收益曲线

这一收益曲线通过对一系列债券到期日的描述，形成了可视化曲线。尽管你可以轻易地看出任意两种不同的到期票据之间的差别。在图 6-3 中有两种类型的点。黑色的点是普通的收益曲线，该曲线从左至右呈现上涨趋势。浅颜色的点被称作反向曲线，因为短期利率比长期利率要高。

观察这一收益曲线（利率差），我们就会发现，它是预测 GDP 增长变化的最为重要的指标。之所以这样，是因为一个反向倾斜的负收益曲线，总是预示着经济低迷时期即将到来，为什么呢？因为较高的短期利率意味着人们没有进行长期投资的意向。因为商业投资是 GDP 的一个组成部分，如果不被一个或多个其他组件抵消的话，那么你将肯定会受到负冲击，一个反向的收益曲线意味着 GDP 的降低。因此我们再次看清了经济增长/利率之间的联系。

外汇利率

就像银行利率一样，汇率既是市场自发形成的，又是潜在的基本面分析法所要考虑的因素。同时，汇率也是经济强弱的反映（资本倾向于流动到流动性较强的市场而远离流动性较差的市场），以及对当前经济形势所造成的影响。回顾前面讲过的，交易是 GDP 的一部分，而汇率既是交易流向的结果，又对交易流向产生影响。与此同时，利率随着资本为了追求利益而进行的流动，既被汇率影响，又对汇率产生影响。这确实是一个让人头疼的局面。

我们不准备在这里花费太多的时间。正如我们所讲过的一样，外汇普遍影响到几乎所有的市场。同一类需要考虑的事项，正如我们已经提及的迄今为止仍在运用的，一些额外的与交易和资本流向相关联的东西。相反，我们会关注诸如外汇是如何对其他市场的分析造成影响的这样的问题。

在宏观层面上，汇率开始在以下几个点活动。正如已经提及的，它们包括 GDP、贯穿交易的机能和资本流动的利率。两种货币之间的汇率直接影响到现货交易的成本，而现货交易成本又会进而导致交易双方的交易方向和交易范围的改变。而这些又是和 GDP 平衡的组成部分——出口平衡有着密切的关系。

在资金流动方面，外汇是与投资息息相关的。一个坚挺的或者强大的货币就会吸引投资。而多余的资金供给又会导致利率降低（这里又变成了供给和需求的关系）。长期以来，在美国一直是这样，相对强势的美元会鼓励外国投资。反之，弱势货币会导致更高的利率。我们假设国外投资者因为美元对欧元的明显弱势，开始从美元市场抽离资金。假设实际上他们也是这么做的，那么这肯定会造成对美国提高利率的强烈压力。

在更微观的层面上，汇率会直接影响公司的收益率。当今的许多公司都持有一定数量的这样或那样的外汇，这主要是跨国集团公司用来直接支付，或者在全球化的交易市场中买卖商品和服务，或者可以间接地通过买入另一家有直接支付能力的公司的产品或服务来实现。同样的，在基本面分析法中，经常会把外汇作为一个评估公司股票价值的重要参考因素。

商品（现货）

我们早期提到过商品价格在通货膨胀中所扮演的角色。它们是明显的可交易市场。另外，它们还直接或间接地给公司带来利润。事实上，一些股票的价格，很大程度上由某种特殊的商品所决定，就像黄金矿业股票和石油类股票。

那么，对于现货市场来说，基本面分析法是怎样的呢？我们可以从供给和需求谈起。你需要从两个方面来评估这些东西，必须达到供需的平衡。是什么造成了供给的增加或者减少？是什么因素影响到需求？

现货市场是多种多样的。有农业商品，有能源类商品、金属类制品。每一种都有它自身的一系列影响因素。例如，天气是影响玉米和其他农作物收成的一个非常重要的因素，或者是对民用燃料油和天然气的需求造成影响的因素。劳动力竞争和政治上的动荡不安会影响到金属矿业开采，或把它们转移给潜在买家。对于一个国家人口统计学方法的改变，改变了需求关系，尤其是在某些特殊的时期，其他时候则均摊风险。

另外，正如我们所注意的那样。在各种现货商品之间有着各种各样的联系，都能够影响到供给和需求关系。我们前面所讨论到的例子，包括民用燃料油和天然气，由于前者的价格上涨，会导致后者价格上涨。玉米的价格会下跌，因为小麦的价格下跌了，直接减少了人们对玉米的需求。这些关系在一般的行业（能源、粮食等）中，总表现出涨跌的一致性。

股票

我们从一开始就说，只有在股票市场，基本面分析法才被广泛采用，而且公开运用。通过大量的使用和相当多的讨论，我们现在可以把注意力集中于，对于公司和他们的股票价格来说，基本面分析法是如何逐步运用的。使用何种全景图的视角来分析外部因素，我们现在已经做好从一个微观的角度对公司进行观察，而且所使用的方法种类决定了公司股票价值，或为其将来的股票价格做了一个预测。

决定某一股票价值或者相对价值的过程，几乎总是和公司未来的赢利预期密切相关。预报总是一系列按计划公布的财经言论。这些发布总是夹杂着某种本章前面所提到的，预期宏观经济的因素和一些公司经营的年度增长数据。接着他们会在业绩预报中的投入成本中（稍后我们也会讨论到）强调成本花费，来做出净利润的判定。通常情况下，大家普遍都给出5年期的业绩预测。

市场箴言

“现金流量折现法只能增加预期的净利润收入，现金流折现到现值，并不考虑价格反复无常的变化行为，归咎于供给和需求之间不平衡的波动行为。因此现金流量折现法（DCF）只能表现有认股权的盈利收入数据是否正确，这些认股权的获取，可以和任何可能得到的权利进行比较，一旦准绳确定，是贵还是便宜都可以参照这一标尺，这就是来自定息投资工具的收益。”

引用自 SOCRATES 发表在 Trade2Win 上的原文

www. trade2win. com/boards/showthread. php? t=15679

有了这些企业的盈利数据和财务预期的报表之后，分析就可以从以下两个主要的步骤进行：

实际价值分析法

实际价值分析的运用有两种方法，这可以整合在某些环境中。这首先可以通过年度资产折现收益来决定股票的净现值（NPV）。就是在这一方面，利率因素影响到股票的价格。它给出了股票在未来可能的收益的价值。

另一种方法决定了公司期权的价值。这就是在本案例中应该要做的事情，例如，一个石油钻探公司，其公司的价值随着它是否能钻出油而结果有天壤之别。另一个例子是，公司被卷入一场法庭辩论之中，其结果将会对公司的利润产生深远的影响。因此，基本面分析法将会在将来任何和所有的可能条件都考虑到的情况下，决定公司的实际价值，接着通过股票价格定价方法，把它们整合直至获得真正的股票价值。

现在我们不考虑价值是如何最终获得的，但是它们的应用却都是一样的。如果最终确定的那个价值，高于股票当前价格，那么人们将会想要买入这种被低估的股票。这就是经典的评估股票价值的经济学模型。

比较分析法

这种方法是用一个公司和另一个或多个公司（如一群或一个版块）进行比较的过程。因为公司总是不能直接并合乎情理进行比较，这主要归咎于一些事情的差别，比如每股盈利的差别，这必须和基本比率进行比较才行。下面是一些最常用的基本比率：

· 市盈率（P/E）：它的计算方法是股票价格除以年每股收益（因为总是以落后的或者是以历史的数据为基础，或者是以某种预测模型为参照）。它通常总是多种因素共同作用的结果，市盈率可以通过和它同类股票，或者和该股票的历史相比较来判定股票的价值。例如，如果一只股票的市盈率通常都是在 10～15 之间波动，但是现在它的市盈率到了 20，你可能会有这样的观点，从相对历史的标准来看，其市盈率应该是相近似的，所以说这只股票被高估了。（注意：市场分析法通常总是能从市场得到很多种计算方法，通常都是基于一种或者多种技术指标，用它们来评估出大批股票相对价值的总体印象。）

· 账面价值：这是公司的净资产除以已发行股票数量所得的结果。它能告诉分析师的是，如果这家公司被清算，那么每一位股票的持有者能分到多少钱。当然，这一定是一个非常难以计算的比率，因为写在资产负债表上的企业的资产和负债的价值，基于诸如资产折旧这样的原因，并不一定会真实反映它的实际市场价值。分析师如果希望账面价值成为一种实用工具，就必须客观而精确地判定公司资产和负债的变化。换句话说，账面价值很容易会引起误解。

· 股息收益率：这是以股票价格为依据的每股应支付的年度分红来计算的指标。在一些行业——举例来说，比如公共事业类公司——这是一个相对比较有用的指标。然而不幸的是，还有相当多数量的公司甚至从不分红（或者至少是有意义的分红），这就大大限制了这一特殊比率的实用性。

市盈率和收益增长率的关系

任何观察市场的人都会注意到，那些所谓“成长”公司的股票都具有高市盈率。个中缘由我们从表 6-1 中可以很清楚地看到。

这一表格比较了公司的市盈率（右边）和当前（t0）5 美元/每股的股票处于三个不同增长率时的盈利。假设在所有的例子中贴现率（4%）都一样，而且股票的收益增长率（最左边一列）越高，其净现值也越高。理论上净现值是股票的价值和它现在所交易的价格之和。同样的，日渐增多的净现值意味着更高的收益率。因此，较高的收益增长也意味着较高的市盈率。

表 6-1　对比市盈率和收益增长

收益增长率	给定增长率下在未来时间里的每股收益						贴现率（4%）	市盈率
	t0	t1	t2	t3	t4	t5		
5%	5.00 美元	5.25 美元	5.51 美元	5.79 美元	6.08 美元	6.38 美元	25.73 美元	5.15
10%	5.00 美元	5.50 美元	6.05 美元	6.66 美元	7.32 美元	8.05 美元	29.67 美元	5.93
20%	5.00 美元	6.00 美元	7.20 美元	8.64 美元	10.37 美元	12.44 美元	39.20 美元	7.84

还有另外一些财务指标比率，诸如利润边际、债务权益、存货周期和现金流等量度，也可以被用来进行基本的股票分析。这些指标既可以被用来逐个分析单一的股票，也可以用来进行多只股票的相互比较分析。其中一些指标，在应用到特定的行业时，是非常重要或有价值的，而在其他行业却不行。这一问题的本质就是，你有多热爱评估这一行，你就能将评估报告写得多详尽。

市场箴言

“市盈率、分红回报率、信贷准备金，等等，是我们在挑选股票之时的出发点。而那些似乎存在于相类似的股票之间的区别，似乎可以由以下任何原因引发——客户忠诚度，品牌知名度，成长前景，管理，产品渠道，地理位置，等等。某一领域的公司不可能完全一致，而且市场将会给它们不同的定价，一些股票会表现积极，并具有较高的市盈率，而其他一些股票可能就不会成为风靡一时的焦点。基本面交易者或投资者正在寻求在利用这些不足之处进行投资。”

引用自 Lion63 发表在 Trade2Win 网站上的原文

www. trade2win. com/boards/showthread. php? t=15679

之前我们曾提出，随着关于低市盈率股票的讨论在市场的参与者中已经成为寻常的事，更加深入和彻底地关注市盈率是非常值得的。首先，一般大多数以个位数的价格进行交易的股票都是低市盈率的股票。但是实际中很容易被定义为诸如比市场指数或行业基准值明显低很多的股票。无论如何，你对待低市盈率股票之时必须非常小心。这些股票价格低迷是有诸多原因的，其中一些主要原因如下：

☆ 惨淡的盈利增长前景

☆ 枯燥的领域或行业（例如殡葬行业、垃圾清运行业）

☆ 较低的机构覆盖率（鲜有分析师愿意写的公司）

☆ 担心会有负面发展

正如我们下面将会展示的那样，市盈率和增长率之间是有关联的。一只具有惨淡的盈利增长前景的股票，一般我们不会看到它的股价成倍地增长。当然，上述条目中的中间两类（枯燥的领域或行业和缺乏机构关照）

股票，可以看到它们成倍增长的机会。但是这一机会会来得非常之慢。无论如何，它都需要公司的市场知名度和利润大幅提升。简而言之，这类股票需要变得更受欢迎一些。

成倍扩张

成倍扩张是指当股票价格上涨的速率，比它收益增长率还快之时的情况。举例来说，假设每股10美元的股票，具有每股1美元的盈利。那么它的市盈率就是10，如果每股盈利增长至1.5美元，而股票的价格上涨至18美元之时，其市盈率会增长至12。当相反的情形出现之时，就被称作成倍萎缩。

最后一类股票是潜在的投资者最为感兴趣的一类。正如本书前面所提到的那样，心理学在市场中扮演着至关重要的角色。股票有时会成为过于悲观的场景的牺牲品，而且落幕之时总是伴随着低市盈率。在这类例子中，价值交易者可以做得很好，而且在交易中往往能获取成倍的利润。

然而问题是，由卖出所引发的低市盈率是否过度了，或者说如此低的市盈率是否有其非常合理而恰当的理由。请记住，当新的盈利数据公布之后，低市盈率可能看起来并不低。如果一只股票的每股收益减半，那么其市盈率就会加倍。这就是为什么你不应该想当然地认为，低市盈率的股票就意味着廉价的而且随时准备飙升的股票。就像你去商店买东西一样，较低的价格意味着较差的质量。令人沮丧的是，那些因为低市盈率而买进股票的交易者，眼睁睁看着市盈率升高，而股票的价格却在下跌。

最终思考

尽管某些市场比另外一些市场更具挑战性，但是基本面分析完全可以适用于任何市场。实际上，自上而下（top-down）的股市分析师，他非常严谨而且一丝不苟，能够融会贯通分析其他多个市场，并将其用到对某家特殊公司股票的分析中去。基本面分析法在判定市场整体状况方面极其优秀，如果你愿意，长期来看，其判定价格的方向是十分准确的。

不过，基本面分析也有其局限性。甚至是基本面分析的坚定支持者和活跃的使用者都承认，该分析方法在短期交易中毫无用处。基本面分析的作用可以战胜时间（如果一个公司的盈利一直在增长，那么其股价也将上涨），而影响短期股票价格运动的力量相当之多。在第三章我们曾经有理有据地描述过不少这类因素。据此，当交易者在决定是否使用基本分析作为自己的交易决策环节之时，首先要确定自己的交易时间周期。在较长的时间周期内，基本分析非常有用。

对于那些想要更加深入地学习的读者来说，我们提供了相当多的这方面的书面材料。具体请参阅本书的支持网站的更新列表：www. andurilonline. com/book.

技术分析法

表面上，我们可以把技术分析定义为，运用历史走势信息（当然是价格，多个例子中也是用成交量，以及一些其他的数据）来预测未来。同样的，感谢有效市场假说（回顾弱势有效市场假说，即市场价格已充分反映出所有过去历史的证券价格信息），市场中许多人，甚至有更多学术界的人都认为，技术分析的践行者们都是骗子。当然，这种观点很快就发生了变化。相当大一部分原因是因为重温了技术分析的定义。

行为金融学

行为金融学包含心理学和金融学两种理论。该理论通过对个体和社会在认知和情绪上的偏差展开科学研究，帮助人们弄明白经济决策是如何作出的，以及这些决策是如何影响市场价格的，并主要把焦点集中在理性（或缺乏理性）的市场参与者身上的理论。

技术分析现在的定义中则更多地偏向于衡量以及预测人类的行为。尽管行为金融学这一名词更经常地被学术界所使用，但是这一改变还是赢得了学术界友善的目光。无论如何，在实现尝试对未来市场的行为（由于因为它们是个体的集合的缘故）作出预测这一目标的过程中，仍然要使用到历史数据信息。即使是美联储也对技术分析非常感兴趣，我们可以从它自身的一些对市场的研究中发现：www. ny. frb. org/research/epr/00v06n2/0007osle. html.

坦率地讲，技术分析一点也不关心任何基本面的信息以及前一个章节中我们的分析。它持有这样的观点，它只关心一段时间段内股票的价格和价格的运动。技术分析以关注价格取代了以往市场只关注价值的判定方法，因为任何发生的交易都是买家和卖家双方，在某一给定的时间点达成的股票交易价。更进一步讲，技术分析关注价格的运动或者缺乏运动。技术分析师通过运用一种或者多种分析方法，尝试决定股票价格未来的方向。本章我们将揭示其中一些方法。

图表法

技术分析的基本依据就是价格图表以及对它的阐释。当然，图表只是一段时间内简单的价格标绘。所谓的“图解专家”坚信由图表所描述的价格走势的模式可以被识别，且能以可预测的方法重复出现。就其本身而言，图表法确实提供了获利的机会，而且，理所当然的，它也就是那么叫的。

日本蜡烛图表

蜡烛图表（起源于日本）类似于条形图，因为它们使用开盘价、最高价、最低价和收盘价四个要素来画出一根K线。区别在于，开盘价和收盘价之间的区域被加宽，以更加突出地彰显价格在给定交易时间的运动轨迹。当收盘价>开盘价时，这根K线的“实体”是空的，如图6.4右侧的图形所示；反之，K线的实体则被填充(左侧图)。参照www. andurilonline. com/book网站以寻求更多的蜡烛图表。

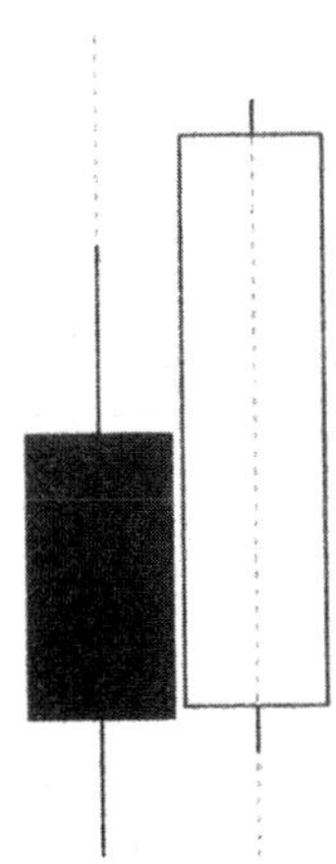

图 6-4　蜡烛图样例

这些价格图从非常简单的线图——价格在一个给定的时间区间被标绘出来，通常是从一个时间周期的结束（收盘价）到另一个周期的结束——到条形图，到日本蜡烛图以及其他的一些多种多样的形式。每一种技术分析师都有他或她自己的偏好和一些图表类型。比如蜡烛图实际上是和他们自己的术语和分析规则一起出现的。如今绝大交易平台上的图表程序包都提供多种多样的图表类型可供选择。

四度空间（Market Profile，市场轮廓理论）

四度空间（芝加哥交易所的标志性分析方法）是一种图表分析方法，但是许多市场参与者都不熟悉，这是因为它主要被运用于商品期货领域。尽管后来它的用途有所拓展，但是仍旧主要是一种期货工具。四度空间图表基本上是压缩的条形图，正如我们在表 6. 2 所看到的那样。

每一个立式单个字母表示一个 30 分钟的“条”。它们描述了半个小时的价格行为，正如高/低条形所示的那样，除了它们使用的是字母而不是线来描绘之外，其余并无不同。每一个字母代替了一个时间段。四度空间的标绘，就是在图表的左边，将每个出现的字母压缩到一起。例如，注意到 102. 10 在四度空间被描绘成“ejk”，这表明价格在 e、j 和 k 三个时间段抵达过这一位置。如果我们往下看，比如 101. 30，我们可以看到更多的标绘字母，表明有更多的价格运动曾抵达这些价格点位。

四度空间分析法内在的观点是，价格运动构建了价格分布，并且交易者可以基于这些价格分布进一步开发来进行交易。

访问网站 www. andurilonline. com/book 寻求更多关于四度空间分析法的讲解。

表 6-2　四度空间标绘图例

四度空间标绘	时间条										
102.10 ejk					e					j	k
102.00 ejk					e					j	k
101.90 dejk				d	e					j	k
101.80 adefijk	a			d	e	f			i	j	k
101.70 adefijk	a			d	e	f			i	j	k
101.60 abcdfik	a	b	c	d		f			i		k

101.50	abcdfikln	a	b	c	d		f			i		k	l		n
101.40	abcdfikln	a	b	c	d		f			i		k	l		n
101.30	abcfhikln	a	b	c			f		h	i		k	l		n
101.20	abcfhiln	a	b	c			f		h	i			l		n
101.10	abfhilmn	a	b				f		h	i			l	m	n
101.00	abfhlmn	a	b				f		h				l	m	n
100.90	bfghlmn		b				f	g	h				l	m	n
100.80	bfghlmn		b				f	g	h				l	m	n
100.70	bfghlm		b				f	g	h				l	m	
100.60	bfghlm		b				f	g	h				l	m	
100.50	ghlm							g	h				l	m	
100.40	ghlm							g	h				l	m	
100.30	gm							g						m	
100.20	g							g							

技术图形是图解专家进行分析的起点。这就是技术分析师尝试观察和预期市场行为开始的地方。我们人类往往陷于各种行为模式，尤其是当某事具有群体背景（群体行为）时。图表会展示市场参与者们在过去的市场中是如何表现的。图解专家寻找某种走势形态的片段，并判定这些走势形态在过去所提供的方向，据此来创建和尝试未来获利的方法。

这里我们没有预留详尽地研究图表形态的空间。当然，我们会涵盖其中的几个关键点和作为参与市场的一部分——即使是非技术人员都能搞清楚的概念。其中最重要的概念就是支撑位和阻力位。简而言之，就是人们相信某些特殊价格或者价格趋于能够对未来的股价形成制约。支撑位是位于当前价格水平之下的一个点，如果股价运行至该点会止跌。阻力位是位于当前价格水平之上的一个点，如果股价运行至该点位会滞涨。具体参照图 6-5 所示的 GBP/USD 的走势图。

考虑到该图左侧部分走势曾最终抵达 1. 85 到 1. 86 。后来市场上涨至 1. 93 到 1. 94。当 GBP/USD 在 3 月份开始再次拐头向下之时，就应该确立前期低点附近的位置是支撑位。后来价格抵达支撑位附近即出现反弹，但是在前期高点 1. 93 形成的阻力位处停止了上涨。在这一案例中，支撑位和阻力位并不是一个价格点，而是一个价格密集成交区域，价格在这里出现了停滞并且交易了一段时间。通常情况下支撑位和阻力位就是这样形成的。技术分析师所提供的解释是，一定有某些潜在的原因，导致如此多的交易发生在某一个给定的价格点。正是基于这一原因，通常情况下也会发生这样的情况，即支撑位一旦被击穿就变成阻力位，反之亦然。

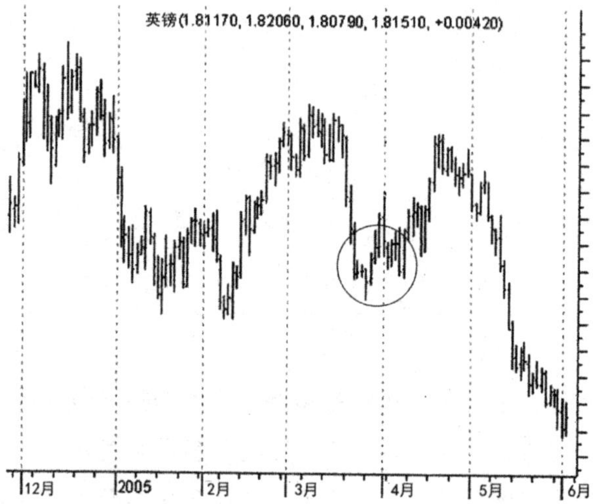

来源：Metastock

图 6-5　GBP/USD 日线条形走势图

权证行权价格成为支撑位和阻力位

市场很容易理解权证行权价格能够形成主要的支撑位或阻力位这一现象。这也是权证卖家套期保值的一种具体措施——Delta 式无风险对冲法。具体地说，这一活跃行为会倾向于创建一种在行权价格附近的吸引力，尤其是当权证到期日临近之时。另一方面它也会导致价格远离行权价格。

但是在我们提供的 GBP/USD 例子之外的其他案例中，支撑位和阻力位也可以是一个单独的价格点，如果该点位具有重大意义之时。例如近期的高点和低点，或者诸如 GBP/USD 的 1.00（欧元和美元等价交换）这一心理学数字整数关口。

支撑位或者阻力位被打破的行为被认为具有重大意义。概括地说，两种东西增加了给定支撑位或阻力位（或区域）的意义。一个是时间窗。周线上所形成的支撑位比日线上的支撑位更据参考意义。另一个是触及次数。一个价位被测试（抵达了，但是没有打破）的次数越多，该价位的支撑或阻力就越强大。支撑位和阻力位（时间窗和触及次数）越牢固，其被打破之后的意义也就越重大。正如在 GBP/USD 走势图中所看到的那样，当 1.85 到 1.86 这一区域（该区域被两次触及）被击穿，行情会毫不犹豫继续向更低的位置前进。

运用阻力位和支撑位作为交易方法的交易者有两类。一种是区间交易者，他总是在市场价格接近阻力位卖出，或者在市场价格临近支撑位时买进，如此期待行情出现转折而获利。持有这种交易法的交易者认为，市场更有可能保持区间震荡整理格局，而不是保持某种趋势；因此期待价格保持区间运行能持续是有一定道理的。

另一类交易者是突破买卖交易者，这是一种跟随交易法，跟随市场价格突破重要的阻力位或支撑位后的运行方向进行交易。正如我们前面所注意到的那样，突破被认为意义重大。那么，突破买卖交易者实际上是在追逐突破之后所形成的发展中的新趋势（参照图表 6-6）。

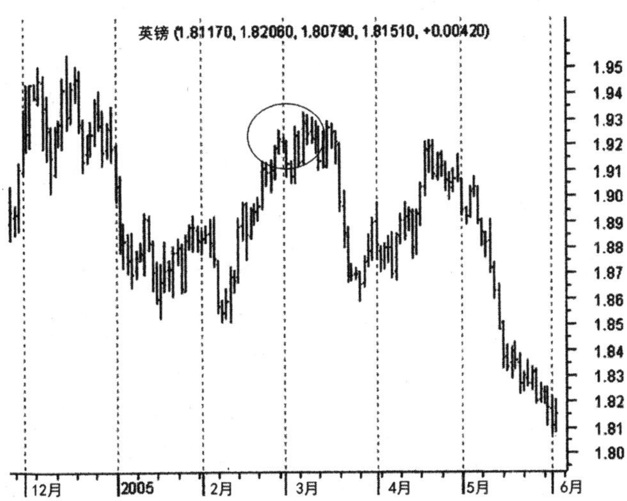

来源：Metastock

图 6-6　GBP/USD 日线条形走势图

由于许多支撑位和阻力位都是基于价格平稳期形成的，那么我们很有必要快速普及一下这一概念。所谓价格平稳期是一段在一个有方向的趋势运动中，相对狭窄的价格运动区间。在 GBP/USD 走势图中，我们可以看到两个价格平稳期。在 2 月份的反弹之后，从 1.85 附近到 1.93 期间，市场在大约 2 个点的区间（注：1.83 – 1.95 大约 0.2 点，外汇市场习惯上称为 2 个点）形成了横盘整理走势。这就是其中的一个价格平稳期。

在 GBP/USD 例子中，价格平稳期是运动的终结时期。这里市场先反弹接着又遇阻回落。但是事实并不总是这样，正如我们在 USD/CAD 走势图 6-7 中所看到那样。

在图 6-7 中（特色蜡烛图）我们可以看到 USD/CAD 正处在长期的相当重要的下降趋势。这近乎是一个单边市场。但是即使如此，其走势中也有几个停止下跌且横盘运行一段时间的阶段。只是后来再次下跌。这就是一个打破持续趋势的价格平稳期的例子，而不是像 GBP/USD 例子中那样的转折点类价格平稳期。

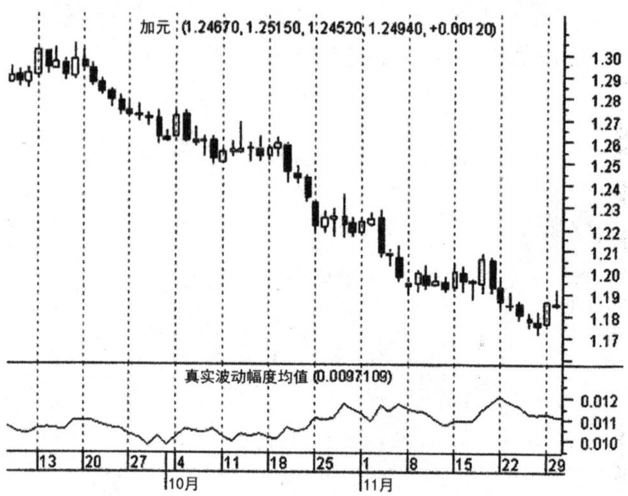

来源：Metastock

图 6-7　USD/CAD 的日线走势 K 线图

支撑位和阻力位和价格平稳期的相互协调，一起被称为整理形态。正如它的名字所表达的那样，整理形态就是那种在市场中会重新开始一个既定运动的形态。整理形态在图表上很容易被发现。它还具有一些其他的名字，诸如旗形整理、三角形整理——基本都形象地描述了它们的走势。

同时还有反转形态。这个你也很容易猜到，反转形态是图标上这样一种可视化信息，它标志着一个趋势的结束和另一个趋势的开始。它们在名字上类似头肩形态。整理形态和反转形态都和实际形态有很大的差距。因为历史几乎从来不会被精确地复制，所以没有两张形态完全相同的走势图。这也就是为什么图表分析师常常被人诟病是一种完全主观臆断的东西，更多的是艺术而不是科学。

现在让我们的视线暂时离开形态，转到关注图表本身这一主题，接下来开始讨论趋势线。趋势线用来描述有方向性的价格运动（即趋势）。下降趋势线是沿着一系列下跌中出现的最高点值所组成的连线，如我们的例子 USD/CAD 的走势图 6-8 中所示。上涨趋势线是沿着一系列上涨中出现的最低点连线。可能如何绘制它们需要遵循非常特殊的规则，但是其分析的最终结果是一致的。趋势线的作用就是给分析师一个明确的趋势方向。如果趋势线被击穿，那么就意味着市场发生了变化，要么变成价格平稳期，要么转为较为缓和（不那么陡峭）的趋势。因此趋势线和支撑位以及阻力位的概念不同。

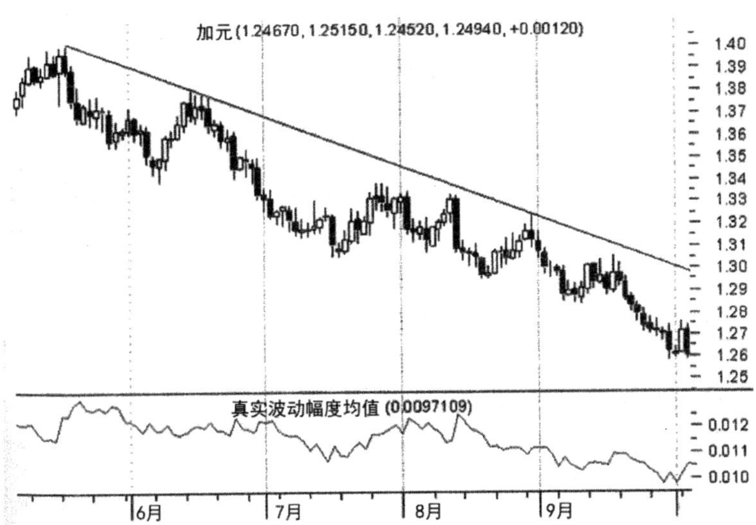

来源：Metastock

图表 6-8　带有趋势线的 USD/CAD 的日线走势 K 线图

在离开图表分析的方法转而进行下一个技术分析方法之前，我们必须首先把注意力集中在成交量这一重要概念上。成交量是判别交投是否活跃的技术指标。作为交易所的交易工具，它被在给定的时间周期内交易的股份（对股票而言）或合约（对期货和期权而言）数量所表示。在非交易类市场，并没有真实的成交量，这是因为它并没有一个中心节点。此时分析师只有用买卖率代替。

图 6-9 中所示的 2005 年 12 月的欧元合约周线走势图，是成交量最常见的呈现方式。

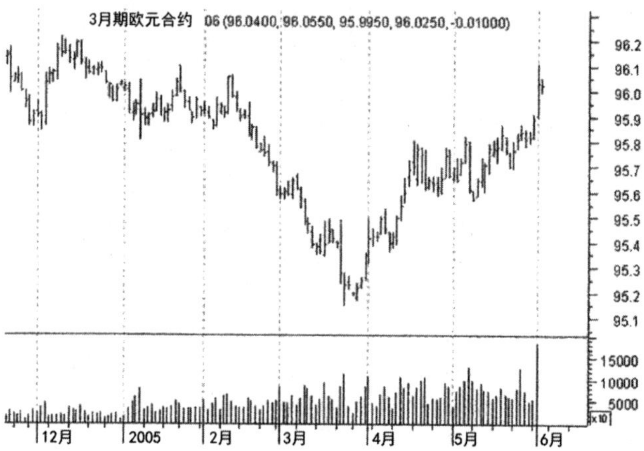

来源：Metastock

图 6-9　欧元期货带成交量周线走势图

图形底部的竖条形代表在给定的交易日内已经交易的合约数量。请注意一天一天成交量的上涨和下跌。还要注意较高的成交量是如何对应较大的价格波动的。最右侧的成交量条形就是个例子。注意：最后一个交易日的成交量——大范围波动的一根 K 线后紧跟着波幅很小的一根 K 线——在这个例子中并不是精心策划的。技术分析认为成交量是一个非常重要的参照指标。例如，如果市场上涨并且伴随着较大的成交量，会被认为是好事。而如果成交量很少，该运动的真实性则可能会被质疑。

和成交量在某种程度上具有相关性的另一个概念是未平仓合约数量。

未平仓合约数量是由期货和期权市场提供的一个读数，表示在给定的交易时间内有多少活跃的（开仓的）合约。和成交量一样，是由交易所公开（通常是每天）对外公布的数字。

更进一步讲，假如你在黄金期货交易中持有多头合约。你开了一个新的多头合约，就会增加未平仓合约数量。如果你要抵消自己的多头头寸就必须做空黄金期货合约，那么你将不再增加未平仓合约数量，而且总的未平仓合约数量将会减少。必须要注意的是，这种方法并不仅限于多头头寸。未平仓合约数量是度量有多少多头持仓和空头持仓相对应的。记住，在期货和期权（并不像股票）中，每开仓一个多头合约就一定在某处有一个空头合约开仓会来对应。现货外汇交易也是如此，但是因为没有交易所，所以该交易并不提供未平仓合约数量这种数据。

技术指标

移动平均线

移动平均线是一种以 n 个交易周期为基础的 n 周期统计数据，通常情况下使用收盘价。之所以被称为移动平均线是因为每到新的周期它就会被重新计算。

简单的移动平均线（SMA）有其标准含义：(P0+P － 1+... +P － n － 1) /n 。

其他类型的移动平均线还有指数移动平均线和加权移动平均线。

技术指标是由技术分析师用来评估某一特定市场的工具。从非常简单的到极其复杂的，技术指标涵盖了一个很宽广的范围。它涉及人们关心的全部范围，从测量价格波动到判定趋势，再到读取市场在既定的趋势上运动的强度。

技术指标一般源自股价和成交量，以股价的运行为基础计算，并随着图表上的价格运动标绘出来。有些技术指标，例如移动平均线，以在股价走势图之上叠加的方式来标绘。其他的技术指标也有自己的专属标尺，因此需要独立地标绘，通常情况下位于主要几个显示区域的下方区域。10 年期国债期货的日线走势图，如图 6-10 所示，其中展示了部分技术指标。

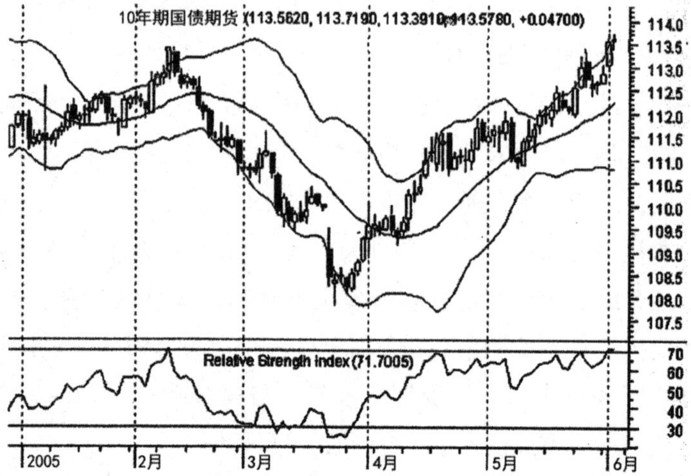

来源：Metastock

图 6-10　10 年期国债期货带布林带和 RSI 指标的日线图

我们将继续讨论几个不同的问题。首先，价格图以蜡烛图的形式展现。其次，价格图上叠加了技术指标。这是布林带（Bollinger Band）技术指标，它主要描绘了价格的波动。其中间那根线是 20 天移动平均线。其余两根宽一点的线（上轨线和下轨线）的算法是首先计算出过去 20 日收市价的标准差 SD（Standard Deviation），通常再乘 2 得出 2 倍标准差，上轨线为 20 天平均线加 2 倍标准差，下轨线则为 20 天平均线减 2 倍标准差。图下面标绘的是相对强弱指标 RSI（Relative Strength Index）。该指标是以价格为基础计算出的类似振荡器形状标绘指标，震荡范围为 0 到 100。

这将让我们直接面对一个重要的技术概念——超买和超卖。简而言之，超买意味着市场在给定的时间区间内上涨得太多或者太快。所以市场可能需要一点时间来恢复平静。这可能意味着两点，要么回撤（将上涨的价格拉回来），要么盘整。超卖意味着市场下跌得太多或者太快。前面提到的 RSI 技术指标就是分属于所谓的超买/超卖指标群体中的一员，该类指标能够指出市场是出于超买还是超卖这样的状况。

震荡指标

许多技术指标都把它们的示数集中在固定的数值范围（一般都是 0 到 100）之中。它们的读数在上轨和下轨之间震荡波动，并因此被认为是一种振荡器模式，所以，得名震荡指标。其实在大多数情况下，它们和振荡器的科学定义几乎毫无类似之处。

震荡指标在绝大多数情况下都和超买超卖指标密切相关。

布林带也被归类为基于波动的技术指标。在既定的策略时间区间内，市场波动越大，布林带的上下轨和中轨距离越宽。市场从相对平静期过渡到那些非常活跃的时期。那些使用这些震荡指标的技术分析师，要么将注意力集中在指出波动率变化，要么集中在用它来进行股价运动方向（例如，趋势或者整理形态）的阐释。

我们注意到在图 6-10 中的布林带的一部分就是 20 天移动平均线。移动平均线指标并不是用来预测股价运行的，而是被划归为趋势指标一类。这类技术指标致力于判定当前的趋势，这样交易者就能够持有相应方向的头寸而获利。以移动平均线为例子，当价格在移动平均线上方运行之时，那么趋势就是向上的；反之趋势向下。还有一些指标被称作动量指标。该类指标主要用来度量市场运行的力度有多强。一般我们会持有这样的见解，高动量运行的市场将会按照目前的方向继续运行，而那些低动量运行的市场则很有可能会改变方向。

一个被广泛运用的动量指标就是 ROC，变动率（Rate of change，ROC）。一个 n 周期的变动率指标是以今天的收盘价比较其 n 周期前的收盘价的差除以 n 天前的收盘价。例如：5 日 ROC 指标的计算方法为今天的收盘价 C_0减去 5 天前的收盘价 C_{-5}。很明显，高位运行的 ROC 表明市场正处于强势上涨的较高位置。反之，指标相反的位置运行表明，市场正处于急剧下跌的低位。ROC 指标就是这么简单。另外一些动量指标都相当复杂，其中还包含成交量以及价格等变量。

搜集浩如烟海的技术指标几乎是不可能的事。这里我们甚至连只是做肤浅的研究都算不上。如果读者在这方面有兴趣，我们鼓励他们自行进行探索。

逆向交易者

逆向交易者是那些通过站在当前占主导地位的趋势或市场观点的对立面来交易，并获取利润的交易者。要么通过预测市场在一个方向上运行得太过迅猛（超买或超卖）的次数，或者在趋势已经结束（反转形态）时交易，即可运用此类方法获利。

当然，在继续讲解之前，很有必要提及情绪指标。这是一系列测量方法的集合，并被用来评估整体上市场的压倒性论调和偏见。在大多数情况下，这一分析是以相反的方法做出的。根据当前强烈的情绪进行逆向操作。如果市场处于高涨的牛市之中，那么技术分析师使用情绪指标来着手寻求出清多头头寸或开仓卖空的机会。而如果市场处于极度低迷的熊市之中，那么他或她会寻求买进做多的机会。这一表述直接回到了我们早期关于技术分析的讨论，即作为一种对群体行为的评估和预期。

不像大多数其他的技术指标那样，总是多多少少会涉及价格方面的因素，而情绪指标使用市场中可以获得的其他数据作为参照。成交量就是经常被使用的工具之一，但是使用方式和我们前文所讨论的方式完全不同。这一点可以通过观察众所周知的卖权/买权比率指标来做示范。

卖权/买权比率（Put/Call Ratio）是指在既定市场中一定的时间周期内，市场上交易的卖权数量相对于买权数量的比率，为反映市场气氛的指标。该指标主要的意思是，如果卖权成交量超过买权成交量，那么卖权买进是熊市标志，尤其是当通过大额保证金交易时。同时这也表明，市场可能已经处于过渡熊市阶段，并且即将转向。

还有一些情绪指标是以可用信息的其他片段为基础的。交易通讯评论员所推荐的模式就是一个；股票市场中零星交易的成交量也可以算一个（股票市场中的零星成交量是指，交易数量低于 100 股的成交量。零星交易一般是由小投资者由于缺乏资金进行大量交易而做出的行为）。在特定经济类出版物的头条或故事中提及的模式是另一个。

然而在所有这些技术分析方法的背后有一个中心点，即都是为了鉴别事情是否偏离正常的轨道太远。如果每个人都看多，那么肯定会有一个所有的买家都已经买进的点。因为买进可以推动价格上涨，一旦没有买进，这就意味着市场只有一个方向可以运动。作为选择，这类指标还被用来表明那些未受教育的公众的看法，因为每到关键的节点，他们的看法总是错误的。

这就引发关于技术指标讨论的一个非常重要的关键点——领先指标与滞后指标的对决。任何技术分析指标都要用到历史数据，根据这一说法，指标中应该含有滞后的元素。在计算过程中使用的过去数据越多，指标越滞后。你可以参与关于如何计算滞后这一问题的专业的数学讨论，然而事实上我们只要知道 10 日移动平均线比 5 日移动平均线更加滞后，14 日 RSI 比 9 日 RSI 更滞后就行了。这种滞后意味着依据该类指标做交易决策的交易者总是反应太迟钝。

滞后的效果极容易从诸如移动平均线的趋势类指标上看出来。因为它们要求市场要从实际上证实，市场确实会开始沿着一个方向运行一段时间，并以此确认趋势正在进行中，但是等趋势形成之后才判定它们确实太迟了。同样的，当市场停止沿着当前方向运行，即趋势结束之时，它们判定的退出时机也总是太迟。图 6-11 所示的原油走势图就是一个例子。

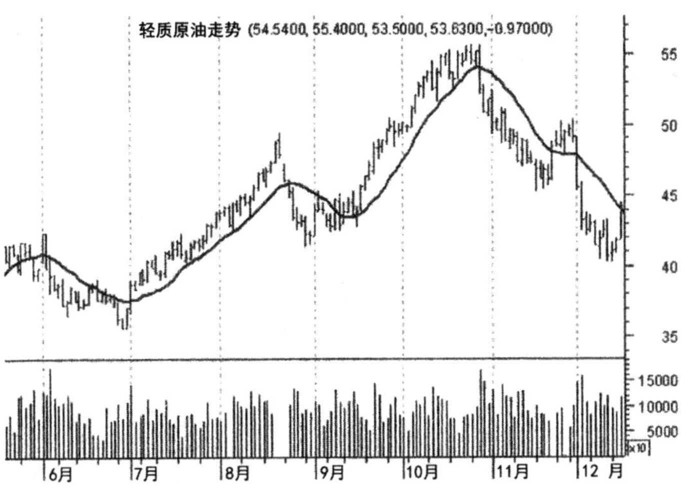

来源：Metastock

图 6-11　带移动平均线和成交量的原油日线走势图

图中平滑的曲线是以每日收盘价为依据计算的 14 日移动平均线（SMA）。请注意它是多么恰当地在大轮廓上描述了原油在该时间段内的价格运行趋势。表面上看起来它非常完美。然而仔细一看，图表的中间部分，8 月份当价格向下击穿移动平均线之时，表明上涨趋势在 50 点下方一点的地方结束了，但是市场直到比趋势结束点低 5 个点的地方才告诉我们趋势结束了。

有人会想，关于滞后的解决方案，只要我们使用更短期时间周期的 SMA 即可。是的，这样做确实能起到减少滞后的作用，但是它打开了另一扇关于市场假突破问题的大门。假突破是指，市场出现快速的反向运动而使得交易者轻率地将做多头寸翻转为卖空头寸的行为，反之亦然，通常情况下都会伴随着亏损的发生。读者可以从图表的右侧看出。价格从最高点 55 点附近开始下跌，11 月份出现了反弹，此时价格向上突破了移动平均线——这意味着向上趋势的开始。而交易者一旦依此买进，则一定会亏损。因为该趋势仅仅持续了几个交易日，接着又再次继续下跌。

使用滞后技术指标要付出的代价就是，滞后的进入点和卖出点，以及假突破。那些使用超买/超卖类技术指标和情绪指标的人则声称，自己使用的指标不会发生滞后，甚至可以说是领先指标。正如我们几分钟之前所讨论的那样，任何使用历史信息经过计算而得到的指标都是天生滞后的。当然，关于这些所谓领先指标的争论就是，它们本质上属于预测。因此，只要滞后不太严重，可以根本不予考虑。

当然，持有这一观点的问题在于，超买和超卖的条件以及极端的情绪是否能够持续。那些将泾渭分明的方法应用于该类技术指标（超买—卖出，超卖—买进）的交易者，可能在某些时间段内交易得很好，但是最终都会亏损严重。

我们可以回到原油走势图的例子中。将图 6-12 中的成交量指标换成随机震荡指标——一个流行的超买/超卖指标。当其读数超过 80（图中标绘的较高水平线）市场就处于超买状态。当其读数低于 20（图中标绘的较低水平线）市场就处于超卖状态。

来源：Metastock

图 6-12　带移动平均线和随机指标的原油日线走势图

请注意标注在图上价格图和指标图上的三角形，你会发现一个天然的强烈趋势的起点。与此同时随机震荡指标显示超买。随后从标记日起原油价格持续上涨了 10 个点。这就是我们刚才提及的理论的一个活生生的例子，这同时也表明所谓的超买/超卖指标也有其自身的局限性。

那些使用随机指标之类的交易者的争论在于，尽管它们在趋势性强的市场中存在着明显的缺点，但是它们在急剧震荡的市场中却是相当有效的。试举一例，请看图 6-13，我们再次使用原油的日线走势图，只是这次时间区间往后推一点。

本例中震荡指标看起来非常好。技术指标和市场运行看起来配合得相当默契。随机指标看起来确实有效地挑选出了最高点和最低点。尽管这只是一种错觉，但是如果我们仔细观察，我们就能看到并不是所有的部分都如我们所喜欢的那样简洁雅致。

我们在该图上画了一条竖线。它表明技术指标在 4 月底上穿进入超买区域的情况，这个很精确。但是不幸的是，市场仍有不少点虽然指标超买但是价格都远离阶段性峰值（也就是说，很难在图上看出来）。因此在指标选择进场时间上仍有不少问题。该指标在市场即将出现拐点时非常正确；只不过它不能在拐点即将发生之前给出我们一个精确且定位良好的介入点。

读者应该注意到，超买/超卖指标几乎不可能独自经受可以发出类似理想化读数的考验。人类的眼睛倾向于会发现模式，并依此联想，尤其是当你正在认真研究它们之时。这就是为什么技术指标的使用者，必须小心谨慎，并且不能仅仅依靠视觉就作出判断的原因。

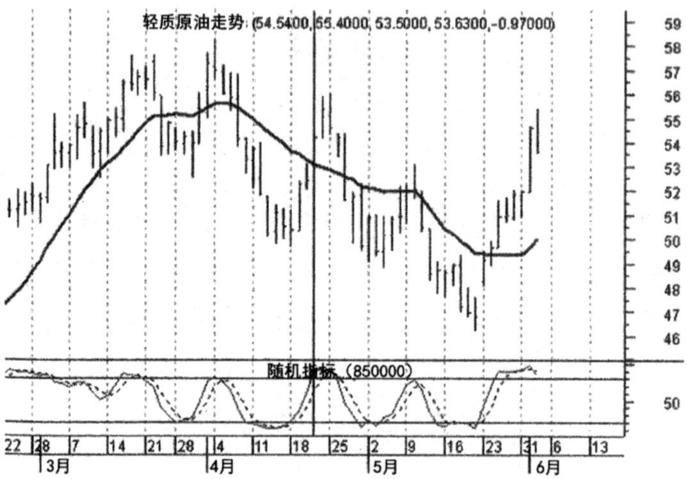

来源：Metastock

图 6-13　带移动平均线和随机指标的原油日线走势图

周期分析

回顾图 6-13 你可能会注意到在上涨和下跌的行为（人类一眼能够识别的走势）中有着明显的周期性。有一整个技术分析学派在专门研究市场周期行为，其目的是为了预测市场。该学派的理论基础是假设市场以类似波浪波动的模式在运行，并且上涨和下跌在某种程度上可以被预测。周期分析师们尝试甄别这些模式，而且使用它们来预测未来的市场走势。他们的方法从简单的“数浪”法，到从其他自然科学门类和数学原则借鉴过来的高度复杂的信号过滤技巧。关于这一主题值得写的实在太多，不胜枚举。

其他技术分析方法

当读图和使用技术指标分析成为两个最大的技术分析焦点之时，它们也并不是唯一的技术分析的使用形式。在这两大主要分析方法之外，还有一些技巧可以被称作变种或组合分析方法。例如其中包括以下分析方法：

☆ 艾略特波浪理论（*Elliott Wave Theory*）

这是一种图表分析方法，它基于这样的理论，即认为市场运动总是遵循某种非常特别的特定的和可以定义的波浪在运行。这些波浪和周期理论分析所定义的波浪不同，尽管两者之间有着类似的分析方法。

☆ 江恩理论（*Gann theory*）

另外一种图表分析方法，这一特殊的方法使用特定类型的线和角度来预测市场的拐点。

☆ 市场关联分析理论（*Inter-Market analysis*）

这是一种混合分析方法，凭借将一个市场的分析运用到另外一个市场中去的方法来实现。例如，你可以将在债券市场中使用的分析方法运用到对股票市场的分析中去。其理论依据是各个市场之间有其内在的某种关联性。

时间因素

技术分析的最大优势在于，当将其运用于交易或分析金融市场之时，它几乎可以适应任何时间周期。在基本面分析部分我们已经注意到，该分析方法的结果不能立即适用于短期交易。同样的，技术分析也是如此。这牵扯到对分形的研究。

不管你是以分钟还是月为时间周期进行交易，都可以使用同一工具和技术分析手段。所有的一切都回归到模式和行为分析。它们并不依靠时间周期。

具体可以参考两张 USD/JPY 走势图，如图 6-14 和 6-15 所示。你不能仅凭一眼就能辨别这两张图一张是日线图，而另一张是周线图。

来源：Metastock

图 6-14　USD/JPY 日线走势图

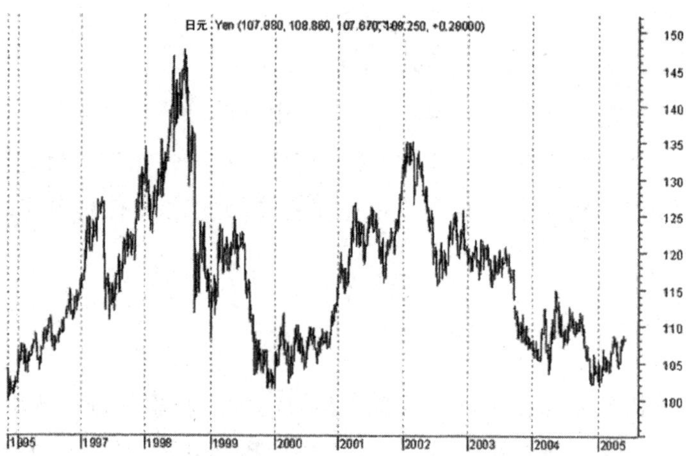

来源：Metastock

图 6-15　USD/JPY 周线走势图

市场要变得超买或者超卖，在小时走势图和周线走势图中是一样容易的。它们可以在以分钟计量的交易区间，和按月计量的交易区间展开趋势，并且一样的轻而易举。这只不过是一个适用范围问题。因此，你可以在任意时间区间使用图表和技术指标，而且适用于所有的市场（除去一些明显异常的指标，该类指标有特殊需求，而且仅在特定的市场或特殊的时间周期下才有效)。这就是近些年来许多交易者，尤其是短线交易者，都成群结队地涌向技术分析的原因。

对技术分析的批评

那些反对技术分析的人指出好几个应用该方法时出现的问题。

主观性：技术分析中的某些元素，例如读图，并不要求必须有一个客观的解释。这就是为什么技术分析总被人诟病为更多的是艺术而不是科学的主要原因。也是为什么个体交易者的偏见能够在交易中起作用的原因。在某种程度上讲这些都对，但是也有不少客观的技术分析方法。

自圆其说性：技术分析被指责是一种自说自话的理论，因为越多的人应用这类方法，技术分析的预期走势就越有可能会实现。然而下列讲述的可能会是事实，即如果每个人都是用相同的或者相类似的技术分析方法，那么就会发生下列情况（而且众所周知会发生在较短的，不受其他因素影响的时间区间)，一些分析方法的主观性，使用方法（包含非技术因素）的差异性，以及交易者在不同的时间周期下使用，都意味着整个技术分析体系缺乏统一的方法。

不可靠性：因为对于过去（技术分析方法依据的基础）不总会被精确地重复，这意味着有时候技术分析得到的结果并不正确，进而这些方法会被认为是前后矛盾的。然而，有一个问题必须要问，如果交易者能赚到钱的话使用什么方法重要吗？

对技术分析的一个非常合理的额外批评是，它太容易被应用。因为技术分析方法几乎稍加努力就可以非常容易地在任何时间周期内运用，所以新入场的交易者总是很容易被它所吸引并用来决策交易。总之，当今的绝大多数交易平台都内置了海量的技术分析工具。

当然，从某种程度上讲，这就好比把一支上了膛的枪递给一个孩子。这个孩子一定会用这把枪开火的，但是在开枪对准目标的过程中，他或她是用这把枪伤害自己还是别人，概率是相同的。尽管如此，这并不是说技术分析不能够被有效地驾驭和安全地使用。就像很多其他冒险活动一样，技术分析既要求深刻理解方法的具体运用，又要求深刻理解其中包含的风险。正如有许多使用技术分析赔了钱的交易者，同样有不少交易者使用技术分析赚到了钱。

结论

和基本面分析一样，技术分析也可以被运用到任何市场的任何时间周期中。尽管有诸多批评的声音，甚至包括相当多的学术界人士，但是交易者确实能够通过技术分析获利。这是理所当然的事，就像其他任何事情一样。尽管如此，我们在使用技术分析时仍需找到对的工具。这意味着技术分析方法既可以被知识渊博的用户使用，也可以被临时抱佛脚的交易者使用。

定量分析法

技术分析和基本面分析可以被视为从各自独立的完全不同的角度来看待市场的具体例子。它们确实如此。定量分析是三角形的第三个支点，而且一般情况下它总是和其他两种方法中的一种或者两种都结合起来使用。交易者既可以将定量分析方法运用于基本面分析数据，也可以将它们应用于技术分析数据。

正如我们所定义的那样，定量分析是把数学方法和统计学方法来分析市场数据的方法。其合理性主要基于以下两个原因之一：

☆ 对比两种或两种以上的市场或债券。

☆ 开发出一套关于市场行为的概率行结构。

在这一章中，我们将通过使用一些属于定量分析类的具体方法，来具体看看它们是如何被运用到交易中去的。

对比

探究式研究的第一步是市场和交易手段的对比。最简单的描述这一手段的方法就是举例子。在美国，《投资者财经日报》（*Investor's Business Daily*，*IBD*），是一份可以和《华尔街日报》（*Wall Street Journal*）相媲美的新闻报纸，在它的股票版块中发布两种数字。它们分别是每股盈利排名（EPS）和相对强度（RS）【相对强度和相对强弱指数（RSI）无关，相对强弱指数在技术分析章节中曾经提到过】。即使是你从来没见过一份《投资者财经日报》，或者甚至没有听说过它，你也会对每股盈利（EPS）和相对强度（RS）耳熟能详。这是因为许多股票经纪商的筛选体系里会包含多种多样类似的数据。

简而言之，每股盈利排名是一个自上而下的完整体系，它对所有的公司都进行评估，所依据的是在给定的时间周期内（一般是3到5年）每股的盈利增长率。公司按照他们的增长率和排名顺序排列。在《投资者财经日报》发布的报告中，排名是以百分位数为基础来计算的，因此，在所有公司中，排名前1%的公司将会获得99分，而排最后1%会得1分。这样所有的公司就都可以用同一个度量来比较，而不考虑公司的大小、行业细分或者任何其他的因素。这是一个在定量分析中使用基本面信息数据的例子。

相对强度的排名则更多地偏向技术分析的视角。它排名的方式和EPS一样，都是以一只股票和其他股票相比表现有多好。该评价体系是以在既定时间区间内股价的上涨/下跌幅度为基础。因此上涨10%的股票排名会超过上涨9%的股票。同样的，下跌5%的股票其排名一定会高于跌7%的股票。

EPS和RS排名是显而易见的，主要关注比较的数据。而且在计算的时候也不会过于复杂，但是它们都有助于将给定的一系列数据以有效的方式应用。就像我们所注意到的那样，它们允许各种公司不需要额外考虑所有其他因素地进行一种规范化的比较。这一点是非常好的，因为它让交易者能够使用一种特殊的分析方法。与此同时，交易者也应该意识到它只是整体分析的一部分，而且由于它们仅仅以单一的有限的数据为基础来计算排名，导致该类排名有着本身的不足之处。

市场行为构建

回顾第三章中讨论价格运动的有关图表和表格，这些都是非常简单的研究市场行为的数据。这些特定的研究结果中并没有什么隐含的分析，刚刚我们提及的比较分析研究方法也是如此。尽管如此它们还是颇具实用意义的。它们可以让我们明白市场下一步倾向于如何运行。请注意我所使用的“倾向于”一词。我们正在讨论的定量分析的形式和概率行为——定义或近似定义概率和可能性——有关。

现在我们回到表 3-4，作为一个例子，它描绘了市场逐日沿着同一方向运行的频率的轮廓。你可能还记得该表格展示了给定交易日的概率百分比。即市场延续上一个交易日的运行方向（上涨/上涨或下跌/下跌）的概率。现在参照表 6-3 。

表 6-3 中所依据的数据是简单编制的。就是在电子表格中简单地逐日对比，并不需要复杂的数学计算。然而即便如此，它仍然提供给我们一些非常有用的信息。本例中如果仅考虑逐日方向持续性数据的话，那么我们很容易发现，一般情况下市场并没有什么明确的方向。尽管仍有不少具有盈利可能的交易日和货币对值得更进一步研究。

即使是每个数字都被标成 50%，意即市场继续沿着同一方向运行和沿相反方向运行的概率一样大，该表格仍然值得被关注。就算是没有别的值得关注，它也让你明白在最终对市场的理解上，哪些特定的因素可以被忽略，或可以避免哪些特定的咨询途径。除此之外，知道了数据毫无偏见，以及它所暗示的随机行为，可以转变为更大分析模型中的一部分。

表 6-3　价格的运动方向

	市场价格逐日沿着同一方向运行的概率				
	周一	周二	周三	周四	周五
AUD/USD	52%	44%	52%	44%	47%
EUR/USD	49%	45%	48%	42%	44%
GBP/USD	50%	48%	46%	47%	47%
USD/CAD	50%	38%	43%	50%	43%
USD/CHF	45%	46%	48%	45%	45%
USD/JPY	51%	47%	49%	46%	50%

当然，在本例中至少有一个数字指明了未来潜在的研究方向。在星期

二的 USD/CAD 的运行方向，和周一比较起来更倾向于向相反方向运行（因为同一方向运行的概率 38%，也就是反方向运行概率的 62%）。这看起来是一个有价值的可进行交易的信息。如果我们接受周一的价格运行方向（沿着相反的方向）而在周二交易，那么我们就有 62%的概率是正确的。

表面上看好像是一个切实可行的系统。但是问题是我们只知道一件事——从一天到下一天的纯粹的价格行为的趋势——除此之外其余一无所知。举例来说，我们不知道价格运动了多少。这可是至关重要的信息。如果你通过成功的交易获取的收益尚不足以弥补你在失败的交易中的亏损，那么这位赢家的胜率是多少就并不重要。（这一主题我们将在下一章节中讨论）

问题的关键是，尽管类似这种我们刚才所展示的统计数据都是非常有用的，但是定量分析者必须明白其本身的局限性。每一种统计数据在确定之初都有其一定的约束性。在上一个例子中，统计数据所关心的只是方向，但是并没有考虑到运动的幅度。约束性就意味着局限性；这就是为什么刚才我们展示的这种研究，通常情况下只是初次剪辑——是通往更深层次研究的导论。

定量分析的类型

我们刚才所讨论的市场价格行为分析方法及其比较，可以通过多种不同的途径达成。其中一些途径非常简洁，而另一些则比较复杂。它们似乎都可以分属于下列某一类别：

☆ 观察计数法

前一部分中的表格就是通过观察计数法获得的，这只不过是一种盯着一件事并计算它发生的频率。如果有一大堆可供使用的数据，你就足以获知市场趋势的运行方向。以下是一些你可以通过学习获得的观察数据：

- 价格运行幅度大于 1%的概率是多少？
- 市场在给定的交易日是单边运行（沿着一个方向）的吗？
- 大幅波动的交易时段是密集发生的还是随机零散发生的？
- 趋势或横盘能持续多久？

认真思考一下这些问题，观察计数法很有可能会给出答案。

☆ 统计评估法

这一类市场探究包括类似回归分析，和其他一些大多数统计学教科书之外的方法。其中最为著名的方法就是众所周知的 beta 值法，它以回归模型为基础。也有一些普遍运用的方法，如共变异数法，它能对投资组合的构成进行评估。

Beta 值法

Beta 值法是计算股票价格波幅和整个市场（就像一些指数的定义那样）波动幅度相比较的相对幅度的方法。它可以既被用来判定一个投资组合的风险，又可以被用来甄别股票的好坏。

一个正的 beta 值意味着股价会朝着和市场运行一致的方向运行。而一个负的 beta 值则意味着股价运行方向和市场运行方向相反。

如果完全从价值的角度来看问题，beta 值为 1. 0（正或负）时，表明股价会经历和市场同样的波幅。beta 值低时表示相对波幅较小，beta 值高时则表示相对波幅较大。

因为 beta 值在本质上是历史数据，所以该值也不需要太精确，尤其是在较短的时间周期内。

☆ 人工智能法

定量分析的顶尖领域正是这一领域，它包括神经网络和基因算法。这些算法是非常强大的建模和预测工具。关于它们能否在市场中得到运用这一话题，长时间以来一直被人们所谈论。然而，一直到最近它们才缓慢地、笨拙地被运用到艰难的实际交易中去。当然，随着以后交易绩效的提升，相信未来我们一定有更合理的使用它的可能性。

警告

假定有一系列的研究和评估市场的途径，定量分析法可以是其中一种强有力的工具。当然，有一点必须记住。在研究这些方法的时候，类似于基本面数据或者技术分析数据的定量分析，也透露出同样的局限性。如果使用基本面数据进行定量分析，则意味着对时间因素的不敏感性和缺乏短期判定能力的情况。除了其他因素之外，技术研究是否应该被包含在内，延迟会不会成为问题，也是我们应该考虑的问题。

底线就是，你应该一如既往地了解你所使用的工具，知道它们在说什么，以及如何更好地运用它们。

各类分析方法的优势与劣势

每一个交易系统的着眼点都是为了判定未来市场的运行方向。这一目的可以通过以价值形式的基本面分析得到；也可以通过以图形走势运用技术分析得到；定量分析法可以用来决定在既定情形下的趋势。当然，就算不使用任何具体的方法，交易者也会极力指出价格将要上涨到哪里，并依此来获利。

在决定使用哪种或者哪一类分析方法的时候，交易者心里必须始终保持清醒，要熟知每一种分析方法的优势和劣势：

· 基本面分析法：是强大的长期方向决策工具，但是短期方向判定很差。

· 技术分析法：可以十分便捷地应用于任何时间周期以及任何市场，但是由于分析过程中必须使用到历史信息，而且历史并不能被完全复制，缺点在于缺乏一致性。

· 定量分析法：能够增加对特殊的市场行为和运动的理解的绝佳工具，但是在及时给出买卖信号方面有自身的局限性。

因为这些方法中的每一种都有着自身的优点和缺点，其中一些还能弥补另一些指标的不足之处，所以许多交易者们开始致力于寻求组合分析法。这一想法本着协同作用的思路，通过使用两种或者两种以上的方法，其效果要优于单独使用其中任何一种。现在轮到每个交易者来做出他或她自己的决定了，决定选择三者中的其一，还是它们的组合最好。

本章并没有全面深入阐述这三类分析方法的技巧。本书的意图不在于此，因为关于这一主题还有海量的书籍可供阅读。本书在这里的目标只是展示基本的理论和概念，并以此为基础为读者更进一步的探索打下坚实的基础。

对于新交易者而言，指望它们搞清楚这三种方法的来龙去脉，这种预期是完全不合情理的。更好的交易入门之路是从交易者自己的优势或兴趣着手。那些有着坚实的会计知识背景的交易者，会发现从事股票市场的基本面分析是如此简单，因为这里充斥如此多的会计学的表述和不可名状的东西。有很多喜欢视觉化的交易者可能会发现，技术分析中的图表分析技巧非常吸引人。工程师和那些具备强大数学或量化分析背景知识的人，也肯定会对市场分析的定量分析这类特殊形式倍感舒适。总之，套用一句俗语就是，总有一款适合你。

作业

确定你的分析方法，你才能使用它继续前进。确认在你做出决定之后，着手进入你的分析系统的研究历程，并记录你的探究记录，同时也请记录下你的最终选择以及选择的理由。请记住，这是你创立自己的交易系统的关键环节。下一章将进行真正的操练与磨合，并检测特定交易系统的表现。因此你必须知道你的交易系统做出买/卖决策的理论基础（基本面分析，技术分析，定量分析）是什么，以及是什么驱动该系统做出这样的决策的。

第七章　系统设计及测试

在前一章节中我们讨论了交易者能够做出判断（或至少预估）未来市场走向的方法。现在是坐下来将理论分析应用于具体实践——赚取利润的时候了。

图 7-1

交易系统的定义

本书早些时候我们曾指出，不要混淆交易系统和交易计划。关于计划的定义要回溯到第四章，当时是把你参与交易的努力用一种包罗万象的定义来界定的。这一定义包括系统，由于在计划的定义中不包含信息，所以你不能有效地选择一个切实可行的进入/退出方法。

我们用最简单的方法来定义交易系统，即交易者做出买卖决策和执行交易时使用的一整套事先已经制定好的规则的集合。你可以把交易系统看成是一系列如下的表述：

☆ 如果/当……之时开仓做多

☆ 如果/当……之时平仓多头仓位

☆ 如果/当……之时开仓做空

☆ 如果/当……之时平仓空头仓位

其中自然包含不少细微的差别，但是你只需将上面表述中的空填满，就能在建立自己的交易系统的路上迈出坚实的一步。本章正是帮助你完成这件事而设立的。但是在正式开始着手干活之前，还有一些预备事项要首先解决。

机械系统 VS 可自由支配的系统

正如名字所暗示的那样，机械的交易系统是一种交易者几乎不需要任何投入的交易系统。系统的建立是先从以下行为开始的，即有一些必需的数据，做一些必要的操作，并依此产生非常合适的买卖信号。接下来这些信号可以用某种自动的模式（一些交易平台允许使用基于规则的交易）来运用，或者也可以通过交易者人工输入完成。

与机械的交易系统相反的是自由支配的交易系统。相对于前文中提出的一系列基于如果/当……原则的操作规则，后者是一种更自由的交易形式。自由支配的交易者在执行交易之时只有一些普通的指导方针，完全根据当时的市场环境做出自己的判断来决定买卖，而不是总是遵循在某种特定的讯号下做同样的交易行为。这种交易方法更适应于有经验的交易者来使用，他们往往更加适应市场，并且可以凭借他们对市场的感觉进行交易。

市场中仍有不少关于哪种交易系统更好的争论。那些声称机械交易系统更好的人，倾向于认为使用自由支配系统的交易者，在进行市场评估时很容易因为个人的偏见而犯错。在某些实际情况中，人们对市场的宽度的认知也存在争论，因为自由支配的交易系统要求交易者更多地参与。这就意味着人不可能涵盖尽可能多的市场，同样，人也不可能在交易中付出更多的精力（和机器比较起来）。

当然，那些喜欢自由支配交易系统的人会指出机械交易系统的一些显著的缺点，其中最大的问题是该系统非常无聊。机械交易系统的合理运用要求交易员只做很少的或几乎什么都不做，这就会使那些想在交易中寻求一点小小刺激的交易员感到沮丧。此外，机械交易系统一般情况下并不是很适合。如果市场改变了自身的交易方法，机械交易系统则很有可能会失效。

新入市的交易者倾向于学习机械的交易系统。因为与自由支配的交易系统比较起来，它们更容易被开发和运用。但是随着市场知识和阅历的增长，如果需要的话，他们就会距离机械的交易系统越来越远。

交易系统的目标

每一个交易系统必须包含一种或者多个目标。简而言之，人们对交易系统的预期是什么？这一问题必须在你着手建立交易系统之前回答。毕竟，如果我们心里没有目标，我们怎么会知道交易系统所做的就是我们想要的呢？

对于交易系统目标的确立需要以你的交易计划为基础。因为那里面定义了参与交易所希望得到的回报，以及准备承担什么样的风险。交易计划还包括交易者所能接受的交易频率。正是这些东西现在被表述为交易系统评估的交易参数。例如：

交易系统应该能够提供年化收益率不低于 20%，年度亏损不赢超过 10%，每次交易所承担的风险不超过 5%，对交易次数和交易持股周期不做限制。

这就是一个非常简单的关于股票交易组合的交易目标。当然，如果你是日内交易者，交易目标可能就是这样：

每天至少应该交易一次，周平均收益率不低于 2%，月亏损额度不超过 5%，每次交易承担的交易风险不大于 1%。

第二个交易目标的陈述更多地考虑到了一些基于时间的度量，反映了交易者意向中的时间周期。当然也可以基于个体的某种特定意向和需求而做其他的一些调整。但是这些都应该在交易计划中体现出来。

警告

开发一个交易系统，其目标的陈述必须依据你的交易计划。请将它融入你的交易系统探究之路上来吧。

一个交易系统的例子

一直在系统内

这只是一个永远也不会离开市场的交易系统，一个不是做多就是做空的交易系统。

通过前面这些内容的学习，在着手构建属于自己的交易系统之前，首先给出一个非常简单的交易系统是十分有助益的。移动平均线被认为是趋势指标。该指标认为如果价格高于平均线，那么其趋势向上；如果价格低于平均线，那么趋势向下。据此我们就有了如下交易系统：

☆ 当价格>移动平均线时做多

☆ 当价格<移动平均线时做空

你可能会发现，该系统中并未包含退出市场机制。这是因为移动平均线系统是一种不做多就做空的交易系统。你可以重述该系统的交易规则如下：

☆ 当价格>移动平均线时做多或者平仓空头头寸

☆ 当价格<移动平均线时做空或者平仓多头头寸

如果你自言自语，这个交易系统好像定义得不太完整，那么你说对了。我们还必须回答两个问题，这个交易系统才算完善。第一个问题是我们用哪一个价格。在绝大多数交易系统中都使用收盘价作为制定交易决策的依据。另一个问题是使用几天移动平均线，本例中我们以10个周期的移动平均线，因此交易系统变为：

☆ 当收盘价格>10个周期的移动平均线时做多或者平仓空头头寸

☆ 当收盘价格<10个周期的移动平均线时做空或者平仓多头头寸

现在，除了交易的头寸规模之外，我们已经拥有了一个完整的交易系统。我们可以从图 7-2 看出该系统的实际应用。

该图以我们刚刚设定的移动平均线交易系统，在 EUR/USD 的日线走势图中标识买进和卖出信号。注意到当市场收盘价（收盘价是图中每一个表示价格的条形图右边的点）在平滑的平均线之下时，就会产生一个向下的箭头标识。当收盘价在平均线之上时，会产生一个向上的箭头标识。这些信号标识如下：

· 3 月 2 日：在 1.313,0 开仓做空。

· 3 月 4 日：在 1.323,8 平仓空头并开仓做多。

· 3 月 18 日：在 1.331,6 平仓多头并开仓做空。

· 4 月 8 日：在 1.293,6 平仓空头并开仓做多。

· 4 月 14 日：在 1.280,6 平仓多头并开仓做空

· 4 月 15 日：在 1.291,6 平仓空头并开仓做多。

· 4 月 26 日：在 1.293,6 平仓多头并开仓做空。

· 5 月 5 日：在 1.295,6 平仓空头并开仓做多。

· 5 月 6 日：在 1.283,5 平仓多头并开仓做空。

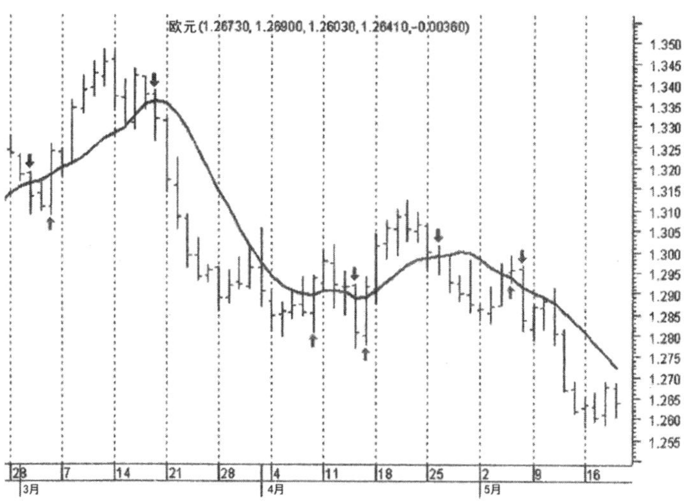

来源：Metastock

图 7-2 EUR/USD 移动平均线交易系统

如果我们做一些简单的计算，就能发现每次交易的结果如何（参照表7-1）。

图7-3展示了9次交易累积的盈利。该系统总共盈利5次，亏损4次（最后一次开仓做空也计算在内），总共获利327基点（pips，一个基点=1/10000EUR/USD点）。假设每次交易100,000份EUR/USD头寸（大约需要最多不超过2700美元的初始保证金），那么这一交易系统大约能赚到3270美元。如果以保证金的数量来计算，在不超过三个月的时间内投资回报率超过121%。请注意：我们在选择这一交易系统的时候，主要是考虑到它足够简单，而不是它的盈利能力。这并不表明，所有的10周期移动平均线交易系统都能有这样的投资回报率。

当然，保证金的回报率无须和账户或投资组合的回报率相一致。除非交易者在运用交易系统之时，每次都全仓买卖，所以实际交易中投资收益率会低一些。到底会低多少，这要取决于交易计划中的风险管理环节，这一点在第五章已经定义过了。

表7-1　交易系统的交易结果

交易	L/S	买入	卖出	利润
1	S	1.3130	1.3238	-108
2	L	1.3238	1.3316	78
3	S	1.3316	1.2936	380
4	L	1.2936	1.2806	-130
5	S	1.2806	1.2916	-110
6	L	1.2916	1.2988	72
7	S	1.2988	1.2956	32
8	L	1.2956	1.2855	-101
9	S	1.2855	1.2641 *	214

* close as of ……graph 图上最后一天的收盘价。

举个例子，在交易者的风险管理方案中，每次只允许动用保证金总数的 10%运用于这一移动平均线交叉交易系统进行交易。如果在上例中这样操作，那么交易者每次交易 100,000 份 EUR/USD 头寸，则大约需要2.5万美元的初始保证金。那么这 9 次交易能赚到的盈利也不过只有保证金的 13%。

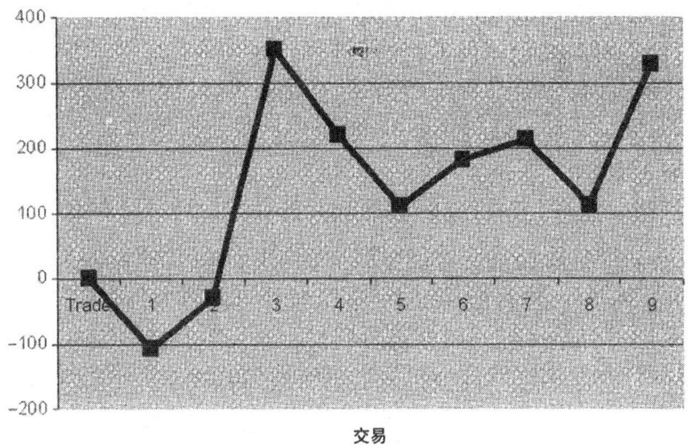

图 7-3 简单移动平均线交易系统的盈利图

风险和头寸的规模将是下一章要讲到的和数学积分运算有关的部分。而现在我们仅仅关注整个交易系统中的进场和离场环节。

界定交易系统的关键之处

在本章开始的部分中，我们注意到，为了能更清楚地演示开发一个交易系统的过程，我们采用了机械交易系统。这一系统必须以技术分析为基础，因为对出初学者而言，这是最简单的在外汇交易平台上模仿和方便使用的交易系统。从教学情景的角度来看，这是为了更好地服务于实践的目的，而不是服务于个体的适应性。

现在我们把分析方式放在一边，为了建立一个优秀的交易系统，你必须首先对交易方向有一定的想法，稍后再提系统目标。那是一个更高水平的目标。现在我们要做的只是挑选出能抵达那些目标的途径。

时间周期

作为制定一个交易系统的起点，我们必须参照我们的交易计划，看看我们采用的是哪一种时间周期。我们的交易系统是设计用来日内交易的吗？或者是设计用来执行波动交易的，还是用来持有一些长期头寸的？开发出一款非凡的日内交易系统，如果我们不能胜任将它付诸实施的工作，那么这个系统对我们而言毫无益处。

为了讨论方便，我们假设我们需要一款本质上属于中期的交易系统，因为我们没有足够多的时间盯盘和在市场中每天进进出出。我们的目标是持有一段时间，大多数情况以周来衡量。

单一市场还是多个市场

关于整个交易计划的一部分的讨论，围绕决定交易什么为中心。心里带着时间周期，我们现在转移到下一类过滤条件，我们在哪一个市场或用哪一种特定工具交易。这首先建立在我们什么时候能够交易，我们的知识水平，以及我们对潜在可能会发生的变化的适应性基础上的。几乎任何市场都能够以我们所选择的中长期的时间周期进行交易。实际上，我们可以在多个市场使用（当然，一定要记住本书第五章的警告）。当然，为了讨论的方便，我们还是将注意力集中在外汇交易上。毫无疑问，外汇市场可以用我们的时间周期来交易，而且迄今为止我们对它是如何运作的有着扎实的理解。而且该市场也允许我们使用任何规模的头寸进行交易，可以完全根据我们的财务状况和交易目标来决定。

方法

有两种基本的处理交易的方法，并由此来定义交易系统。一个是根据趋势，另一个是按照区间。在市场中使用前一种方法的交易者，可以寻求抓住有时会发生的价格运动的方向（趋势）获利。使用后一种方法的交易者则认为，市场在大多数情况下都会横盘整理，这种走势所占据的时间比以趋势运行的时间要多。有人认为当市场突破整理区间之后，会发生一系列小的、持续较短时间周期的趋势。尽管如此，以方便实用性为目的，让我们假设在给定的时间周期内，只存在两种市场状况。

为了能成功地依照趋势进行交易，你必须有一种在趋势刚开始的时候就入场交易，而且在趋势临近结束之时退出交易的方法。期望存在完整地抓住主要趋势运动的起点和结束点的交易系统的想法是不现实的，但是我们确实可以抓住趋势的一部分，并且获得不菲的收益。当然，趋势交易系统的问题是，判定出错的时候往往比判定正确的时候多。而且如果市场不是经常以趋势运行——这是正常的预期，那么其结果是趋势交易系统会产生巨大的亏损。当然，一个良好的趋势交易系统是用来捕获那些大规模的价格趋势运动的。

另一方面在区间交易系统一方，它所关心的只有如何定义区间以及如何在区间的边界附近进行交易。当市场总是从这一端运动到另一端时，交易者希望能在区间的高点附近卖空，和在区间的低点附近做多，并依此获利。这类操作系统看起来似乎和趋势交易系统刚好相反，而它的成功率更高些。但是它们不但每次获利很小，而且市场一旦从区间转换到趋势，就会伴随着数额巨大的亏损。

本章中我们要开发的交易系统以趋势交易系统为蓝本。我们做出这一选择是因为趋势交易系统的定义更简单，而且更易于应用，尤其是对于那些在我们的安排下，刚开始学习使用技术分析方法的交易者。

依据基本面分析进行交易的交易系统也被理所当然地认为是趋势交易系统。毕竟，基本面分析交易者是以经济和/或公司盈利的形式来研究趋势的。因此，对于大多数读者而言，趋势交易系统在概念上极有可能是更容易理解和运用的交易系统。

我们的起始点

现在为止，本环节中我们已经定义了基本框架。即我们现在应做的是，在外汇市场上，以技术分析为基础，持有头寸的时间区间以周计算而不是任何更短的时间周期，开发出一套机械的趋势交易系统。有了这一系列明确的目标，现在我们可以继续前进确定更详尽的具体细节了。

作业

运用上述我们刚才分析解决问题的过程，来确定你自己的交易系统目标和起始点。并在你的交易系统探究之旅中记下你遇到的问题。

进场和离场规则

每一个交易系统的核心都是进场和离场原则，即用来决定什么时候以及在哪里买卖的规则。运用前文所述的我们的交易系统的关键之处，我们可以创建以下这些概念上的表格。

☆ 当……时候进场做多标识上涨趋势

☆ 当……时候平仓离场上涨趋势已经结束

☆ 当……时候进场做空标识下跌趋势

☆ 当……时候平仓离场下跌趋势已经结束

所有这些都可以归结为，我们需要找到一种识别新趋势处于早期的方法，这样我们就可以进场交易了。同样我们也需要找出一种识别趋势结束的方法。那么现在我们只需要回答两个问题：

· 我们如何界定识别新趋势？

· 我们如何知道趋势已经结束？

我们回答这些问题的过程会非常复杂。已经有相当多的交易者（或者准交易者）做出过无数尝试了。而且除了测试和评估别无他法。

很明显，这里并没有足够的篇幅去参加面面俱到的测试过程了。因为技术分析指标和方法的种类，以及它们在具体运用时的变化浩如烟海。然而不管怎样，我们所能做的就是使用手头的工具，做一种简略版本的分析。

为了让读者能够更容易地复制交易系统，我们仅使用那些经过外汇交易平台印证过的交易方法。它们包括：

☆ 布林线 BOLL

☆ 指数移动平均线 EMA

☆ 抛物线状的 SAR

☆ 动量 MTM

☆ 变动率指标 ROC

☆ 相对强弱指标 RSI

☆ 简单移动平均线 SMA
☆ 加权移动平均线 WMA
☆ 平均趋向指标 ADX
☆ 平均真实波动范围 ATR
☆ 顺势指标 CCI
☆ 指数平滑移动平均线 MACD
☆ 标准方差 SD
☆ 随机性 RSI
☆ 随机指标 KDJ
☆ 完全随机指标 FULL KDJ
☆ 威廉指标 WRS
☆ 慢速随机指标 SKDJ

请注意，这些技术分析研究使用我们能够选择的技术分析工具，这既不代表它们是技术分析工具的全部，也不代表它们必然是最好的。当然，在这一环节，我们的注意力集中在交易系统的设计过程上，而不是在无穷尽可选择的技术指标中找到一款最优秀的来使用。后者的确定应该是必须由每一个交易者根据他或她自身的喜好（假设技术分析被选择作为市场分析的主流分析方法）而选择的。

我们没有足够的篇幅来定义所有这些指标，尤其是因为它们在其他地方使用起来得心应手。读者可以参阅本书的资源网站，请直接点击链接：www. andurilonline. com/book. 随着继续开发交易系统的步伐，为了本章的目标，我们仅在需要的时候尽可能多地讨论它们。

准备开发和测试

我们在这里致力于研究的核心问题，就像前文所述的，根据我们的交易立场决定我们采用的交易规则框架一样，就是如何确立趋势。因此，现在我们必须对我们能够在外汇交易平台中获取的交易工具仔细研究一番了。

正如你在本章前半部分注意到的那样，移动平均线经常被用作趋势指标。外汇交易平台经常为交易者提供简单的移动平均线指标（SMA），指数移动平均线（EMA）和加权移动平均线（WMA）以供计算移动平均值时选择。抛物线状的 SAR（停损点和反转位）指标是另一种趋势指标。平均趋向指标（ADX）也是。当然，后者仅仅是一种表现趋势的力道或持续力的指标，并不是设计用来提供买卖点信号的指标。因此，为达成我们的目标，这里将坚持使用简单移动平均线（SMA）和抛物线状的 SAR 指标。而且两者都可以用来判定进场、离场信号，或两个信号一起给出。

在外汇交易平台上标绘技术指标

参照图 7-4 。在图左边底部有一个加入研究（ADD STUDY）下拉选项。

单击它的结果就展开指标研究菜单，如图 7-5 所示。菜单中的前五个指标都是覆盖在价格走势图上的，剩余的都标绘在价格走势图下方的独立区域中。

单击其中一个研究指标（例如 SMA），就会提供给读者编辑和设置该指标的技术参数的功能。正如在图 7-5 中所看到的那样，默认的 SMA 参数是 14 个交易周期(从未假设默认的参数就是最好的参数)。

一旦指标的参数变量被设定（或者像在其他例子中那样，有多于一个的参数变量)，点击右边的“+”号，该技术指标就被添加至价格图上。一张图表中添加多个技术指标是可行的。

要想删除技术指标，只需将光标移动在该指标上，单击右键即可。

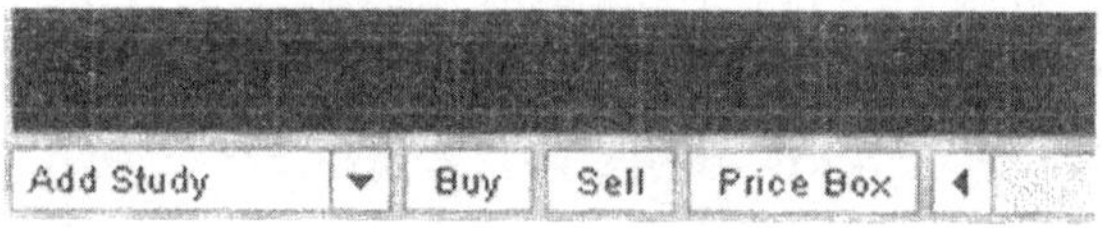

来源：Oanda

图 7-4 下拉研究菜单

来源：Oanda

图 7-5 配置研究指标

为方便我们简单的小测试起见，SMA 和 SAR 指标将会提供一个良好的基础进行比较。因此我们有以下排列组合框架：

	Ⅰ	Ⅱ	Ⅲ	Ⅳ
进场	SMA	SMA	SAR	SAR
离场	SMA	SAR	SAR	SMA

我们所采用的开发自己的趋势交易系统的方法是，将进场规则和离场规则分开来考虑。这并不是交易者通常采用的方法，但却是最容易理解的方法。在诸多与此相关的交易者中有一个主要问题。即每个交易者都在致力于寻求好的进场规则。然而，却只有极少数交易者认为应该在离场规则上花费同样多的时间。因此，在每次交易的获利/亏损或风险方面，他们并没有开发出最理想的交易系统。在接下来我们的讨论中，会将交易系统的（进场和离场）两个方面都进行评估。

测试一：只用SMA指标决定买卖

为了让开始更简单些，我们首先只考虑SMA，而且也仅在USD/JPY中使用。这就意味着要在前一个交易系统可能的选项中选择第一项——SMA来进场和离场。因为我们正在寻找分别独立的进场和离场策略，这意味着我们不得不找出SMA指标到底是最好的确认新趋势的指标，还是最好的确认趋势结束的指标。这就意味着需要回头看看SMA设置的一系列测试数据。

记得SMA是以最后第n个周期的收盘价为基础计算的平均数。如果n=1，那么SMA值就等于当前周期的收盘价。随着n的增加，SMA的值就反映了更多的时间周期。这意味着当n值较小时，SMA的值能够更好地适应价格的变化，并且比较大的n值更容易抓住短期趋势。

我们使用日线价格来设置这个系统，因为趋势信号一般是以日线数据为基础标出的，而且日线数据也能更好地适应我们所追求的更长周期、周线月线等周期。当使用任何其他时间周期时，分析方法是完全类似的。

当今开发这些交易系统的人，比那些花费经年累月开发系统的人的最大优势在于科技。因为有很多非常完美的软件，并打包附带极好的系统分析测试工具。当然，它们的价格可能会有点贵，而且大多数同一类型的研究分析，都可以通过电子表格制作完成。实际上，软件的开发者喜欢在最新的版本上做一些自己的测试，因为它提供了一些额外的便捷性和易于操控性。

在任何一个测试案例中，当今时代的系统测试应用的一个巨大的亮点是，你不仅能够快速评估许多个变量（快速读取SMA的不同时间周期数据），而且能够同时测试进场和离场条件，以找出最佳的配对。如果我们要测试过去 2 到 100 天的时间周期，并同时测试进场和离场条件，那么这基本上要测试将近 10,000 个组合。每一个测试的时间段都从 1999 年到 2004 年，粗略估计大约有 1300 个价格点。这些要处理的简直就是海量数据。在经过超过 45 分钟的处理之后，其最终结果就会呈现出来。

测试报告如表 7-2 所示，该报告是通过使用 Metastock 软件包（www.equis.com）生成的。该软件展示的是按照给定测试区间的总盈利（净利润）高低来排序。其中盈利百分比一列显示的都是不适用（N/A），这是因为我们所做的只是基点数测试。

表 7-2 SMA 移动平均线交易系统测试结果

ID	净利润	盈利%	交易次数	盈利交易/亏损交易	平均盈利/平均亏损	步长1	步长2
9	31.0700 Pts	N/A	79	23/56	4.20	91	51
1..	31.0500 Pts	N/A	83	23/60	4.41	95	51
5	30.8400 Pts	N/A	79	23/56	4.18	91	50
7	30.8200 Pts	N/A	83	23/60	4.39	95	50
1..	30.4700 Pts	N/A	85	23/62	4.49	96	51
2..	30.4000 Pts	N/A	173	50/123	3.25	19	56
1..	30.2800 Pts	N/A	173	50/123	3.25	19	55
8	30.2400 Pts	N/A	85	23/62	4.47	96	50
1..	30.1300 Pts	N/A	77	23/54	3.96	92	51
1..	29.9900 Pts	N/A	79	22/57	4.37	91	52
1	29.9900 Pts	N/A	173	51/122	3.22	19	34
1..	29.9700 Pts	N/A	83	22/61	4.58	95	52
3	29.9700 Pts	N/A	173	51/122	3.20	19	36
6	29.9000 Pts	N/A	77	23/54	3.94	92	50
2..	29.6900 Pts	N/A	173	49/124	3.33	19	59
2..	29.5200 Pts	N/A	79	22/57	4.37	91	59
2..	29.5000 Pts	N/A	83	22/61	4.59	95	59
1..	29.3900 Pts	N/A	85	22/63	4.67	96	52
2..	29.3699 Pts	N/A	169	52/117	2.99	20	56
2..	29.2499 Pts	N/A	169	52/117	2.99	20	55
4	29.2000 Pts	N/A	173	55/118	2.82	19	45
1..	29.1000 Pts	N/A	79	22/57	4.28	91	53
1..	29.0800 Pts	N/A	83	22/61	4.50	95	53
2	29.0700 Pts	N/A	173	51/122	3.18	19	35
1..	29.0500 Pts	N/A	77	22/55	4.12	92	52

来源：Metastock

基点数测试

一种系统测试的评估方式，该方法不考虑账户回报，而只测量一共赚了或损失了多少个基点。

盈利/亏损率

盈利交易的平均获利除以失败交易的平均亏损。

对于每一个测试结果，我们都能看到总的执行（交易）次数，明确区分盈利和亏损交易（盈利交易/亏损交易），盈利/亏损率（平均盈利/平均亏损），和移动平均回退时间周期的进场信号（OPT1）和离场信号（OPT2）。

对于观察者而言有一个结果特征明显，即测试与测试之间有断点。差不多一半以上交易次数都在 75 到 85 之间。其余的交易次数差不多是它的两倍。现在看着进场信号这一列，答案就非常明显了。测试中交易次数较高的都是回退 19 到 20 个周期，而其他的都需要 90 到 96 个周期。记住，短期时间周期的移动平均线反应得更快速，这意味着有更多的交易信号。当然，更多的交易信号意味着更多的交易，而更多的交易又意味着更高的交易费用。因此，在其他东西都一样的情况下，使用在既定的时间区间内交易信号较少的那个交易系统，比信号多的那个更好。另外，正如我们在表 7-3 中所发现的那样，在本例中更长的时间周期测试显示出更好的盈利/亏损率。

现在花些时间来看盈利交易/亏损交易这一列。注意亏损交易的次数是如何远超过盈利交易的次数的。盈亏的比率是 1∶2 到 1∶3，这一比率意味着该交易系统的胜率只有 25%到 30%。尽管看起来如此可怜的盈利/亏损率，该系统却是一个可以盈利的交易系统，这一事实才是至关重要的东西。对于许多新（和老练的）交易者来说，一个非常严重的陷阱是，感觉上认为交易必须正确。只有正确的交易，正如很多人理解的那样，意味着盈利交易比亏损交易更多。为了继续进行真正成功的交易，这一观点必须得到纠正。

滑点（Slippage）

在交易系统希望执行的交易价格和交易订单实际成交的价格之间总是存在着差价。举例来说，当系统希望在 100 成交时，实际的买入价极有可能在 101。尽管理论上讲，这既有可能是正面的也有可能是负面的，在系统测试过程中，保守的方法是正常地假设滑点对交易者不利。

表 7-3　SMA 移动平均线交易系统按照盈利/亏损排序的测试结果

ID	净利润	盈利%	交易次数	盈利交易/亏损交易	平均盈利/平均亏损	步长1	步长2
1..	29.3900 Pts	N/A	85	22/63	4.67	96	52
2..	29.5000 Pts	N/A	83	22/61	4.59	95	59
1..	29.9700 Pts	N/A	83	22/61	4.58	95	52
1..	29.0800 Pts	N/A	83	22/61	4.50	95	53
1..	30.4700 Pts	N/A	85	23/62	4.49	96	51
8	30.2400 Pts	N/A	85	23/62	4.47	96	50
1..	31.0500 Pts	N/A	83	23/60	4.41	95	51
7	30.8200 Pts	N/A	83	23/60	4.39	95	50
2..	29.5200 Pts	N/A	79	22/57	4.37	91	59
1..	29.9900 Pts	N/A	79	22/57	4.37	91	52
1..	29.1000 Pts	N/A	79	22/57	4.28	91	53
9	31.0700 Pts	N/A	79	23/56	4.20	91	51
5	30.8400 Pts	N/A	79	23/56	4.18	91	50
1..	29.0500 Pts	N/A	77	22/55	4.12	92	52
1..	30.1300 Pts	N/A	77	23/54	3.96	92	51
6	29.9000 Pts	N/A	77	23/54	3.94	92	50
2..	29.6900 Pts	N/A	173	49/124	3.33	19	59
1..	30.2600 Pts	N/A	173	50/123	3.25	19	55
2..	30.4000 Pts	N/A	173	50/123	3.25	19	56
1	29.9900 Pts	N/A	173	51/122	3.22	19	34
3	29.9700 Pts	N/A	173	51/122	3.20	19	36
2	29.0700 Pts	N/A	173	51/122	3.18	19	35
2..	29.3699 Pts	N/A	169	52/117	2.99	20	56
2..	29.2499 Pts	N/A	169	52/117	2.99	20	55
4	29.2000 Pts	N/A	173	55/118	2.82	19	45

来源：Metastock

能够获利的交易系统主要考虑两件事。一个是盈利百分比，另一个是盈利/亏损率。前者是关于盈利交易多久出现一次。后者是关于每次交易能盈利多少。如果将两者相乘，并且减去 1——如果盈利百分比的最终值比 0 大，那么这个交易系统就是可获利的（假设交易成本和滑点都包含在盈利/亏损率中）。假设以下情节：

盈利交易百分比=20%

盈利/亏损比率=6：1

这意味着每 5 次交易中，只有 1 次成功交易而有 4 次失败交易。而平均盈利对平均亏损的比率是 6：1。这个交易系统是成功的，因为即使 5 次交易中有 4 次都失败了，1 次成功交易的收益就超过其他 4 次失败交易的损失（1×6-4×1=2）。

现在，我们看看下面这个替代方案。

盈利交易百分比=80%

盈利/亏损比率=1：6

这是一个失败的交易系统。即使系统正确交易的时候比失败交易的时候多，失败交易的损失超过了成功交易的收益（4×1-1×6=-2）。一个类似这样的交易系统就不应该过分考虑每次交易赢了多少，这样看毫无益处。在所有条件都相同的条件下，自然是较高一点的较好一些。一个理想的方案是在具有较高的盈利百分比的同时，也具备较高的盈利/亏损比率。这是每一个交易者的梦想——一个完美的交易系统！然而，更多时候我们只能得到折中方案。

对于趋势交易系统而言，较低的盈利百分比是十分普遍的，同时伴随着较高的盈利/亏损比率。为什么呢？因为市场总是花费更多的时间（在任何给定的时间周期下）横盘整理，而不是延展有方向性的运动。对于趋势交易系统而言，来来回回的区间交易造成了太多的亏损。然而，一个好的交易系统是这样组成的，由一定频率的较小亏损，和周期性的巨大收益——当交易系统抓住一个良好的趋势并骑上它——组成。还记得我们先前提到的EUR/USD的10天移动平均线交易系统吗？

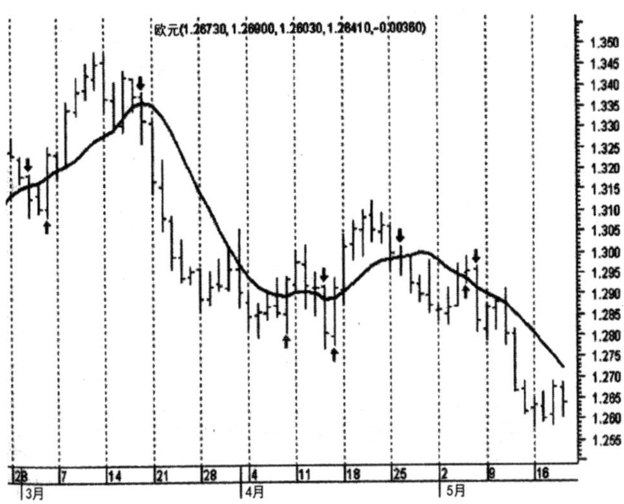

来源：Metastock

图7-6　EUR/USD的10天移动平均线交易系统

注意图7-6中间部分那几次反反复复的交易。你可能会想起来这些交易都是失败的交易。尽管如此，由于有几个漂亮的趋势也被抓到，特别是图中间那次从3月中旬到4月中旬的趋势。这类趋势运动才是趋势交易系统获利的运动。趋势交易系统在为了获得那些大获利而接受小的亏损方面是非常有耐心的。

但是为什么趋势交易系统非要忍受那么多假突破的困扰呢？这归根结底是一个错误的肯定读数比一个错误的否定读数好得多的问题。

趋势交易系统是一个一切为了抓住价格主要运动的较大部分（如主升浪）的交易系统。这意味着当趋势真的发生时，你的系统必须正在市场中运行。否则的话就与该交易系统的目的背道而驰了。这也就是说这种交易系统在寻找新趋势方面将会积极进取。由于我们已经事先建立起了这样的理念，即市场横盘整理的时间多过有方向性的上涨或下跌运动。这意味着系统发出新趋势的指标大多数情况下都是错误的，错误的肯定比正确的多得多。尽管如此，但是为了抓住大趋势我们也会接受这一点。如果系统错过了趋势（错误地否定），那么该系统将一无是处，难道不是吗？

在我们的趋势交易系统中，USD/JPY 的假突破和可获利趋势的交易区间之间，我们可以看到同一类断点。为方便讨论，我们选择 92 天移动平均线交易系统作为进场依据，而且用 50 天移动平均线交易系统作为离场依据。这样我们的交易规则就变成：

☆ 当收盘价格上穿 92 天移动平均线时开仓做多

☆ 当收盘价格下穿 50 天移动平均线时平仓多头头寸

☆ 当收盘价格下穿 92 天移动平均线时开仓做空

☆ 当收盘价格上穿 50 天移动平均线时平仓空头头寸

利润幅度

市场沿着交易的有利方向运行的幅度。这一度量被用来判定当你离场时会回吐多少利润。交易者总是想尽可能缩小在趋势的幅度和实际得到的利润之间的差价，可以这么说，因为这意味着交易者装在自己口袋里的钱的多少。

这些交易规则是建立在统一测试（通过 Metastock 平台运行）进场和离场信号的基础上的。该系统的设置本着速度和高效的原则。因为我们可以使用的，用来找出趋势并知道它们何时结束的工具，在数量上非常有限。所以在实际操作中，交易者应该多花些时间分别对进场和离场策略进行回顾总结。在趋势交易系统的例子中，进场策略应该是那个最好的鉴别我们希望的趋势的长度（数周时间）的策略；而退场策略应该是那个最好的识别我们正在交易的趋势结束标志的策略，该策略能实现最大的利润。请读者务必记住这些要点。交易者常常专注于他们的进场点位，而忘记了一个重要的事实，即离场策略至少是和他们当初是如何进场的一样重要的。

在本环节中，我们的交易系统并没有涉及我们交易的头寸规模。下一章中我们会更多地讲到这一点。现在我们只需要把注意力集中在买/卖信号本身即可。

读者可以通过图 7-7 和图 7-8 看到我们移动平均线交易系统的交易行为。

图 7-7 展示得非常清楚，反反复复的交易行为是趋势交易系统的祸害。黑色那根是 92 天移动平均线，我们的进场信号线。请注意在本图所示的时间区间中它被上穿多少次。这些反反复复进进出出的价格运动，使得交易者做多做空反复倒腾（正如图中所示向上和向下箭头所示），通常会产生一连串相对较小的亏损。

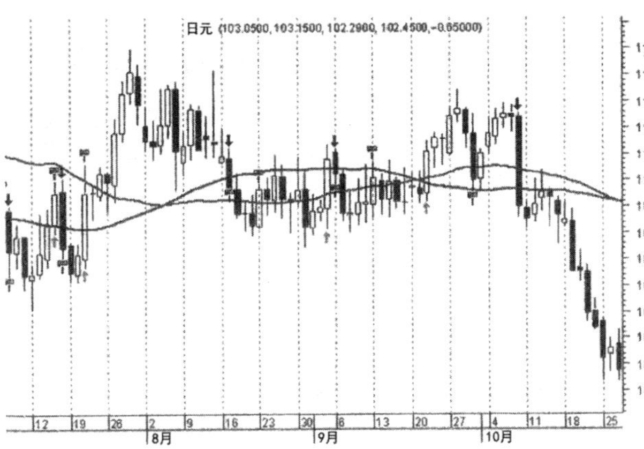

来源：Metastock

图 7-7　SMA 交易系统：非趋势运行区间

现在我们看图 7-8 中趋势交易系统抓到的趋势。这个典型的例子，解释为什么会采用趋势交易系统的原因。这段开始于 8 月中旬，结束于第二年 2

月底的趋势运动，差不多有 11 个点的价格运动区间。在账户上，一次交易价值 100,000 美元的 USD/JPY，利润就会超过 10,000 美元。这可是非常高的交易回报，尤其是考虑到这样一次交易的保证金只需要 2000 美元的时候。

来源：Metastock

图 7-8　SMA 交易系统：趋势运行区间

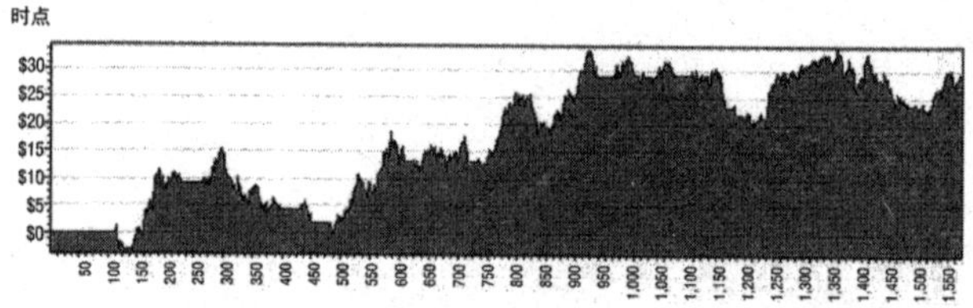

来源：Metastock

图 7-9　SMA 系统资产净额

图 7-9 展示了 SMA 系统资产净额——可变点的利润总额。（忽略美元单位）资产净额表现得非常参差不齐。你可以从表 7-4 的系统统计中精确地看到其中的原因。

在未获利的交易区间，请注意最连续的数字。该数字是 13。这意味着在一个点位上交易系统经历了连续 13 次亏损。很有可能有一系列其他的类似这样的连串交易。这也是有时在资产净额中大幅度的资金回撤的一个重大原因。

表 7-4　SMA 系统的表现统计

绩效	
利润	29.900,0 点
绩效	N/A
年度绩效	N/A
买入并持有利润	-9.400,0 点
买入并持有绩效	N/A
买入并持有年度绩效	N/A
交易摘要	
交易总次数	77
交易效率	-17.20%
平均利润/平均亏损	N/A
有利可图的交易	
合计	23
做多	12
沽空	11
平均利润	3.214,8 点
最高利润	13.150,0 点
最低利润	0.010,0 点
最大连续次数	3
无利可图的交易	
合计	54
做多	26
沽空	28
平均亏损	-0.8156 点
最高亏损	-2.3800 点
最低亏损	-0.1100 点
最大连续次数	13
最大位置偏移	
做多利好	18.670,0 点
沽空利好	15.820,0 点
做多偏移均值	-2.710,0 点
沽空偏移均值	-3.800 点
交易效率	
平均买入	47.64%
平均卖出	33.86%
平均合计	-17.20%

绩效指数	
买入指数	418.09%
利润/损失指数	40.44%
收益/风险指数	88.75%
账户核算	
初始投资	0.000,0 点
交易利润	73.940,0 点
交易亏损	-44.040,0 点
手续费	0.000,0 点
利息收入	0.000,0 点
利息支付	0.000,0 点
投资余额	29.900,0 点
开仓头寸	7.050,0 点
账户变化	
最高账户余额	34.470,0 点
最低账户余额	-3.790,0 点
投资组合最高价值	18.670,0 点
开仓头寸最高回撤额	-3.790,0 点
已平仓头寸最高回撤额	-3.570,0 点
账户事件	
追加保证金的通知	0
透支	0
赚钱的时机	
平均交易时长	38
最长交易时长	130
最短交易时长	3
总交易时长	896
不赚钱的时机	
平均交易时长	5
最长交易时长	22
最短交易时长	1
总交易时长	271
非市场时机	
平均	16
最长	111
合计	393

来源：Metastock

盈利的交易并没那么多，最大的连续盈利交易次数是3次。如果亏损发生的次数超过盈利发生次数的两倍，这都没什么好奇怪的。这样的系统之所以还是一个盈利的系统的原因是，事实上，它的平均盈利的交易大约盈利3.21点（最大的盈利数值是13.15点!），而平均亏损的交易仅亏损0.82点。

关于数据

期货和期权数据

因为期货和期权是设定了期限的交易工具，它们总是在一个相对较短的时间区间内到期，所以交易者对它们的历史价格和当前价格的关联总会有额外的考量。你怎样才能保持基本不变的价格把合约从一个换到下一个呢?

最好的方法是，对于系统在某一点位的实时价格使用实际的详细数据。这样做会产生最真实的结果。

当然，也有许多人使用一系列连续的合约数据。这是一系列将一个即将过期的合约合并转仓为下一个活跃合约的数据。这样做就是为交易者提供一个更长的时间周期的可能性，尤其是当交易者只看到眼前的这一种合约之时。

连续的合约数据的主要问题在于，要么一系列价格的调整创建了一种编造的数据集合，要么价格序列中存在不连续的间断点，而这将会导致系统中错误的交易信号。

当然，就这一问题而言，很有必要提及对交易系统进行评估之时的几个关键点。首先是数据来源。并不是所有的数据都一模一样，尤其是当你使用指示性价格数据时。使用交易数据的最大好处在于，它们都是来自一个集中的地方，而且具有详尽的参数（时间标识等）。而指示性价格数据，和那些来自外汇市场的数据一样，往往在呈现时会有较大变化。任何给定的数据集合，包括开盘价/最高价/最低价/收盘价数据点位，也会和另一个来源的数据不匹配，这是因为它们使用了不同的报价方式和时间设置。举例来说，某一交易提供商可能会认为纽约时间下午4点整是外汇交易的收市时间，而另一个可能会认为下午5点整才是，而且第三个交易提供商则可能会采用格林尼治时间（格林尼治意味着国际标准时间）。为了更有效地评估一个交易系统的利润，交易者必须将系统使用的数据和实际交易中实用的数据统一起来。如果交易者通过外汇交易平台交易，那么你应该使用从外汇交易平台获取到的数据进行系统测试。

下面继续讨论数据这一主题。如果你使用指示性价格数据，首先一定要搞清楚数据是基于竞买价，竞卖价还是中间价（竞买和竞卖之间的价格）。遵循这一点，才能为继续研究延展数据提供良好的基础，为什么呢？因为交易者会在竞买价卖出，在竞卖价买入。延展数据会显著地影响交易系统的获利数据。举例来说，如果测试交易系统时使用的市场是10个基点的延展数据，但是仅在测试中使用，那么他们就会对每次交易的利润高估10个基点的利润，因为买入行为总是发生在比现在数据的显示提高10个基点的位置。这对于一个每次交易盈利很少的交易系统来说至关重要，这类交易系统通常有着较高的交易频率和较短的持有周期。而对于我们这种中级别的交易系统而言，这算不上什么大问题。

围绕指示性价格数据的话题讲了这么多，你可能会认为最好能获取交易数据（只要有可能）。记住本书中提过的关于交易价格问题的讨论。交易者没必要知道交易的价格有多好，尤其是成交量低迷的情况下。再者，交易达成的价格要么是竞买价，要么是竞卖价。交易者盯着标准数据集合，并不能具体分清是哪一个价格，因此，对于一个理想的交易系统来说，交易者并不知道该价格是否是他们用来作为进场或离场的价格。这就是为什么前向测试交易系统（我们稍后会提到这一点）非常重要的原因。

有许多交易者，当他们在开发交易系统的时候，总是在每次交易中通过滑点，尽力去解决他们的数据出现的异常情况。绝大多数交易软件都具有此功能，而且显而易见，运用电子表格做交易测试的交易者也可以轻松实现这一功能。同理，延展数据也是如此。持仓周期越长，交易频率越低，能有效减少滑点对交易系统获利能力的影响。

测试二：只用SAR指标决定买卖

前文中我们只用SMA指标做了交易系统测试，现在进行下一个测试。这一次我们只使用SAR指标来决定买进和卖出。抛物线指标SAR起初是基于价格的加速和趋势的持续，作为一种移动止损而设计的。尽管SAR指标代表了止损和反转，它仍可以作为进场指标来使用。

为了测试方便，我们需要确定 SAR 指标是如何计算加速设置的（在下列窗口中查看计算的具体细节）。一般默认加速度开始的步长为 0.02，而且最高限定在 0.20。在具体测试中我们实用的步长范围是，从 0.01 到 0.10，每步 0.01，以及最高限定范围从 0.10 到 1.00，使用间隔为 0.10 两种。

正如在表 7-5 中所看到的那样，纯 SAR 交易系统的某些测试结果比纯 SMA 交易系统的测试结果表现要好。

表 7-5　SAR 交易系统测试结果

ID	净利润	盈利%	交易次数	盈利交易/亏损交易	平均盈利/平均亏损	步长1	步长2
4	41.2300 Pts	N/A	138	61/77	1.74	0.02	0.2
2..	37.9700 Pts	N/A	140	60/80	1.79	0.02	1
2..	37.9700 Pts	N/A	140	60/80	1.79	0.02	0.9
2..	37.9700 Pts	N/A	140	60/80	1.79	0.02	0.8
7	37.9700 Pts	N/A	140	60/80	1.79	0.02	0.3
1..	37.9700 Pts	N/A	140	60/80	1.79	0.02	0.7
9	37.9700 Pts	N/A	140	60/80	1.79	0.02	0.4
1..	37.9700 Pts	N/A	140	60/80	1.79	0.02	0.6
1..	37.9700 Pts	N/A	140	60/80	1.79	0.02	0.5
1..	30.1500 Pts	N/A	118	57/61	1.41	0.02	0.1
2	28.2300 Pts	N/A	160	68/92	1.70	0.05	0.1
1	18.3099 Pts	N/A	152	63/89	1.64	0.04	0.1
1..	16.5499 Pts	N/A	84	37/47	1.51	0.01	0.1
1..	11.8500 Pts	N/A	88	38/50	1.48	0.01	0.6
1..	11.8500 Pts	N/A	88	38/50	1.48	0.01	0.5
1..	11.8500 Pts	N/A	88	38/50	1.48	0.01	0.7
8	11.8500 Pts	N/A	88	38/50	1.48	0.01	0.4
6	11.8500 Pts	N/A	88	38/50	1.48	0.01	0.3
2..	11.8500 Pts	N/A	88	38/50	1.48	0.01	0.8
2..	11.8500 Pts	N/A	88	38/50	1.48	0.01	0.9
3	11.8500 Pts	N/A	88	38/50	1.48	0.01	0.2
2..	11.8500 Pts	N/A	88	38/50	1.48	0.01	1
5	9.9700 Pts	N/A	202	76/126	1.77	0.04	0.2
1..	9.7500 Pts	N/A	208	78/130	1.77	0.04	0.5
1..	9.7500 Pts	N/A	208	78/130	1.77	0.04	0.7

来源：Metastock

抛物线指标 SAR

SAR（i）= SAR（i - 1）+ACCELERATION ＊【EPRICE（i - 1）- SAR（i - 1）】

这里

SAR（i - 1）= 第（i - 1）日的极点价

ACCELERATION = 加速因子

EPRICE（i - 1）= 第（i -1）日的极点价（EPRICE = HIGH 做多头寸时表示最高价，EPRICE = LOW 做空头寸时表示最低价）。

如果当前 k 线的价格比前面涨得更高或正好相反（比前面跌得更低），SAR 指标的值都会增加。加速因子（ACCELERATION）会随即翻倍，这会导致抛物线指标 SAR 和价格跟随运动。换句话说，价格涨得越快或跌得越快，指标的值越接近当前股价。

你可能会注意到这种方法的盈利率比 SMA 交易系统更高一些，几乎接近 50%。尽管依然存在着盈利/亏损比率（平均盈利/平均亏损）的问题，而且通过统计数据面板看起来似乎有些太低了。

从我们的测试中可以看到，似乎限定最高步长（OPT2）一列的数据并不对系统测试结果产生主要的影响。因此作为结果，我们决定使用系统默认的最高步长 0.20，以使测试变得更加简单明了。

还有人注意到在我们的测试结果中，显然存在着对做多和做空之间的偏见。当步长是 0.02（OPT1）或更高时，交易的次数明显比步长是 0. 01 时多得多。加速度部分的计算决定了 SAR 指标线朝价格运动的速度有多快。较高的读数表明朝着价格汇聚的速度越快，这可以被理解为在交投活跃的市场系统出击的次数更多。图 7-10 就为这一行为提供了一个非常清晰的例子。

图中距离价格最远的虚线，从左边开始使用的是步长 0. 02。另一条虚线是步长 0. 01。注意到 0. 02 步长的那根表现得更灵活，能随着趋势的加速更快地接近价格的变化。

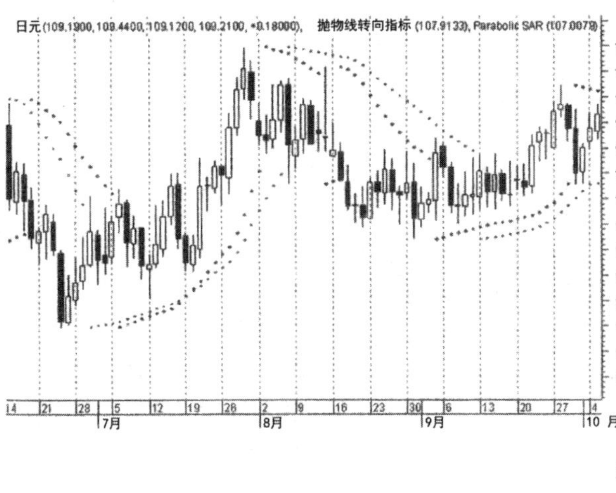

来源：Metastock

图 7-10　不同参数的 SAR 指标标绘走势图

在可选的步长设置为 0.02 以及限制最高步长为 0.20 时执行的交易次数非常多，因为它产生了比纯 SMA 交易系统多得多的交易次数。当然，在这一例子中，亏损/盈利比率也很高，因为活跃的交易测试的这一比率总是比不活跃的高一些。这意味着，如果我们将交易中的滑点和交易成本计算在内的话，0.02 步长的结果仍然要优于 0.01 步长的结果。使用 10 个基点的滑点（在 USD/JPY 中为 0.10），0.02/0.20 为参数的测试结果表明，总净利润为 27.43 点，而 0.01/0.10 参数的净利润为 8.15 点。

因此我们的纯 SAR 交易系统的交易规则就是（请注意该系统固有的天性）：

☆ 当 0.02/0.20 参数的 SAR 指标移动收盘价之下时清仓空头头寸并开仓多头

☆ 当 0.02/0.20 参数的 SAR 指标移动收盘价之上时清仓多头头寸并开仓空头

以上面我们列出的交易规则为基础，表 7-6 展示了我们的纯 SAR 交易系统的交易测试表现分析。很容易注意到实际交易中，亏损交易次数比盈利交易次数更多。你肯定不希望盈利率只是 50%。而实际上，能看到 8 次连续盈利交易的概率，根据图中的数据分析，大约只有 8%。这仅表明统计上的小概率事件一定会发生而已。

表 7-6　SMA 交易系统表现数据统计

绩效		绩效指数	
利润	41.230,0 点	买入指数	687.32%
绩效	N/A	利润/损失指数	27.33%
年度绩效	N/A	收益/风险指数	78.43%
买入并持有利润	-7.020,0 点		
买入并持有绩效	N/A	**账户核算**	
买入并持有年度绩效	N/A	初始投资	0.000,0 点
		交易利润	150.880,0 点
交易摘要		交易亏损	-109.650,0 点

交易总次数	138
交易效率	-7.16%
平均利润/平均亏损	N/A
有利可图的交易	
合计	61
做多	30
沽空	31
平均利润	2.473,4 点
最高利润	7.330,0 点
最低利润	0.030,0 点
最大连续次数	8
无利可图的交易	
合计	77
做多	39
沽空	38
平均亏损	-1.424,0 点
最高亏损	-4.270,0 点
最低亏损	-0.040,0 点
最大连续次数	6
最大位置偏移	
做多利好	8.160,0 点
沽空利好	8.490,0 点
做多偏移均值	-4.660,0 点
沽空偏移均值	-4.770,0 点
交易效率	
平均买入	53.29%
平均卖出	38.82%
平均合计	**-7.16%**

手续费	0.000,0 点
利息收入	0.000,0 点
利息支付	0.000,0 点
投资余额	**41.230,0 点**
开仓头寸	2.770,0 点
账户变化	
最高账户余额	42.860,0 点
最低账户余额	-11.340,0 点
投资组合最高价值	8.160,0 点
开仓头寸最高回撤额	-11.340,0 点
已平仓头寸最高回撤额	-9.940,0 点
账户事件	
追加保证金的通知	0
透支	0
赚钱的时机	
平均交易时长	17
最长交易时长	37
最短交易时长	1
总交易时长	1038
不赚钱的时机	
平均交易时长	6
最长交易时长	19
最短交易时长	1
总交易时长	507
非市场时机	
平均	0
最长	1
合计	1

来源：Metastock

图 7-11 概括地描述了系统在我们所测试的时间段内的表现，看起来是什么样的。注意到某些地方确实抓到了漂亮的趋势，而其他一些表现毫无条理的交易结果是由假突破引发的。和任何其他趋势交易系统一样，尽管它发出的决策信号比纯 SMA 交易系统要少一些，但是这个纯 SAR 交易系统在非趋势运行期间的表现仍旧非常糟糕。

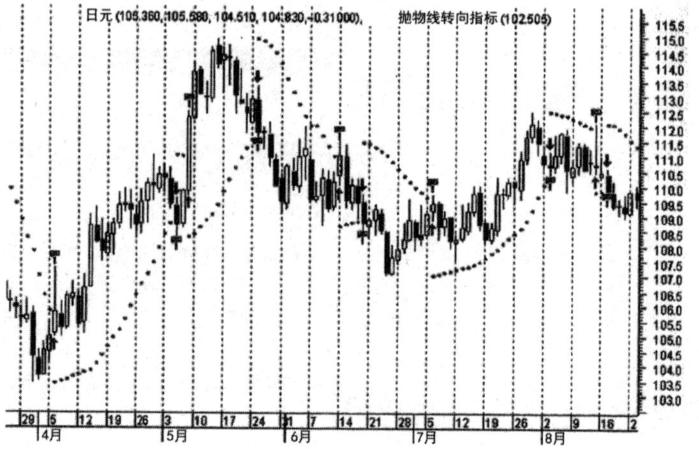

来源：Metastock

图 7-11　SAR 交易系统的交易指标

在图 7-12 中展示的是该交易系统的资金曲线。其中有一些非常明显的下跌区间，尤其是在图中间位置，但是同样也有几次快速漂亮的上涨区间。这个交易系统的资金曲线走势图完全不同于纯 SMA 交易系统。在后一个交易系统中，最大获利的交易往往发生在测试区间的前半段，其后半段的走时是非常平稳的。而纯 SAR 交易系统则完全相反。

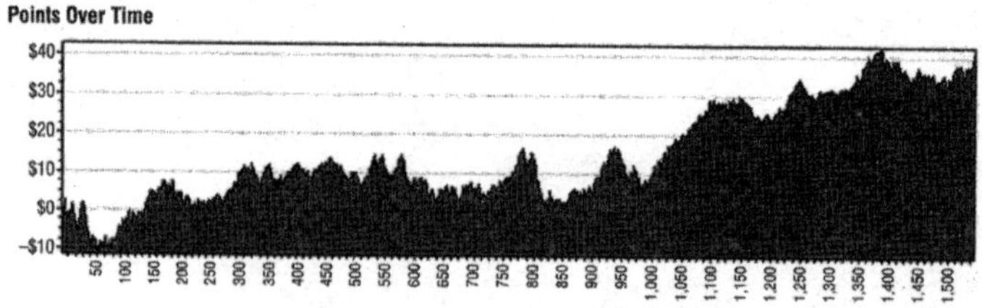

来源：Metastock

图 7-12　SAR 交易系统的资金曲线

交易执行的考量

在迄今为止我们所讨论的两个交易系统以及即将讨论的混合交易系统

中，无论是 SAR 还是 SMA 以及混合交易系统，它们要考虑的最关键的问题都是进场和退场的时机问题。这些测试都有一个前提，即假定当交易执行之前已经有一系列的前提成立。因为这些特殊的交易系统中都包含以收盘价为基础的交易信号，所以题目暗示了交易者应该在交易日收市之前，或者在下一个交易日的开盘时执行交易。

在外汇交易市场（周末除外）的交易是持续不断的。一个交易日的开盘价正好是前一个交易日的收盘价（横跨周末的交易日除外），因此交易者可以非常舒适地执行精确到点位的交易，除非市场的实时运行走势非常剧烈。当然，对于证券交易所中的某一特殊的交易品种而言，一个交易日的收盘价和下一天的开盘价之间存在着明显的时间间隔，而且是确确实实存在着的大量的时间间隔。那么现在我们又重新回到了滑点的问题。

测试三：SMA进场/SAR离场混合交易系统

现在是时候对我们交易方法中的进场/离场条件进行组合测试了，看看是否这样使用比单独使用的效果更好。为了这一测试，我们使用 SMA 交易系统的进场信号和 SAR 交易系统判定的离场信号组合。我们的交易系统规则应该如下所示：

☆ 当收盘价上穿移动平均线时开仓做多

☆ 当 SAR 指标移动到收盘价之上时平仓多头头寸

☆ 当收盘价下穿移动平均线时开仓做空

☆ 当 SAR 指标移动到收盘价之下时平仓空头头寸

当然这一系列交易规则中，无论是 SAR 指标还是 SMA 指标都没有提及参数设定。我们将测试它们每一个的复杂的组合，但是为了初始值测试的简单化考虑，我们为什么不把前文的两个测试中的条件拿出来直接组合使用呢？这样我们很容易得出以下交易规则：

☆ 当收盘价上穿 92 天移动平均线时开仓做多

☆ 当参数为 0.02/0.20 的 SAR 指标移动到收盘价之上时平仓多头头寸

☆ 当收盘价下穿 92 天移动平均线时开仓做空

☆ 当参数为 0.02/0.20 的 SAR 指标移动到收盘价之下时平仓空头头寸

当然，整合两个交易系统的最大问题在于，它们交易的时间级别不同。请记住 SMA 交易系统只有 77 次交易，而同时期同品种的 SAR 交易系统则一共交易了 138 次。这一读数表明前者和后者比较起来，更接近长期交易系统。由此引发的结果是，两个交易系统并不是非常同步。

在表 7-7 中，读者可以明显发现它们的不同，该表格展示的是上文提供的组合交易系统的测试结果。一共有 77 次交易，感觉有点像纯 SMA 交易系统给出的结果，因为正是它提供了离场信号，它同样有 77 次交易。

然而问题是较快的 SAR 离场指标（和 SMA 离场指标相比较）会使得交易被打断。这个系统抓住的趋势较少，极大地降低了系统盈利能力。

表 7-7　SMA/SAR 混合交易系统测试数据统计

绩效	
利润	5.880,0 点
绩效	N/A
年度绩效	N/A
买入并持有利润	-7.020,0 点
买入并持有绩效	N/A
买入并持有年度绩效	N/A
交易摘要	
交易总次数	77
交易效率	-8.68%
平均利润/平均亏损	N/A
有利可图的交易	
合计	30
做多	16
沽空	14
平均利润	1.326,3 点
最高利润	3.440,0 点
最低利润	0.030,0 点
最大连续次数	5
无利可图的交易	
合计	47
做多	22
沽空	25
平均亏损	-0.721,5 点
最高亏损	-2.380,0 点
最低亏损	-0.100,0 点
最大连续次数	8

绩效指数	
买入指数	183.76%
利润/损失指数	14.78%
收益/风险指数	55.89%
账户核算	
初始投资	0.000,0 点
交易利润	39.790,0 点
交易亏损	-33.910,0 点
手续费	0.000,0 点
利息收入	0.000,0 点
利息支付	0.000,0 点
投资余额	5.880,0 点
开仓头寸	0.000,0 点
账户变化	
最高账户余额	8.720,0 点
最低账户余额	-4.640,0 点
投资组合最高价值	4.710,0 点
开仓头寸最高回撤额	-4.640,0 点
已平仓头寸最高回撤额	-4.590,0 点
账户事件	
追加保证金的通知	0
透支	0
赚钱的时机	
平均交易时长	11
最长交易时长	26
最短交易时长	1
总交易时长	337

最大位置偏移		不赚钱的时机	
做多利好	4.710,0 点	平均交易时长	4
沽空利好	4.570,0 点	最长交易时长	18
做多偏移均值	-2.710,0 点	最短交易时长	1
沽空偏移均值	-3.800,0 点	总交易时长	201
交易效率		**非市场时机**	
平均买入	45.99%	平均	24
平均卖出	45.33%	最长	119
平均合计	-8.68%	合计	1009

来源：Metastock

这意味着我们不得不重新开始，做一个全方位的各种参数组合的测试，看看我们是不是能找到更好的选择。这一次我们减少需要的迭代运算以增加测试的速度，使用 0.01 到 0.10 作为 SAR 的步长（OPT2），并且使用 0.1 到 0.9 作为最高限定值（OPT3）。这些数值距离我们测试过的纯 SAR 交易系统的数值不远。真正可能会发生变化的数据，可能来自于我们调整 SMA 的参数指标，范围从 5 到 100 个时间周期，每隔 5 个测试一次（OPT1）。一共我们要测试 1700 组数据，而总共解决问题仅需 8 分钟。最终测试结果如表 7-8 所示。

ID	净利润	盈利%	交易次数	盈利交易/亏损交易	平均盈利/平均亏损	步长1	步长2	步长3
2	28.8601 Pts	N/A	278	97/181	2.28	10	0.04	0.5
2..	28.8601 Pts	N/A	278	97/181	2.28	10	0.04	0.4
9	28.8601 Pts	N/A	278	97/181	2.28	10	0.04	0.8
4	28.8601 Pts	N/A	278	97/181	2.28	10	0.04	0.6
1..	28.8601 Pts	N/A	278	97/181	2.28	10	0.04	0.3
7	28.8601 Pts	N/A	278	97/181	2.28	10	0.04	0.7
1..	28.8601 Pts	N/A	278	97/181	2.28	10	0.04	0.9
1..	28.0301 Pts	N/A	278	96/182	2.30	10	0.04	0.2
1..	26.7099 Pts	N/A	168	61/107	2.38	20	0.1	0.2
1..	26.5499 Pts	N/A	168	61/107	2.37	20	0.09	0.2
8	23.7499 Pts	N/A	168	63/105	2.20	20	0.09	0.7
3	23.7499 Pts	N/A	168	63/105	2.20	20	0.09	0.5
6	23.7499 Pts	N/A	168	63/105	2.20	20	0.09	0.6
1..	23.7499 Pts	N/A	168	63/105	2.20	20	0.09	0.9
1..	23.7499 Pts	N/A	168	63/105	2.20	20	0.09	0.8
1..	23.5500 Pts	N/A	200	75/125	2.07	15	0.1	0.2
2..	23.5499 Pts	N/A	168	62/106	2.25	20	0.1	0.3
1	23.4299 Pts	N/A	168	63/105	2.20	20	0.1	0.4
2..	23.3899 Pts	N/A	168	62/106	2.25	20	0.09	0.3
2..	23.2699 Pts	N/A	168	63/105	2.19	20	0.09	0.4
1..	22.8000 Pts	N/A	200	75/125	2.05	15	0.09	0.2
1..	22.1800 Pts	N/A	200	81/119	1.81	15	0.04	0.8
5	22.1800 Pts	N/A	200	81/119	1.81	15	0.04	0.6
2..	22.1800 Pts	N/A	200	81/119	1.81	15	0.04	0.3
2..	22.1800 Pts	N/A	200	81/119	1.81	15	0.04	0.4

来源：Metastock

表 7-8　SMA/SAR 混合交易系统测试结果

数据结果非常具有戏剧性。净利润最出色的交易系统表现出的是非常活跃的交易次数。交易次数最高的是基于10天移动平均线的系统，一共有275次交易。其盈利率和纯SMA交易系统比较起来——实际上只是略有提高而已。

我们再次注意到时间级别对交易频率的影响。表现第二好的交易组别是设置为20天移动平均线的系统。以这种方式追溯移动平均线的参数加倍，结果找到了更少的交易次数，110次。在净利润上只是适度下跌，但是如果交易者考虑到滑点和/或交易成本等因素的话，较长时间级别的测试将会是赢家。为了说明这一点，我们将在读使用10个基点作为每次交易的滑点。

现在如果我们看一下表7-9中的结果就会发现，交易表现最好的数据中并没有10周期的SMA系统。因为所有的利润都被滑点吞噬掉了。

现在我们再重新回到原始的测试，当然，这一次我们必须为以后的对比，选择一个相当有代表意义的系统。如果我们仅适用20天移动平均线系统的测试，作为包含一切的测试表现的话，那么我们基本上不可能从中挑选到什么有价值的交易系统。有趣的事，SAR的步长设置（OPT2）在0.09或0.10都已经很高了。那些参数实在是太具进攻性了，所以我们不得不小心翼翼。

如果采取一种更稳妥的方法，我们可以用0.09步长和0.50为最高限定值（OPT3）为基础设置来选择测试结果。对于所有的20天SMA测试系统而言，这并不是最理想的交易表现，但是我们并不想在这个阶段就让结果表现得太好。我们只不过是为了和以后的交易系统相比较时，事先打个基础。

这样就有了下面的交易系统：

☆ 当收盘价上穿20天移动平均线时开仓做多

☆ 当参数为0.9/0.50的SAR指标移动到收盘价之上时平仓多头头寸

☆ 当收盘价下穿20天移动平均线时开仓做空

☆ 当参数为0.9/0.50的SAR指标移动到收盘价之下时平仓空头头寸

ID	净利润	盈利%	交易次数	盈利交易/亏损交易	平均盈利/平均亏损	步长1	步长2	步长3
3	10.0099 Pts	N/A	168	56/112	2.23	20	0.1	0.2
2	9.8499 Pts	N/A	168	56/112	2.23	20	0.09	0.2
7	7.0499 Pts	N/A	168	59/109	2.00	20	0.09	0.7
22	7.0499 Pts	N/A	168	59/109	2.00	20	0.09	0.6
19	7.0499 Pts	N/A	168	59/109	2.00	20	0.09	0.5
11	7.0499 Pts	N/A	168	59/109	2.00	20	0.09	0.8
14	7.0499 Pts	N/A	168	59/109	2.00	20	0.09	0.9
6	6.8499 Pts	N/A	168	57/111	2.10	20	0.1	0.3
17	6.7299 Pts	N/A	168	58/110	2.05	20	0.1	0.4
5	6.6899 Pts	N/A	168	57/111	2.10	20	0.09	0.3
16	6.5699 Pts	N/A	168	58/110	2.04	20	0.09	0.4
8	4.9699 Pts	N/A	168	59/109	1.96	20	0.1	0.7
12	4.9699 Pts	N/A	168	59/109	1.96	20	0.1	0.8
15	4.9699 Pts	N/A	168	59/109	1.96	20	0.1	0.9
20	4.9699 Pts	N/A	168	59/109	1.96	20	0.1	0.5
23	4.9699 Pts	N/A	168	59/109	1.96	20	0.1	0.6
1	4.8199 Pts	N/A	168	55/113	2.17	20	0.04	0.2
4	4.7399 Pts	N/A	168	57/111	2.05	20	0.04	0.3
9	4.7399 Pts	N/A	168	57/111	2.05	20	0.04	0.4
10	4.7399 Pts	N/A	168	57/111	2.05	20	0.04	0.8
13	4.7399 Pts	N/A	168	57/111	2.05	20	0.04	0.9
18	4.7399 Pts	N/A	168	57/111	2.05	20	0.04	0.5
21	4.7399 Pts	N/A	168	57/111	2.05	20	0.04	0.6
24	4.7399 Pts	N/A	168	57/111	2.05	20	0.04	0.7
25	4.5899 Pts	N/A	168	56/112	2.11	20	0.08	0.7

来源：Metastock

表 7-9　考虑滑点的 SMA/SAR 混合交易系统测试结果

该交易系统的最终交易结果统计如表 7-10 所示。纵览数据只是没有发现有什么特殊的夺人眼球的数据，其盈利率并没有比纯 SMA 交易系统更糟糕，然而也并没有和纯 SAR 交易系统一样好。自两个交易系统结合以来，我们并没有发现什么实质性的惊喜。倒是其资金曲线的走势颇为有趣，如图 7-13 所示。该图在测试时间的前半段，基本上处于不盈不亏的状态，但是到了后半段它的走势却出奇的好，而且基本上所有的盈利都在此时获得。图 7-14 展示了该系统的交易行为。

表 7-10　SMA/SAR 混合交易系统测试数据统计

绩效		绩效指数	
利润	23.749,9 点	买入指数	438.32%
绩效	N/A	利润/损失指数	24.32%
年度绩效	N/A	收益/风险指数	78.28%
买入并持有利润	-7.020,0 点		
买入并持有绩效	N/A	**账户核算**	
买入并持有年度绩效	N/A	初始投资	0.000,0 点
		交易利润	97.640,0 点
交易摘要		交易亏损	-73.890,1 点
交易总次数	168	手续费	0.000,0 点

交易效率	-11.16%
平均利润/平均亏损	N/A
有利可图的交易	
合计	63
做多	27
沽空	36
平均利润	1.549,8 点
最高利润	6.140,0 点
最低利润	0.010,0 点
最大连续次数	4
无利可图的交易	
合计	105
做多	57
沽空	48
平均亏损	-0.703,7 点
最高亏损	-2.450,0 点
最低亏损	-0.010,0 点
最大连续次数	7
最大位置偏移	
做多利好	7.020,0 点
沽空利好	7.650,0 点
做多偏移均值	-2.500,0 点
沽空偏移均值	-3.180,0 点
交易效率	
平均买入	43.80%
平均卖出	44.45%
平均合计	-11.16%

利息收入	0.000,0 点
利息支付	0.000,0 点
投资余额	23.749,9 点
开仓头寸	0.790,0 点
账户变化	
最高账户余额	24.059,9 点
最低账户余额	-6.590,0 点
投资组合最高价值	7.020,0 点
开仓头寸最高回撤额	-6.590,0 点
已平仓头寸最高回撤额	-6.590,0 点
账户事件	
追加保证金的通知	0
透支	0
赚钱的时机	
平均交易时长	7
最长交易时长	19
最短交易时长	1
总交易时长	477
不赚钱的时机	
平均交易时长	2
最长交易时长	8
最短交易时长	1
总交易时长	246
非市场时机	
平均	10
最长	47
合计	823

来源：Metastock

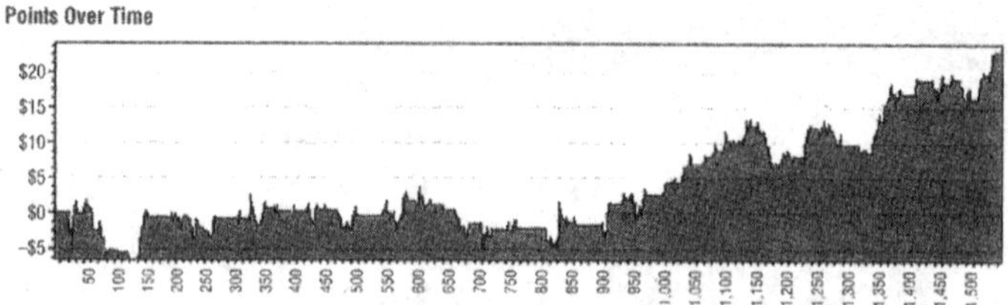

来源：Metastock

图 7-13　SMA/SAR 混合交易系统的资金曲线走势图

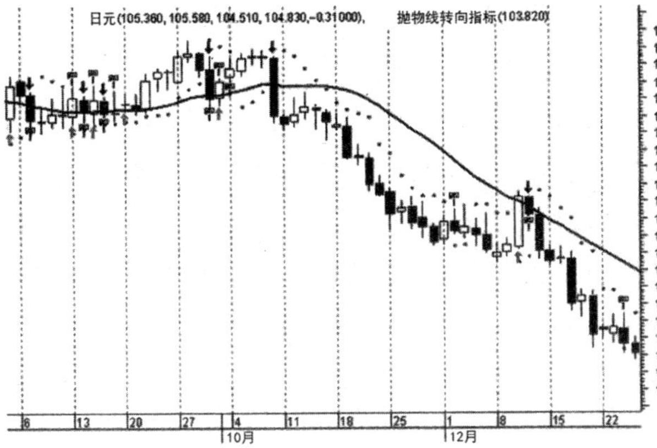

来源：Metastock

图 7-14　SMA/SAR 混合交易系统的交易标识图

测试四：SAR进场/SMA离场混合交易系统

现在开始步入我们四个测试环节的最后一个环节。本环节中我们会研究一下使用 SAR 来决定进场信号，使用 SMA 来决定离场信号的情况。上文我们已经展示了将纯 SAR 和纯 SMA 交易系统结合在一起的效果并不理想，理由是它们操作适用的时间周期差距太大。正因为如此，我们下面仅专注于寻找正确参数的测试。

这次我们再使用 0.01 到 0.10 作为 SAR 指标的步长（OPT2），使用 0.1到 0.9 作为最高限定值（OPT3），而且 SMA 移动平均线参数从 5 到100 周期，以每 5 个周期（OPT1）累加的方法进行测试。现在问题变成以如下的方式进行进场/离场规则的设定了：

☆ 当 SAR 指标移动到收盘价之下时开仓做多

☆ 当收盘价下穿 SMA 指标时清仓多头头寸

☆ 当 SAR 指标移动到收盘价之上时开仓做空

☆ 当收盘价上穿 SMA 指标时清仓多头头寸

进场/离场规则的设定条件

在看到结果之前，所有我们测试的系统案例都一文不值，做多/做空的进场规则将取代其离场规则。这段叙述是为了表述，如果有一个做多交易正在进行中，并且此时出现了一个做空的进场信号，那么无论退出多头头寸的规则是否指示应该这样做，做多头寸都应该离场了。尽管这一点从表面上看起来非常明显，但是我们也不是必须要这么做。我们所做只能是对交易条件的些许修改。这样我们可以改变交易系统的规则，使之适应下列的模式：

☆ 如果没有做空，那么当 SAR 指标移动到收盘价之下时开仓做多

☆ 当收盘价下穿 SMA 指标时清仓多头头寸

☆ 如果没有做多，那么当 SAR 指标移动到收盘价之上时开仓做空

☆ 当收盘价上穿 SMA 指标时清仓多头头寸

这一案例中的进场规则已经被修改，添加了一个先决条件——即是否已经有一个活跃的交易正在进行中。当交易者认为该交易的进场方向与市场运行方向一致时，这样做是自然而然的。而实际上开仓空头的规则并不会写成“如果没有做空……”，但是这个条件通常被隐含包含。同样地，做多开仓的交易规则也是如此。

对于我们已经实用的进场规则而言，仅有一个没有一点回旋余地的不连续的进场条件。即为什么我们的进场规则总被写成穿过和移动到收盘价之上或者之下。穿过在一个方向上只能发生一次，而且同一类穿过再次发生之前，必定存在一次相反方向的穿过。

当然，如果我们将“移动到……之上或之下”或“上穿/下穿”改为“在……之上或之下”，那么就不会出现不连续的一次性信号。当价格移动到 SMA 均线之上时，举例来说就会出现一个买进信号。如果下一个收盘价仍然在移动平均线之上，那么将继续产生一个买进信号，两个信号之间没有间隔多头离场或空头开仓信号。这就是为什么交易者必须非常详尽地定义交易规则和评估交易指令的原因。

在某个案例中，比如它使用的正是我们刚刚描述的进场交易规则（如果没有做空或如果没有做多，当考虑一个相反方向的交易头寸时），就必须提供一个明确的信号检测指令。如果交易者在检测离场信号之前先检测进场信号，那么就会有类似的信号被错过或者忽略掉。

想象一下，现在你在做多，但是现在出现了一个做空信号。如果交易系统首先要看进场信号规则的话，它会发现系统已经有一个多头头寸，并且忽略掉做空信号（“如果没有做多”）。当然，假使与此同时系统产生了一个退

场信号将会怎样？当然是多空清仓离场，但是因为这一过程发生在处理进场规则之后，所以当允许进场做空之时已经太晚了。交易者必须抛弃这样处理订单的方法，这样离场规则首先处理，借以避免发生这样的情况。

以上所述虽然稍显冗长，但是却能非常清晰和详尽地表明你的交易系统规则，并且也同样地保障了你的测试。

现在我们回到交易系统。

SAR 进场/SMA 离场交易系统的测试结果如表 7-11 所示。因为在纯 SAR 交易系统的测试情形中，默认设置 0.02 和 0.20 参数给出的测试结果最好，而且其中 0.02 的步长设置对测试结果有着决定性作用。其交易频率在我们进行的四个测试中处于较高的位置，然而随之而来的净利润数字也是如此。

选择 60 天作为移动平均线的参数，并且使用 0.02/0.2 作为 SAR 指标的参数，我们得出以下交易规则：

☆ 当参数为 0.02/0.2 的 SAR 指标移动到收盘价之下时开仓做多

☆ 当收盘价下穿 60 天 SMA 指标时清仓多头头寸

☆ 当参数为 0.02/0.2 的 SAR 指标移动到收盘价之上时开仓做空

☆ 当收盘价上穿 60 天 SMA 指标时清仓多头头寸

表 7-11 SAR/SMA 交易系统的交易结果表

ID	净利润	盈利%	交易次数	盈利交易/亏损交易	平均盈利/平均亏损	步长1	步长2	步长3
3	42.860.0 Pts	N/A	137	59/78	1.89	55	0.02	0.2
5	42.800.0 Pts	N/A	137	61/76	1.75	65	0.02	0.2
4	41.920.0 Pts	N/A	137	61/76	1.74	60	0.02	0.2
23	39.600.0 Pts	N/A	139	58/81	1.94	55	0.02	0.7
20	39.600.0 Pts	N/A	139	58/81	1.94	55	0.02	0.6
6	39.600.0 Pts	N/A	139	58/81	1.94	55	0.02	0.3
17	39.600.0 Pts	N/A	139	58/81	1.94	55	0.02	0.9
9	39.600.0 Pts	N/A	139	58/81	1.94	55	0.02	0.4
14	39.600.0 Pts	N/A	139	58/81	1.94	55	0.02	0.8
11	39.600.0 Pts	N/A	139	58/81	1.94	55	0.02	0.5
2	39.580.0 Pts	N/A	159	69/90	1.81	95	0.05	0.1
8	39.540.0 Pts	N/A	139	60/79	1.80	65	0.02	0.3
10	39.540.0 Pts	N/A	139	60/79	1.80	65	0.02	0.4
13	39.540.0 Pts	N/A	139	60/79	1.80	65	0.02	0.5
16	39.540.0 Pts	N/A	139	60/79	1.80	65	0.02	0.8
19	39.540.0 Pts	N/A	139	60/79	1.80	65	0.02	0.9
22	39.540.0 Pts	N/A	139	60/79	1.80	65	0.02	0.6
25	39.540.0 Pts	N/A	139	60/79	1.80	65	0.02	0.7
1	38.800.0 Pts	N/A	159	68/91	1.84	90	0.05	0.1
12	38.660.0 Pts	N/A	139	60/79	1.79	60	0.02	0.5
15	38.660.0 Pts	N/A	139	60/79	1.79	60	0.02	0.8
18	38.660.0 Pts	N/A	139	60/79	1.79	60	0.02	0.9
7	38.660.0 Pts	N/A	139	60/79	1.79	60	0.02	0.3
21	38.660.0 Pts	N/A	139	60/79	1.79	60	0.02	0.6
24	38.660.0 Pts	N/A	139	60/79	1.79	60	0.02	0.7

来源：Metastock

表 7-12　SAR/SMA 交易系统的数据统计表

绩效	
利润	41.920,0 点
绩效	N/A
年度绩效	N/A
买入并持有利润	-7.020,0 点
买入并持有绩效	N/A
买入并持有年度绩效	N/A
交易摘要	
交易总次数	137
交易效率	-6.08%
平均利润/平均亏损	N/A
有利可图的交易	
合计	61
做多	30
沽空	31
平均利润	2.411,8 点
最高利润	7.330,0 点
最低利润	0.010,0 点
最大连续次数	8
无利可图的交易	
合计	76
做多	39
沽空	37
平均亏损	-1.384,2 点
最高亏损	-4.270,0 点
最低亏损	-0.040,0 点
最大连续次数	6
最大位置偏移	
做多利好	8.160,0 点
沽空利好	8.490,0 点
做多偏移均值	-4.660,0 点
沽空偏移均值	-4.770,0 点
交易效率	
平均买入	52.53%
平均卖出	40.66%
平均合计	-6.08%

绩效指数	
买入指数	697.15%
利润/损失指数	28.49%
收益/风险指数	81.29%
账户核算	
初始投资	0.000,0 点
交易利润	147.120,0 点
交易亏损	-105.200,0 点
手续费	0.000,0 点
利息收入	0.000,0 点
利息支付	0.000,0 点
投资余额	41.920,0 点
开仓头寸	2.770,0 点
账户变化	
最高账户余额	47.120,0 点
最低账户余额	-9.650,0 点
投资组合最高价值	8.160,0 点
开仓头寸最高回撤额	-9.650,0 点
已平仓头寸最高回撤额	-8.250,0 点
账户事件	
追加保证金的通知	0
透支	0
赚钱的时机	
平均交易时长	15
最长交易时长	37
最短交易时长	1
总交易时长	933
不赚钱的时机	
平均交易时长	5
最长交易时长	17
最短交易时长	1
总交易时长	448
非市场时机	
平均	7
最长	24
合计	165

来源：Metastock

表 7-12 包含了这一特殊交易规则的测试结果。没有什么特别突出的惊喜，或者说和我们前文中已经进行的测试有着完全不同的结果。

当然，在考虑到图 7-15 的资金曲线走势图时，你可能会对这幅图和以前的纯 SAR 交易系统的相似度程度感到震惊。这种情况表明，SMA 参数虽然存在但是似乎并没有经常起到作用。而这一点在我们的参数设置前提下并不奇怪。

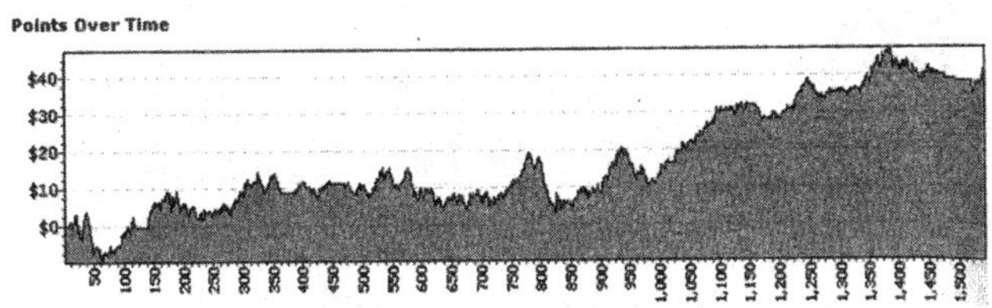

来源：Metastock

图 7-15　SAR/SMA 交易系统的资金曲线

因为这次的交易系统使用的是 60 天移动平均线，并裹携一个相对较快的 SAR 参数。所以这个系统的结果在绝大多数情况下，已经存在的交易信号并没有被激发，但是当遇到反向进场信号（做多到做空，做空到做多）的时候，只是简单地将持有的头寸清理掉。图 7-16 展示了这种情况的大体情形。注意实体的 SMA 平均线和起伏不定的虚线的 SAR 指标线相对比走势是多么平稳。

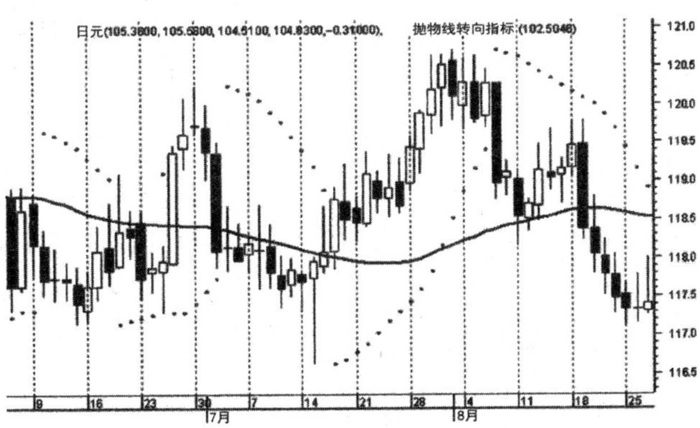

来源：Metastock

图 7-16　SAR/SMA 交易系统的交易信号

系统优化与注意事项

到此为止我们已经完成了我们的四个交易系统的变换测试。下一章我们将对它们进行详尽的横向分析比较。当然，在这之前仍有几个主题与交易系统的设计和开发有关，还需要在这里提及。

所得/已获利息

前文中我们曾经剔除滑点和交易成本，因为它们影响到交易系统的表现。当“交易”花费形成之时，通常情况下交易者考虑最多的是经纪人佣金。如果聚焦于外汇交易的话，从系统测试分析的角度看会有一个例外。

记住当交易外汇基点之时，它本身就承载着利率。交易者要么支付或者获得利息差额。对于短线交易者而言，这可能并不是一个问题。当然，利率对于长线交易者的影响意义非常重大，或积极或消极。举例来说，一个长线做多 USD/JPY 的头寸来说，利率对它而言通常意味着积极的影响，因此持有这样的头寸几个星期实际上是好事。而对于短期交易而言则没有什么影响。

当然，利率成本对于外汇交易而言并非唯一一个影响因素。在股票市场有保证金贷款利率成本。当一次使用保证金的股票交易执行时就会被收取。同样的，对于短期持有者而言这并不是问题，然而尽管如此，依然对交易有消极的影响。

回溯测试投资期

我们经常会被问及这样一个问题，即交易系统应该多久进行回溯测试。一个不太明确的答案是在市场经历一个完整的运行周期之后再进行，这就有点太久了。

这是什么意思呢？就是说回溯测试要取决于你的交易时间周期。某位计划要长期持有头寸的股票交易者（被基本面条件影响的交易者），他更愿意横跨一个完整的经济周期来测试交易系统，既包含经济繁荣期也包括经济萧条期（成长期和衰退期）。某位短线交易者会非常仔细地研究非常短的时间区间，但是至少应该包含足够的数据，横跨价格明显上涨和下跌阶段，再加上窄幅波动整理运行所占有的市场阶段。注意：这里我们的系统测试时间区间是从 1999 年开始的，因为此时正是引入欧元的时间，这一事件对全球金融市场产生了重大影响。

历史数据

在系统测试所面临的所有挑战中，最大的挑战是获得好的数据，尤其是廉价的好数据。而交易者往往能发现低成本的日数据，但是一天内的数据也并不是那样唾手可得的（意思是精确的日数据）。

分别测试进场和离场数据

当我们测试数据之时，我们并没有使用软件单独评估进场和离场规则，而是将他们联系在一起，成对进行测试。正如我们早前陈述的那样，这种情况大家都欣然接受，而且有时我们甚至会分开测试进场和离场规则，然后将两者结合起来。这样做很容易。

但是这里我要警告一下。当你在测试对等双方的一方时，为了获得可比较的结果，你必须使另一方保持不变。这意味着，如果你正在测试离场规则，与之配套的进场规则一定会被使用（很明显，你测试进场规则时也必须用到离场规则）。但是这并不是说进场决策使用了同样的方法，为什么呢？因为不同的离场策略会假定当它们离场清仓头寸时，有不同的时间控制。如果交易者已经使用了某种进场买进头寸的方法，这就意味着当运用该进场方法之时，不同的离场方法之间的差异会产生不同的进场点位。

举例来说，我们假设一个随机的进场条件设置。在每一次进场交易之时，我们用掷币猜先来决定做多或者做空。此时交易者不能设置离场测试条件，以便一个新的进场在紧跟离场交易之后的时间段内立即产生。这将产生对于已经测试过的不同的离场方法的各种时间周期（以及价格）下的交易进场测试结果。另一方面，如果交易者并不决定进场，直至所有的离场方法都已经分别关闭了它们的交易。这就好比当你知道离场方法会在每一个交易日的闭市时结束，还在新的一天开始之时掷币猜先一样，那么这样的对比就是有效和实用的。

交易规则，最优化和曲线拟合

本章中我们所开发的交易系统案例中的具体规则，是非常明确的。每个系统都有唯一的基本条件——如果不是这样，那么便是那样。我们很容易从任何其他的数字资源中延伸出更多的条件。这些资源可能是其他的有价值的技术指标，也可能是某种基本面的成分因素（比如，“如果逐年盈利增长率不低于10%”），或者甚至是基于交易系统本身的条件（“如果最后一次交易是盈利的”）。这些条件中有些确实非常好，但是更多的都有问题。

在评估我们的四个潜在的交易系统的过程中，我们所做的就是——运行测试借以发现哪种变量的设置表现结果最佳——某种形式的最优化。有些最优化是合理的，就像对条件的优化。因为它可以帮助交易者找到正确的方向，以及在某种程度上加深对市场的理解。然而，问题也随之而来。当交易者过度沉溺于优化指标参数之时，优化整个序列的参数变量，并且在交易规则上加进来许多条件限定语句。如果这样的事情发生，交易者就不再是致力于去寻找一个大致可以盈利并且能正常运行的交易系统，而是在寻找一个能在过去盈利的交易系统。这就被称作曲线拟合。

无论你进入经济领域的哪一个方面都会收到这样的警告，过去的表现并不一定是未来结果的一个参考。这样的警告，对于交易系统也是最为贴切的。首先，交易系统必须是稳健的。市场在变化，交易系统必须能够适应这一点。如果一个交易系统的规则和参数配合得太完美，那么当市场的风格突然转变时（市场肯定会），系统就会崩溃。

你会注意到，在本章中对每一个我们刚刚测试过的交易系统来说，当设定一套特殊的交易规则之时我们并不是只挑选最好的。取而代之的是我们会走中间路线，选择有点趋向中等程度表现的参数设置（用 60 天移动平均线替代 55 天或者 65 天移动平均线，其交易表现是大体类似的）。这样做有助于建立一个更稳健的交易规则，而不是表现绝对完美的交易规则。

从模拟测试到实盘交易

交易系统在回溯测试（模拟测试）中的表现，和它们在实际应用的效果之间有一个巨大的鸿沟。我们已经提到过滑点和价格以及数据的变幻无常。正是由于这一原因，只要你有一个经过严格测试并且表现完美的交易系统，那么对它进一步的实习测试就是非常有必要的。

现实测试是将仍处于测试期的交易系统运用到实际交易中的过程。这就是例如 FXGame 这样的展示交易平台的价值所在。交易者可以使用交易系统在该平台上进行交易，就像在日常交易中所经历的那样，同样的价格运动和交易时间。通过这种方式，交易系统就能在使用真金白银交易之前，真正意义上通过测试。

作业

在你指定的市场中，开发三个类似本章开始所提到的简单的交易系统。确保它们都在同一市场中交易同一品种，这样以便于稍后它们之间进行比较。保持对你的交易系统探索之旅的追踪，研发过程包括在每一个交易系统中完善你决定进场和离场规则的方法。

第八章　系统结果和头寸规模

前一章中我们大体上对交易系统进行了一个概括性论述。本章我们将继续这一话题，通过使用好几种不同的方法进行对比，并且还将讨论如何确定头寸规模的话题。

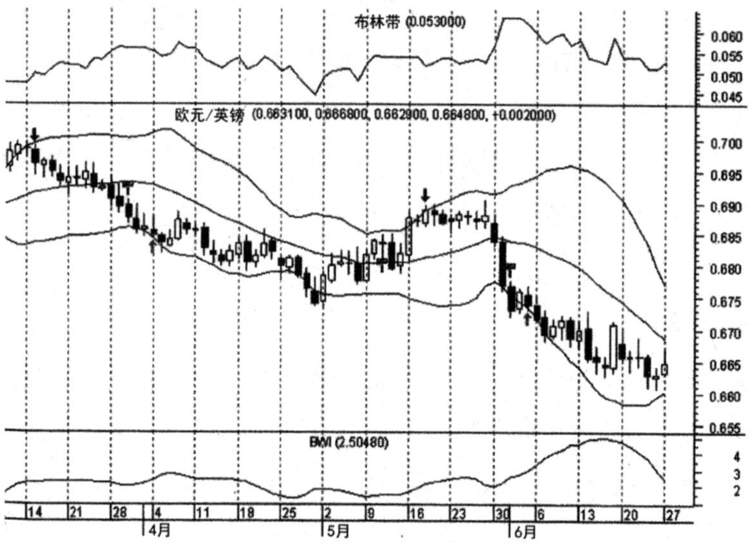

图 8-1

系统表现对比

在第七章中，我们致力于研究定义单个的交易系统，诸如设定进场和离场点位的整套规则。在本章中，以我们已有的四个交易系统为基础，我们将注意力转移到对比上来。我们将把他们并排放在一起来评估，看看到底谁的表现最佳。现在让我们从研究表 8-1 开始。

表中的数据是以前一章中我们研究结果的原始数据为基础的，并没有考虑到滑点或者其他因素。(SMA/SAR=SMA 进场，SAR 离场；SAR/SMA =SAR 进场，SMA 离场)。很显然，使用 SAR 作为进场信号的交易系统在净利润数字上明显占优。即便我们将滑点、差价或其他的交易花费计算在内，情况也还是如此。例如，10 个基点的交易滑点将会使 SMA 系统的净利润降至 22.20，而 SAR 系统的交易结果将变成 27.43。

表 8-1　四大交易系统的对比

比较选项	SMA	SAR	SMA/SAR	SAR/SMA
净利润	29.90	41.23	23.75	41.92
交易次数	77	138	168	137
盈利次数	23	61	63	61
盈利占比	30%	44%	38%	45%
平均利润	3.21	2.47	1.55	2.41
最大获利	13.15	7.33	6.14	7.33
平均损失	0.82	1.42	0.70	1.38
最大损失	2.38	4.27	2.45	4.27
盈利/亏损比率	3.91:1	1.74:1	2.21:1	1.75:1
每笔交易预期利润	0.38	0.30	0.14	0.31
每季度预期利润	1.23	1.72	1.01	1.76
季平均收益	1.20%	1.63%	0.95%	1.64%
标准偏差	4.84%	6.19%	3.45%	5.93%
夏普指数(季度)	0.25	0.26	0.27	0.28

当我们顺着表格往下看，会看到一些其他的比较选项，诸如盈利率，平均利润和最大利润，以及亏损数据。盈利/亏损比率，即平均利润除以平均亏损所得的比率，数据表明对 SAR 交易系统的偏爱之大，其比例为 3.91：1。这一比率遥遥领先于另外三个交易系统。

期望值

在许多案例中，表格下半个区域的比较才是真正的较量。期望值是一种简单的表达方式，即在给定系统表现数据的前提下，交易者能够有什么样的预期。下列公式的第一部分是每次交易利润的期望值。计算方法如下：

$$盈利率\times平均利润-(1-盈利率)\times平均亏损$$

在大多数情况下（但不是所有情况下，稍后我们会具体展示），这一结果和每笔交易的平均利润是一样的。这一读数给我们一个很好的，我们应该期待什么样的平均交易（本例中是以点数来衡量）结果的范例。初看起来，这好像是一个很好的对比评估交易系统的方法。如果每个系统都有同样的交易密度（在每一个给定的时间区间的交易次数），那么这个方法确实不错。

然而，如果这些交易系统并不具有同样的交易频率（正如我们的纯SMA交易系统中交易次数非常少一样），那么你需要更进一步考虑问题，确定每季利润的期望值（提供任何合理的时间区间可供拆分成季之需）。这一计算需要通过乘法的运算来实现，即每笔交易利润的预期值，乘以每季的交易次数（交易次数/24个季）。为了做到这一点，我们需要对问题中所提到的交易系统中的每季预期利润有一个预估。在我们这几个特别的例子中，因为所有的四个系统都经过了同一个时间区间的测试，这一结果也只不过是净利润除以24所得的测试时间段的季数。尽管如此，本章稍后我们将演示这一方法真正的有效性。

为什么这一点很重要呢？坦白讲，预期值告诉交易者在既定的时间周期中既定的交易系统应该获取多少利润。这允许未经同一时间周期测试的，或者并不是使用同一交易品种的交易系统，放在一起来比较评估。

在我们简单的例子中，每季交易利润预期值所告诉给我们的，并不比净利润多多少，因为系统是横跨既定的时间周期被测试的。如果我们对交易系统使用不同的时间周期，或者使用多个货币对进行测试，那么预期值方法将变得非常之重要。具体请参阅表8-2。

风险校正结果

几个额外的研究已经被包含在表8-2的格子里。每个交易系统的季平均收益（这次依然是以点数来计算），连同这些收益的标准偏差一起都已经被计算出来了。两者使用的起点基线值都是 100 点，借以提供统一的计算点位和对比参照。这些类型的方法允许交易者采用一个更加面向风险/收益比的系统场景。因为可以期待的收益是跟随净利润的读数在变化。这里我们所关注的都是活跃数据，因为它们代表了公式的风险一端。我们注意到，高利润的交易系统，其标准偏差的读数也偏高，而其他系统则较低。

表 8-2　四个交易系统的标准化比较

比较选项	SMA	SAR	SMA/SAR	SAR/SMA
净利润	29.90	41.23	23.75	41.92
每笔交易预期利润	0.38	0.30	0.14	0.31
每季度预期利润	1.23	1.72	1.01	1.76
季平均收益	1.20%	1.63%	0.95%	1.64%
标准偏差	4.84%	6.19%	3.45%	5.93%
夏普指数(季度)	0.25	0.26	0.27	0.28

夏普指数（Sharp Ratio）

经过风险调整之后的投资或者交易策略的表现绩效指标。计算方法如下：

$$S=\frac{<R>-R_f}{\sigma}$$

这里　R=预期收益

R_f=无风险报酬率

σ=收益的标准偏差

我们当然有判定风险调整收益——夏普指数的方法。本例中我们已经这样做了，即以季为基础来匹配使用我们平均季度收益和标准偏差的其他数据。由于在本例中我们使用了交易参数的协调集，因此为了简化问题，我们已经将无风险报酬率从等式中取出，而只是进行通过平均偏差来区分季平均收益的计算。

夏普指数的读数非常有趣。它们首先服务于突出一个事实，即建立在全方位的基础上的 SAR 进场/SMA 离场交易系统表现最好（最高的预期季收益，最高的夏普指数）基础上。当然，非常重要的是，夏普指数的读数也显示出 SMA 进场/SAR 离场的交易系统以纯收益为基础来研判的表现很差，但是当交易者考虑风险之时，和其他交易系统比较起来它却非常具有竞争力。

收益计量

到目前为止，我们已经使用平均收益作为对比的关键点。这意味着我们简单地将所有的季度收益加起来，并除以测试时间区间的季度数为 24。这个方法很管用，但是交易者需要搞清楚这么做的缺陷。

考虑下面这个例子：

交易系统的年收益率分别是+10%，－4%，+5%，+7%和－10%。这就是说平均收益率是 1.6%。如果交易者通过在年底收回利润或者追加资金弥补损失，保证每年交易开始的时候都用同样数量的资金进行交易，那么第五年年底的时候其最终获利就是 8%。

复合收益

就是有效期内的收益贴现率。计算方式如下：

∧1/n - 1

这里 n=周期的数量

另一方面，如果该交易账户是建立在投资组合的基础上的话，正如大多数账户的实际情况所显示的那样，那么其最终收益率大约会是 6.78%。为什么会这样？因为系统预期的亏损值要比事先平均计算的数值占用更大的账户份额。这一点必须谨记在心。稍后我们在讲到头寸规模的时候会再次提到它。

一探究竟

重新回到预期值的问题，虽然现在我们有一系列的交易结果数据在手（实际的或假设的），但是交易者也没必要再使用平均值来判定交易系统的表现了。以逐次交易为基础，深挖真实的利润和亏损，能够提升交易者计算的预期值。毕竟，任何给定交易的预期结果等于每一个可能的结果乘以这些结果发生的可能性。

图 8-2 认真统计了我们的 SAR/SMA 交易系统的贡献。它表明了某些特定结果发生的频率。

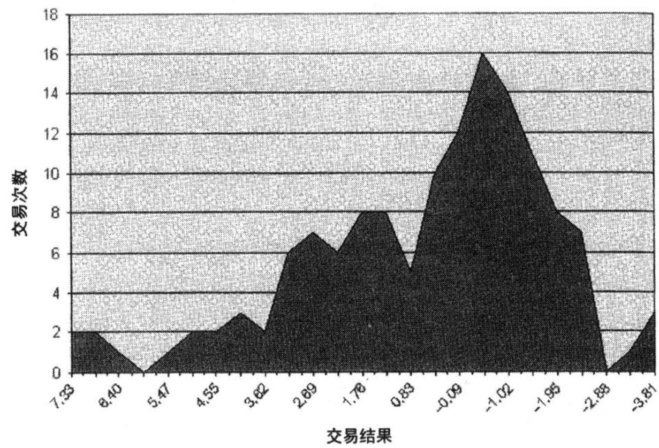

图 8. 2USD/JPY 使用 SAR 进场/SMA 离场交易系统的结果

这张图以 137 次交易为基础绘制而成，我们分配了 25 个箱子，每个箱子中大约是 0.46 点。表 8-3 将这些箱子分类，并标出每个箱子中发生交易的次数和结果。具体如表 8-3 所示。

表 8-3　系统交易结果分类效果图

6.88~7.33	2	4.56~5.01	2	2.24~2.69	7	−0.08~0.37	10	−2.40~−1.95	8
6.41~6.87	2	4.09~4.55	2	1.77~2.23	6	−0.55~0.09	12	−2.87~−2.41	7
5.95~6.40	1	3.63~4.08	3	1.31~1.76	8	−1.01~0.56	16	−3.33~−2.88	0
5.48~5.94	0	3.16~3.62	2	0.84~1.30	8	−1.48~1.02	14	−3.80~−3.34	1
5.02~5.47	1	2.70~3.15	6	0.38~0.83	15	−1.91~1.49	11	−4.27~−3.81	3

通过这些数据，我们就能够提出一个更好的对交易系统的预期值。为了做到这一点，我们采用每个箱子的“中值点”，通过将它们乘以它们的

出现频率（n/137 这里 n 是在该箱子中发送的交易次数）。我们的底线数值是0.31，这和我们前期计算的每次交易利润的预期值一样。为什么？因为本例中我们仅做了计算每次交易结果的平均值。当交易者剔除异常值之时，真实的测试结果就显现了。

在一些交易系统中会出现一些十分明显的跳出正常值范围的交易出现，或正或负都有可能。例如，交易者可能会有这样的印象，对于能够产生 20 次获利交易，且每次获利都在 1 到 5 个点范围内的交易系统，其中偶然出现的一次能获利 15 个点的交易。这一超额的获利就被人做是“异常值”，因为和其他获利数据相比，差距实在是太大了。同样的，在一系列亏损交易结果中偶然出现的巨额亏损，自然也是另外一种异常值。

因为致力于研究交易系统评估的交易者一定会认真考虑该系统日后的应用表现，所以异常值应该被排除在外。也因为它们并不代表将来极有可能发生的事，所以将它们计算在合理的每次交易结果的预期盈利值之中，将会得到一个失败的目标。

请看表 8-4。

表 8-4　系统交易的预期值

中值点	概率	结果值
7.10	1.46%	0.10
6.63	1.46%	0.10
6.17	0.73%	0.05
5.71	0.00%	0.00
5.24	0.73%	0.04
4.78	1.46%	0.07
4.31	1.46%	0.06
3.85	2.19%	0.08
3.39	1.46%	0.05
2.92	4.38%	0.13
2.46	5.11%	0.13
1.99	4.38%	0.09

1.53	5.84%	0.09
1.07	5.84%	0.06
0.60	3.65%	0.02
0.14	7.30%	0.01
−0.33	8.76%	−0.03
−0.79	11.68%	−0.09
−1.25	10.22%	−0.13
−1.72	8.03%	−0.14
−2.18	5.84%	−0.13
−2.65	5.11%	−0.14
−3.11	0.00%	0.00
−3.57	0.73%	−0.03
−4.04	2.19%	−0.09
		0.31

我们的 SAR/SMA 交易系统中并没有非常明显的异常值出现，但是我们可以从例子中延伸出一些东西来。让我们假设超出两个空箱子（那些交易结果范围中没有一次交易的）之外的任何交易都是异常值。这意味着我们认为的合理正常值的范围是 - 2. 87 到+5. 47，这一范围排除了五个我们的极值盒子。接着我们按照和以前一样的模式，重新计算我们的交易预期结果值，但是这回交易次数只有 128 次。其结果是 0. 19 点。当然，这个例子有点特殊，因为交易者通常情况下只会忽略那些明显不正常的结果。

作业

使用本章中我们介绍过的衡量工作表现的方法，对比你设计的交易系统，作为本章作业的最后一部分。确定一个表现最强壮的或者最佳风险利润比的交易系统，这完全根据你的个人偏好而定。

记录下所有你在交易系统研发之旅中的结果。

基于风险的交易规模

迄今为止我们的交易系统分析已经处理了能够盈利多少点数的问题。现在是时候开始将讨论转向账户方面了。这方面我们关心的是，一个交易系统所能承担的实际资金的盈利（或亏损）数量。SAR 进场/SMA 离场系统在我们的四个交易系统的测试之中表现最好，因此它将成为我们继续进一步讨论问题的基础。当然，为进一步探究交易系统间的比较这一问题，我们将增加 GBP/USD 货币对到组合中来。这会迫使我们关注点数之外的东西。

尽管如此，在进行系统与系统的对比之前，我们仍要仔细研究我们所选择的交易系统，不过这一次是从资金方面。为了将方向彻底转到这边，我们需要将以点数为基础的结果换成以美元为基础的结果。在前半部分我们并没有使用 Metastock 的软件包进行测试。然而我们将继续使用以前的模式进行测试，因为这样会减少测试的透明度和灵活性，所以这次我们换到电子表格中来做测试。（实际的电子表格应用可以在本书的资源网站：www. andurilonline. com/book. 中找到）。

固定数量的交易

有两种主要的决定交易头寸规模的方法。第一种就是我们迄今为止一直在使用的方法，即使用特定设置的头寸规模。例如，你可以利用股票交易系统选择每次买进或卖出 100 股，既不多也不少正好 100 股。不考虑具体产生的盈利与亏损，每次交易都开仓一样的股数。

使用这种方法，我们可以确定在 USD/JPY 交易系统上的以美元计数的表现。假设一个 10,000 美元为起始资金的账户和 100,000 美元的头寸规模（2000 美元保证金，在账户起始资金值之上按照 50：1 的保证金比例进行交易），整个交易系统在交易测试区间的 6 年时间内，一共获利 401%，也就是 40,000 美元多点。这相当于年投资组合收益回报率 31%（并不考虑交易滑点或成本）。

非固定数量的交易

另一种选择交易头寸的主要方法以某种形式的公式为基础——一种可变的方法。这类方法最常见的是使用账户或投资组合的平衡来作为决策因素。这种方法被称为固定比例法。我们可以提供一个应用在我们的交易系统中的例子。

再次假设我们的起始资金是 10,000 美元。如果我们使用的保证金设置为 50：1，那么在动用的账户资金比例为 20%的情况下，允许交易的总金额为 100,000 美元。我们将使用 20%作为我们的动用资金比例。每次交易使用的金额为保证金的 50 倍，即当前账户资金总额的 20%。这一金额将随着利润和亏损的产生而有所变化。如果我们研究表 8-5 中的第一组交易数据，我们就能很清楚地看到这种方法是如何运作的。

现在请注意两种测试的第一次交易结果是多么一致。然后，在那之后发生了戏剧性的变化。对于非固定资金数量的交易方法而言，第一次交易发生的亏损，减少了第二次交易的资金规模。这一结果减少了亏损金额，尽管同时也意味着第三次交易获利金额的减少。这就是发生了矫枉失衡。在一连串的亏损交易期间，或在它们占尽优势的时间区间，固定数量交易法会比非固定数量交易法损失得更多。当然，它们恢复起来也更快些，正如本章中所示。非固定数量的交易法，在系统连续盈利之时的表现要大大优越于固定数量交易法，因为它会发生复利。然而与此同时的问题是，当系统转向反方向并且遭受亏损之时，它也会遭受较大的损失。参照图 8-3，尤其是该图的右边部分。

表 8-5　交易规模和账户余额表现

利润(固定数量交易法)	运转账户余额	交易规模	利润(非固定数量交易法	运转账户余额
	10,000.00 美元			10,000.00 美元
(875.41)美元	9124.59 美元	100,000 美元	(875.41) 美元	9124.59 美元
(2027.62) 美元	7096.97 美元	91,246 美元	(1850.12) 美元	7274.47 美元

3959.10 美元	11,056.07 美元	72,745 美元	2880.04 美元	10,154.51 美元
(3465.35) 美元	7590.73 美元	101,545 美元	(3518.89) 美元	6635.62 美元
(3335.50) 美元	4255.23 美元	66,356 美元	(2213.31) 美元	4422.31 美元
(906.82) 美元	3348.41 美元	44,223 美元	(401.02) 美元	4021.29 美元
116.47 美元	3464.88 美元	40,213 美元	46.84 美元	4068.12 美元
1185.57 美元	4650.45 美元	40,681 美元	482.30 美元	4550.43 美元
3106.16 美元	7756.61 美元	45,504 美元	1413.44 美元	5963.86 美元
2148.31 美元	9904.92 美元	59,639 美元	1281.22 美元	7245.09 美元
(149.30) 美元	9755.62 美元	72,451 美元	(108.17) 美元	7136.91 美元
5334.96 美元	15,090.57 美元	71,369 美元	3807.51 美元	10,944.43 美元

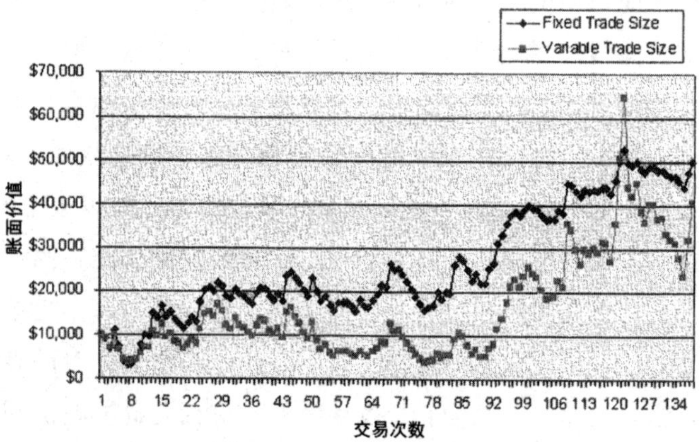

图 8-3　固定数量投资法 VS 非固定数量交易法的资金曲线走势图

	平均收益	标准偏差
固定数量交易法	292.38 美元	2053.39 美元
非固定数量交易法	223.52 美元	3711.49 美元

两种方法的不同之处可以用每次交易的平均收益和标准偏差的形式来区分。注意侧边栏就会发现，固定数量交易法既有最高的每次交易平均收

益,又有较低的针对那些收益的平均方差。你可以通过改变非固定数量交易法的参数设置来减少波动,但是这样做会明显地降低收益。同样的,如果通过提升比率来提升收益,又会增加标准偏差。实际上,对这个系统来说,并没有可变化的变量设置能使得非固定数量交易法优于固定数量交易法。(针对这一例子你也可以用自己的分析方法)。

混合方法

应该注意到的是,并不总是会出现这种情况,即固定数量交易法的表演总是优于非固定数量交易法。这取决于交易系统是如何被使用的,以及对交易结果的分配等诸多因素。固定数量交易计划也有自己固有的缺陷。使用的时间越长,其相对收益率就越低。举例来说,想象一下,一个年回报率为 10%的外汇交易系统所使用的交易规模(比如说,当使用100,000美元交易之时利润为10,000美元)。如果用于交易的头寸规模一直不变的话,系统将产生一系列的递减的收益率,正如表 8-6 中所示的那样。

交易者绕过固定数量交易法这一缺陷的方法是,采取一个相当于将固定数量和非固定数量交易法混合起来使用的步骤。具体是定义一个机制,通过该机制,交易的头寸规模可以改变,该机制也不是一个连续性的过程,而是作为抵达某一特定目标之后的结果。

确定这样一个头寸规模改变的方法,要求确定第一个步骤的节点就是交易头寸规模改变的节点,以及在该节点头寸改变多少。有一个非常简单的例子,比如每当账户的资金规模翻倍,那么头寸规模也将翻倍。本质上讲,也有人会机械地设置一个定值,比如赚到 X 美元之后,或 X%的利润之后,再成比例增加交易单元的数量 y。

	平均收益	标准偏差
固定数量交易法	292.38 美元	2053.39 美元
非固定数量交易法	439.95 美元	5039.76 美元

这种混合交易方法的优势在于，它混合了固定数量交易法的恢复能力和保持稳定盈利比率的能力。在我们 SAR 进场/SMA 离场的交易系统中，逐步法（增加交易头寸规模，账户总金额每增加 10,000 美元就增加投入交易 100,000 美元）实际上展示了比固定数量交易法更好的终极收益，尽管一系列较大的波动交易会产生一些交易成本，这可以通过图 8-4 的右侧看出。随着交易规模的逐步增加，逐步改变头寸规模交易法的结果变得非常起伏不定。

表 8-6　递减的收益率

年启动资金	年度利润	年回报率
10,000 美元	100,000 美元	100%
20,000 美元	100,000 美元	50%
30,000 美元	100,000 美元	33%
40,000 美元	100,000 美元	25%
50,000 美元	100,000 美元	20%
60,000 美元	100,000 美元	17%
70,000 美元	100,000 美元	14%
80,000 美元	100,000 美元	13%
90,000 美元	100,000 美元	11%
100,000 美元	100,000 美元	10%

实际上在表 8-4 中所展示的交易绩效是非常平淡的，相比之于我们已经看到的不同的设置，或者我们选择作为步骤锁定的阈值。通过以上分析，我们的意思是交易头寸规模一旦开始增加，就绝不会减少。在本例中，我们实际上允许交易头寸的规模可以减少，如果亏损使得账户总值低于阈值点位时。（我们鼓励读者使用电子表格来处理数据，借以发现不同的设置之间有什么不同）。

基于风险的交易规模

交易规模模型的另一种变化是使用交易风险来决定头寸的规模。我们放在一起的交易系统并没有将自己屈服于这种技术，但是其他系统会这样。当交易者能够确定或者近似确定每次给定交易的风险，以及不同形式的交易风险时，就可以使用基于风险的交易方法。如果它保持不变，那么我们就可以假设，在确定固定数量交易法、非固定数据交易法或分步骤改变交易数量法的设置方面，都可以被合理地解释。这种方法常常被随心所欲的交易者使用，比如图表专家，他就能够为每一次交易确定具体的损失点数。通过将任何给定的头寸规模（例如每 100,000 美元交易 1000 美元）转换成美元数量的方式，交易者可以相应地确定交易的头寸规模。

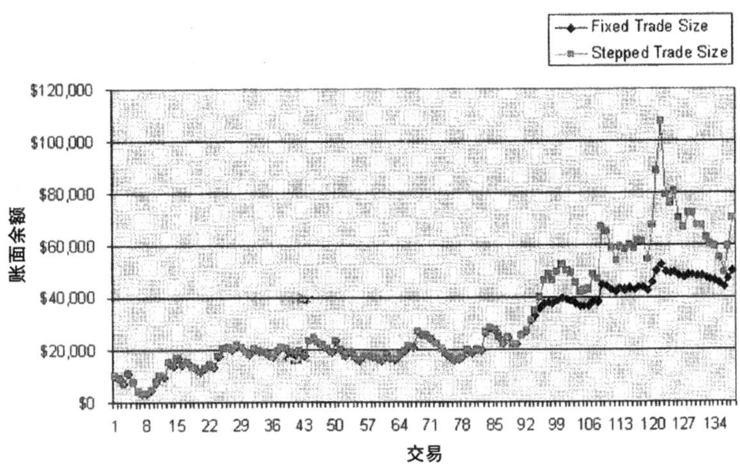

图 8-4　固定数量交易法 VS 分步骤改变交易数量法

基于风险的交易方法实际上是将前文所属的三种方法中的其一融于其中。如果使用其他交易方法（固定数量、非固定数量或分步骤改变交易数量交易法），则应该定义交易所使用资金的具体变化数量，此时交易风险将确定应该交易多少个单位。

使用我们早期的例子，固定数量交易计划将会事先告诉你，我愿意承担10%的风险。这句话的意思是10,000美元的账户我愿意冒1000美元的风险。如果由交易系统确定的风险额度是500美元每个单位，那么交易者可以每次交易2个单位。也许下一次交易所冒的风险是750美元每单位。这就意味着一次智能交易1个单位（假设没有小数部分）。而如果给定头寸的交易风险是1500美元，那么交易者一定不应该进行交易。（FXTrade交易平台的优势，以及我们为什么喜欢使用它的原因在于，对于任意给定的交易者愿意接受风险的交易，都可以将头寸规模精确地设置到和系统风险一致的程度）。

很明显，基于风险的交易方法取决于交易者整体的风险设定数值。我们讨论它如何不能被应用到类似我们在本书中经设定好的系统上这一议题，当我们使用以逐笔交易结算为基础之时，这个论调是正确的。因为我们并没有提供这样一个能够确定逐笔交易为基础的风险机制，而我们使用的是对于整体头寸规模设置的类似机制。这是我们下一部分要讨论的主要内容。

货币的比较

现在我们开始将前面两部分的讨论综合起来，对比当理论上交易账户变化之后两个交易系统的变化。其中一个就是SAR进场/SMA离场的趋势交易系统，针对该系统我们挑选表现最佳的USD/JPY货币对。我们对比的货币对是GBP/USD。这允许我们有机会看看同时拥有两种不同的设计方法的交易系统是如何运作的，在不同的时间周期下回溯测试，甚至报价也不同（一个GBP/USD的基点=一个USD的1/10,000，而一个USD/JPY的基点=一个JPY的1/100）。

在 GBP/USD 的交易中我们使用的是基于随机指标的交易系统，这一系统正如我们前文中提到的那样，可以在 FXTrade 交易平台中找到。所以你可以尽可能地复制它到我们的 USD/JPY 交易系统。在 FXTrade 交易平台中选择快速随机指标，参数设置为 5 和 3。当你单击+号按钮时，在价格图下方的两条线之间将会出现技术指标图。

随机指标

随机指标包括两条线，分别被称作%K 和%D 线，这两条线被两个参数 n 和 m 控制着，该参数用来定义不同的周期。%K 和%D 两条线的取值范围都是 0 到 100。它们主要依照收盘价在选定时间区间的价格范围的关系来计算。

计算方式

%K 线的定义如下：

(CP - Ln) / (Hn - Ln) *100

这里　CP＝最近的收盘价

Ln＝在过去的 n 个周期内的最低价格

Hn＝在过去的 n 个周期内的最高价格

%D 线是%K 线在 m 个周期内的简单平均值。

我们的 GBP/USD 交易系统这样定义：

☆ 当 5 周期快速随机%K 值高于 40 时开仓做多

☆ 当 5 周期快速随机%K 值低于 40 时平仓多头仓位

☆ 当 5 周期快速随机%K 值低于 60 时开仓做空

☆ 当 5 周期快速随机%K 值高于 60 时平仓空头仓位

这一系统的测试结果如表 8-7 所示。

系统的测试时间涵盖从 2002 年的 1 月份到 2004 年的 5 月份，交易是以点数计算的。资金曲线如图 8-5 所示。

表 8-7 系统测试结果

绩效	
利润	0.267,2 点
绩效	N/A
年度绩效	N/A
买入并持有利润	0.385,6 点
买入并持有绩效	N/A
买入并持有年度绩效	N/A
交易摘要	
交易总次数	84
交易效率	-7.56%
平均利润/平均亏损	N/A
有利可图的交易	
合计	37
做多	20
沽空	17
平均利润	0.022,0 点
最高利润	0.080,2 点
最低利润	0.000,2 点
最大连续次数	5
无利可图的交易	
合计	47
做多	18
沽空	29
平均亏损	-0.011,6 点
最高亏损	-0.045,3 点
最低亏损	-0.000,5 点
最大连续次数	5
最大位置偏移	
做多利好	0.095,7 点
沽空利好	0.079,2 点
做多偏移均值	-0.053,6 点
沽空偏移均值	-0.039,4 点
交易效率	
平均买入	53.04%
平均卖出	38.21%
平均合计	-7.56%

绩效指数	
买入指数	-30.71%
利润/损失指数	32.87%
收益/风险指数	81.61%
账户核算	
初始投资	0.000,0 点
交易利润	0.812,9 点
交易亏损	-0.545,7 点
手续费	0.000,0 点
利息收入	0.000,0 点
利息支付	0.000,0 点
投资余额	0.267,2 点
开仓头寸	0.063,8 点
账户变化	
最高账户余额	0.312,8 点
最低账户余额	-0.060,2 点
投资组合最高价值	0.095,7 点
开仓头寸最高回撤额	-0.060,2 点
已平仓头寸最高回撤额	-0.055,9 点
账户事件	
追加保证金的通知	0
透支	0
赚钱的时机	
平均交易时长	9
最长交易时长	23
最短交易时长	1
总交易时长	352
不赚钱的时机	
平均交易时长	3
最长交易时长	9
最短交易时长	1
总交易时长	146
非市场时机	
平均	6
最长	34
合计	128

来源：Metastock

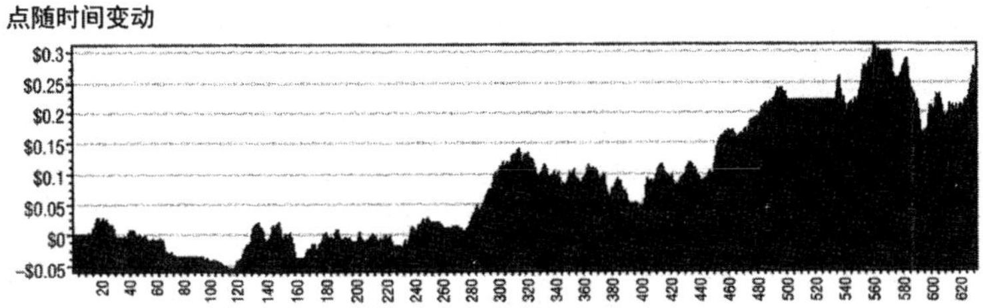

来源：Metastock

图 8-5　系统测试资金曲线

如果我们以盈利点数来对比 USD/JPY 和 GBP/USD 交易系统，我们可能不会真正学到太多，只知道他们大约都是能够盈利的交易系统。因为它们采用的衡量方式不同，其最终结果也不能够直接拿来作比较。表 8-8 展示了这一点。还有好几个基于比率的比较方法，例如盈利率和盈利/亏损比率。用这种方法观察交易系统不失为一个好方法，但是由于使用的衡量方式不同，其他的所有因素都变得模糊起来。

顺便说一句，交易系统不同的报价方式（点数或美元）束缚了按季收益和夏普比率的具体数字。回顾我们曾经使用的 100 作为基础的计数方式，开启了之前我们的收益计数方式。因为对于 GBP/USD 来说它的报价总是多于小数点后两位，我们具体采用的是 1.00 为基点。当然，即便如此仍然不能得到真正的对比方法，因为计算方式仍是以点数为基础，这正是两个系统的区别所在。所以我们必须将任何其他方式都转变为货币为基础的计数方式，例如在我们的具体例子中使用美元。为达成这一点，我们将再次拿出我们的电子表格来计算。

表 8-8　USD/JPY 和 GBP/USD 交易系统的对比

	USD/JPY	GBP/USD
净余额	41.92	0.267,2
交易次数	137	84
盈利次数	61	37

盈利百分比	45%	44%
平均利润	2.41	0.022,0
最大获利	7.33	0.080,2
平均损失	-1.38	-0.011,6
最大损失	-4.27	-0.045,3
盈利/亏损比	1.75：1	1.90：1
每笔交易预期利润	0.31	0.003,2
每季度预期利润	1.76	0.011,2
季平均收益	1.64%	2.22%
标准偏差	5.93%	5.07%
夏普指数(季度)	0.28	0.44

表8-9引领我们发现一个非常有趣的比较。尽管如此，在我们深入研究具体的数字之前，必须先重点强调使用对比数据中绝对重要的问题。表中的数据是以我们前面描述过的固定数量交易法为基础的。这意味着每次交易动用的资金都是100,000美元。对于USD/JPY来说这一点很容易做到，因为该货币对本身就是以美元为基础的。当然，GBP/USD货币对是以英镑结算的。这意味着100,000美元实际上相当于100,000×（GBP/USD的货币汇率）。而我们GBP/USD交易系统的平均进场交易速率是1.60，这就意味着100,000单位将价值160,000美元。这样如果它们以不同的头寸交易（至少对于这一基本评估来说）的话，我们并不能有效地对比两个系统，所以每个GBP/USD交易单位只能按照100,000美元（GBP/USD汇率）算。

现在再回到表格中来，我们发现USD/JPY交易系统的盈利数据更高一些。只不过这些利润是在超过60个月的时间区间产生的，而GBP/USD系统的交易测试区间只有29个月。基于这种情况，我们不能使用净损益比（P/L）来判断两个系统的性能。

平均利润和亏损数字的降低是一个非常有意义的现象。顺着最大盈利和亏损的读数，它们给我们提供了一些针对相对波动的结果的思路。USD/JPY系统展示给我们的是起伏不定的结果。有趣的是GBP/USD系统则有稍微高一点的收益/亏损比率，即使只是高出一点点。

表 8-9　深度比较 USD/JPY 和 GBP/USD 交易系统

	USD/JPY	GBP/USD
净余额	40,055.83 美元	16,163.40 美元
交易次数	137	84
盈利次数	61	37
盈利百分比	45%	44%
平均利润	2115.90 美元	1344.40 美元
最大获利	6686.87 美元	5069.53 美元
平均损失	-1171.24 美元	-714.45 美元
最大损失	-3465.35 美元	-2449.44 美元
盈利/亏损比	1.81 : 1	1.88 : 1
每笔交易预期利润	307.97 美元	191.44 美元
每季度预期利润	1758.02 美元	1662.98 美元
季平均收益	15.89%	15.45%
标准偏差	48.39%	33.61 美元
夏普指数(季度)	0.33	0.46

尽管如此，真正有效的问题很少（参照表 8-10）。这就是我们期待看到的，在每次交易的基础上 USD/JPY 系统远比 GBP/USD 系统先进很多的地方，尽管扩展到季视图时它们似乎更接近了一点。这就是交易频率在起作用的信号。

记住我们实验的期望值是以两个交易系统的期望结果，以及系统产生这些结果的频率为基础的。一个系统可以有非常不切实际的每次交易期望值数据，但是和一个较低结果的系统比较起来并不具备更大的价值，如果后一个交易系统应用得更经常的话。

表 8-10　USD/JPY 和 GBP/USD 交易系统的深度比较图表

	USD/JPY	GBP/USD
盈利/亏损比	1.81 : 1	1.88 : 1
每笔交易预期利润	307.97 美元	191.44 美元
每季度预期利润	1758.02 美元	1662.98 美元
季平均收益	15.89%	15.45%
标准偏差	48.39 美元	33.61%
夏普指数(季度)	0.33	0.46

举例来说，假设一个每次交易预期能产生 1000 美元利润的交易系统平均每年交易 5 次。而另一个系统每次交易预期能产生 200 美元利润，而且每年交易 30 次。哪一个系统更好？对于第一个交易系统而言，我们每年可以赚到 5000 美元，而第二个系统每年可以赚 6000 美元。在其他都一样的情况下，我们当然会喜欢第二个。

在我们的特例 GBP/USD 交易系统中，它的确拥有较高的季交易频率，但是它又不足以弥补 USD/JPY 交易系统较高的每次交易表现。如果两个系统有着相同的风险预估的话，那么我们肯定会选择两者中较好的 USD/JPY 交易系统。

当然，两个交易系统并不具备相同的风险预估。早些时候当我们研究每次交易的平均以及最大收益和亏损时曾经注意到的，根据这些数据延展出来的季平均收益和标准偏差线。从收益方面看两个系统的数据相当接近，只是 GBP/USD 系统的标准偏差更低，而且它的夏普比率也高出一大截。这一结果告诉我们，在达成具有比较价值的系统收益的前提下，GBP/USD 系统具有更合理的风险分布形态。

尽管如此，可是谁又会在乎呢？因为当我们以相同数量的美元交易时，USD/JPY 系统具有更高的获利能力。难道这不就是我们想要的结果吗？答案是（或至少应该是）不。

为什么呢？因为我们并没有以风险为基础，而仅仅依据原始获利能力来比较两个系统。由于 GBP/USD 系统波动率较低——这意味着较低的风险——我们可以交易更大的仓位以达到堪比 USD/JPY 系统基于风险所赚取的美元数量。

如果我们将 GBP/USD 系统的交易规模增加为每次交易 135,000 美元，那么我们可以看到系统的最大亏损已经非常接近 USD/JPY 系统的最大亏损。这才是被我们称作大体上平衡的以美元形式承担相同风险的交易。现在看表 8-11 来进行比较。

表 8-11　调整风险之后的 USD/JPY 和 GBP/USD 交易系统比较图表

	USD/JPY	GBP/USD
净余额	40,055.83 美元	21,820.58 美元
交易次数	137	84
盈利次数	61	37
盈利百分比	45%	44%
平均利润	2115.90 美元	1814.40 美元
最大获利	6686.87 美元	6843.87 美元
平均损失	-1171.24 美元	-964.51 美元
最大损失	-3465.35 美元	-3306.75 美元
盈利/亏损比	1.81 : 1	1.88 : 1
每笔交易预期利润	307.97 美元	258.45 美元
每季度预期利润	1758.02 美元	2245.03 美元
季平均收益	15.89%	22.43%
标准偏差	48.39%	47.89 美元
夏普指数(季度)	0.33	0.47

从数据中可以发现，我们的 GBP/USD 交易系统每次交易的利润预期仍旧较低，但是与较高交易频率所造成的较高的每季收益预期之间的差距正在变小。现在 GBP/USD 系统的季平均收益数据已经大幅提高了，只是标准偏差稍微有点低。如果我们从这一角度来分析问题，GBP/USD 系统的表现优于 USD/JPY 系统的表现这一事实就要明显得多。

当然，所有这些测试都是使用固定数量交易法来做的。我们可以很容易地使用前文中讲述的其他关于交易规模的技巧来延展我们的测试比较。

这将变成一个简单的问题，即对 GBP/USD 系统使用不同的方法来找到最佳结果，然后才把结果和我们确定为 USD/JPY 系统最稳固的方法的逐步变化交易数量法对比。

需要注意的一点

因为当初建立 GBP/USD 系统的目的只是作为开发交易系统的例子，所以我们并不用考虑它测试数据的适用性。请记住，系统交易结果的产生是以一小撮数据集合为基础的，它们实际上代表了一个时间周期，在该周期下所产生的大量数据集合被用于我们的 USD/JPY 系统测试。假设两种情况下系统都是以日数据为基础的话，那么我们可以这样说，USD/JPY 系统的表现可能是横跨不同市场的最具代表性的交易系统。如果数据是可获得的话，更好的方法是将它们放在同一时间周期下进行比较。如果在同一时间周期下（1/2002 – 5/2004）USD/JPY 系统表现很可能会优于 GBP/USD 系统。

作业

以现金为基础使用固定数量交易法，来比较至少两个你自己的交易系统。如果你能的话，尽可能使用每个基点价值不同的两个交易系统，就像我们的 USD/JPY 系统和 GBP/USD 系统一样。使用最大亏损来延展比较账户的风险。以交易风险为基础调整两个系统交易数量的大小，使之相互匹配，借以发现哪一个系统更强壮些。在你的交易系统研发之旅中记录下你所观察到的一切。

最大不利变动幅度的微调

手持我们喜欢的交易系统，在致力于产生更好的交易结果方面还有一些需要改进的地方。当然，要注意。这一过程确实有一些工作要做。其中包括更仔细地研究交易系统的输出结果，看看是不是还有能够削减其中一些亏损交易的方法。

最大不利变动幅度（Maximum Adverse Excursion，MAE）是指与你头

寸方向相反的最大偏移数量，它是指交易在盈利平仓之前的最大潜在亏损。举例来说，在 100 点做多头寸，先跌至 95 点，后上涨到 120 点。那么其 MAE 值就是 5（100－95）。

MAE 的概念在交易系统开发过程中是非常有价值的。一些交易先是走向相反的方向，然后才掉头。而另一些交易则在走向相反方向之后继续走下去。图 8-6 所示的点状分布图展示了 GBP/USD 系统中交易（以点位计数）的 MAE 分布状况。注意竖线之上以及左侧的点。这些就是自然发生的亏损交易，它们的共同特点就是 MAE 值都比盈利的交易要高。

GBP/USD 系统的 MAE 值在图表的右侧展示了一个相当宽松的分布，这里描述的都是盈利的交易。有些系统是这样的。另一些系统其 MAE 值相对较小的盈利交易分布相当紧凑，尤其是获利较多的那些交易。

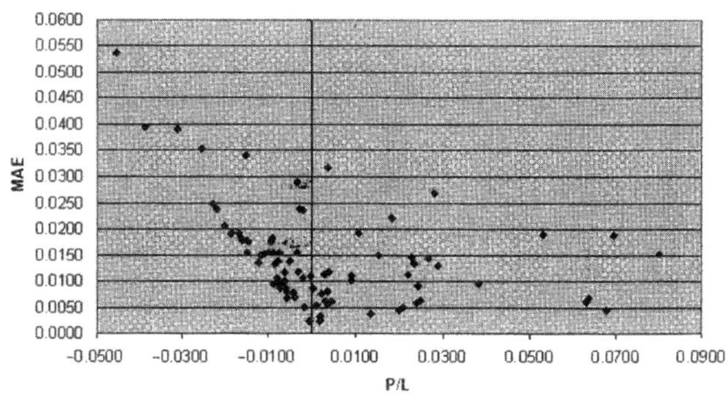

图 8-6　最大不利变动幅度（MAE）VS 净利润

用这种方式研究 MAE 的原因是，确定是否存在一类没有收益的，偏离交易很远而且不会回头获利的点位。如果交易者能发现——交易者并不总是会发现——这样的点位，那么该点位可以用来削减困扰系统的一些亏损交易。更少的亏损意味着更好的整体获利。

在我们的 GBP/USD 系统中，看起来似乎可以使用 0.035,0（350 基点）作为分界点。因为凡是不利变动幅度超过这个点数的交易，无一例外再也没有重新回到正确的方向上来。尽管如此，看起来还有几次这样的交易存在，即交易结束时亏损不超过 350 基点。这一点是不是一个问题，还要依据我们的测试给出答案。

现在请看表 8-12 中的真实交易统计，我们可以看到四次不利变动幅度超过 350 基点的交易。

请记住我们可以在交易朝着不利于头寸的方向发展时设置停损单来保护本金。在本例中，我们将在距离进场点位 350 个基点的位置设置停损单，假设市场能够走那么远，而且一去不回头。那么这样做对我们的盈利有什么影响呢？这一问题可以用简单的算数计算来回答：

☆ 453 - 350=103 个基点的结余

☆ 387 - 350=37 个基点的结余

☆ 312 - 350=38 个基点的损失

☆ 254 - 350=96 个基点的损失

将所有的亏损和结余加起来，350 个基点的停损单（系统，并非以资金计数）将会使得整体交易系统的表现整整提高 6 个基点。其实用 400 个基点做停损单会让整个系统表现更好，但是程度非常有限（仅 40 个基点）。在这一例子中，使用停损单所获得的收益只有相对非常少的一点点。这种情况对大多数交易系统而言非常普遍，但是并不是所有的交易系统都是如此。因此仔细研究 MAE 数值以找到有效削减系统亏损的方法就显得非常有价值。记得我们在设定交易头寸规模的时候是以系统的最大亏损为参照指标的。如果大的亏损能被削减，那么交易得头寸规模可以更大些，进而赚取更多的利润。

表 8-12 GBP/USD 系统的交易展示

建仓日期	类型	建仓价	平仓日期	平仓价	做多	沽空
2004.3.8	买入	1.849,4	2,004.3.10	1.804,1	-0.045,3	0.053,6
2004.3.25	卖出	1.806,7	2004.3.31	1.845,4	-0.038,7	0.039,4
2002.8.2	买入	1.569,3	2002.8.7	1.538,1	-0.031,2	0.039,0
2004.3.31	买入	1.845,4	2004.4.5	1.820,0	-0.025,4	0.035,2

有利的变动幅度

牢记有利的变动幅度是指在离场之前市场沿着交易正确的方向行进的最大值。也可以被认为是可以落袋为安的利润数量。

一般情况下，这一问题只有在交易系统的离场条件被设定后才会考虑。

践行止损

当止损行为非常有价值之时，交易者在往交易系统里添加停损单或者限价单时必须非常小心。为什么呢？因为这是一个数据问题。如果交易者正在使用日线数据测试，那么该问题并不能被发现。例如，如果当日的最高点先于最低点到达，或者以其他的方式到达之时。如果交易者的交易规则是以这类信息（或这些处理过的数据）为基础，那么其测试结果中才会凸现止损和限价这类问题。在进行系统测试时另一个交易者必须关注的问题是，停损单在实际交易中所产生的影响。考虑一个包含下列交易规则的交易系统：

☆ 当价格比 10 日移动平均线高时进场开仓做多

☆ 当价格比 10 日移动平均线低时，或价格跌至进场点数之下超过 100 个基点（停损单）时清仓多头头寸

在这一套交易规则中，我们可以看到这样的情形：交易者止损清仓离场，不过在停损单被触发后又立即重新进场，理由仅仅是市场最终并没有低于 10 日移动平均线。实际上如果在仍然满足进场条件的情况下，交易者的这一类离场规则依旧会起作用。这就是为什么交易者在定义交易系统之时必须要事无巨细、详尽规范的原因。同时也是交易者需要不断回顾系统近期产生的交易，以确定系统确实是按照其原有的设定目标在行动的原因。

时间

在我们继续进行之前，如果交易者有这样的倾向，即认为有关 MAE 的讨论能够扩展到包含时间的因素，那么这并不足为奇。想象一下，代替以价格的形式来考虑问题，交易者现在开始考虑时间周期的因素。问题就转变为在交易转到有利方向之前要经历多少个不利方向运行的时间周期？换个方式问问题，在经历了多少个时间周期之后，交易才能变得非常明确地不会回到有利交易的方向上来？在 GBP/USD 系统的测试中我们并没有做这样具体的测试，但是这一测试却是值得追求的。

专业的交易者在他们的交易系统中会同时考虑时间和价格两个因素。这是一个表述过多次的现象，当历经一定长度的时间之后，如果既定的交易目标仍没有达到，那么这个交易不能被视为一次好的交易。我们会认为建立该进场交易信号的原动力已经消失。这种情况有时被称作时间止损。

作业

在至少一个你开发的交易系统中进行一次 MAE 分析。决定是否需要在系统里放置一个停损条件使得系统更具合理性。同时也做一个时间分析测试，来看看交易中是否存在这样的时间点，它具有非常鲜明的特色，并可以被用来进一步完善你的交易系统。在你的交易系统研发之旅中记录下你所观察到的一切。

风险和头寸规模的修正

早些时候我们介绍了交易头寸规模的变化，当时的讨论主要集中在对账户余额比率——例如账户应用保证金的百分比大小——的使用上，但是现在我们也将风险放到讨论中来。在系统的比较中我们也将风险作为一个考量因素引入进来，但是只在最基本的测试模式中使用。现在我们准备更加彻底细致的研究下，在系统的开发和评估过程中引入风险因素。

交易系统在本环节中所定义的一切过程，其最终结果将形成交易计划，尤其是交易者的风险参数被作为要点提出的那部分。在前面关于风险管理的章节中，关于每次交易中交易者想要赚取多少的问题已经公开被提出并讨论。现在需要将它变成交易系统的一部分，作为对定义交易头寸规模的进场条件的修正。让我们从确定每次交易的风险点位开始，由此产生了几种方法。

止损法

许多交易者选择使用停损单来保证其亏损不超过他们的风险控制额度。这种方法被称为资金管理止损，而不是系统止损，尽管两者可以是同一个，而且在实践中也可以一样。从表面上来看，这是一种可以信赖的方法，但是它确实存在问题。

盲目地放置停损单是一种自我欺骗。回顾我们曾经讨论的 MAE。如果一个系统经常发生 300 个基点以上的偏移，即使对获利的交易也是如此，那么放置一个 100 个基点的停损单只会成为系统交易表现的障碍。这是许多非专业交易者经常犯的错误，他们认为使用距离进场点位较近的停损单，能够让他们使用更大的交易头寸规模。当然这是事实，在同样的净风险值的情况下，交易者使用 100 个基点的停损单，他用来交易的头寸规模可以三倍于使用 300 个基点停损单的交易所使用的头寸规模。然而风险系数实际上是升高了。请记住，交易的风险由发生亏损的可能性和具体亏损值的多少共同组成。当系统的偏移幅度在 300 个基点之时，将停损单放置在 100 个基点处无疑会增加承担亏损的概率，而与此同时具体亏损值的多少（假设同等数量的账户风险）保持现状。因此，使用距离进场点位更近的止损单实际上会提升交易的风险。

停损单并非保险单。这一点我们曾多次提及。交易者不能百分之百保证停损单的价格正好在你指令中设定的点位成交，或者仅仅是有时以接近的价格成交也不能。因此关于停损单是否能作为交易系统的风险控制因素，仍然不确定。

最大亏损法

当进行系统比较之时，我们使用最大的亏损数字作为系统风险的代表。如果系统测试时所用的数据足够多和全面，那么最大的亏损数值很可能是一个优秀的制定决策的依据。事实上，在未来的某一时间节点总是可能会存在某个更大的可以依据的亏损数据，只是概率就要小得多。

定量分析法

你可以通过对价格数据本身的分析来定义风险。例如，如果你有一个交易系统，其持有头寸的周期为一周，那么你就应该观察一周以来价格的变化。这些数据可以成为价格可能的波动和预期的价格变化的指南。由于一直有讲亏损最小化的想法，所以你一定要时刻谨记，永远有一个潜在的大于预期（或前期观察的）的价格运动存在。

交易者可以将最大亏损法或定量分析法与止损法组合起来。例如，你可以使用前两者中任何一个来确定，在一个给定的交易中到底要承担多少亏损，然后使用止损单来保障在最恶劣的情形下不发生意外（请时刻谨记止损单的局限性）。

从怎样确定点数风险的讨论中换个话题，是时候再次转换到如何确定资金形式的风险方面进行讨论了。使用我们的 GBP/USD 交易系统，作为可以评估我们交易权的工作平台。

固定风险法

固定风险法这一思路的来源是，交易系统的头寸规模决策是以预先设置的账户风险为基础的。例如，一个 10,000 美元账户的 5%风险水平，就意味着每次交易的风险控制在 500 美元。当然，这一以美元来计算的具体数值，将会随着账户余额的变化而变化。

每次交易头寸规模为 100,000 美元的 GBP/USD 交易系统，其任何交易的最大亏损额约为 2450 美元。如果我们打算宣布它的每次交易风险比例为 5%，那么这就意味着为了符合我们的亏损额度，每次交易的头寸规模的资金额度大约就是 20,000 美元。

当然，如果我们选择使用 MAE 分析（或定量分析），并确定 400 个基点的亏损额度。因为系统所承担的最大的点数亏损大约是 453 个基点，所以你应该怀疑如果使用最大的亏损数据的话，我们会不会使用更大的头寸规模参与交易。是的，的确如此。我们会将我们的交易头寸规模提升到23,000美元。这看起来似乎并不算多，但是时间久了差别就显现出来了。

然而，固定风险法意味着交易头寸规模的变化。毕竟，如果我们的账户深受亏损的困扰，并跌至初始金额10,000美元以下，那么我们的每次交易风险也会随之下降。相类似的，如果交易盈利使得账户余额超过10,000美元，那么每次交易风险的资金数量也会相应地增加。这意味着固定风险头寸规模计划，本质上就是一种可变化的交易头寸规模交易法。

可变风险法

固定风险交易方案的替代就是可变风险法。当然，可变化性只是问题的一个方面而已。仍然要遵循每次交易风险占总交易金额的5%这一上限(使用我们例子中的设置)，而实际风险要低于这一数值。

这一类方案具体运用，可以通过组合固定数量和可变交易头寸数量法来实现。如果你的账户余额低于起始资金，那么头寸规模将会发生变化，因为5%的上限限制会迫使它减少。另一方面，当账户价值的增长超过了起始资金（10,000美元）时，每次交易的风险百分比实际上将会降低。

举例来说，使用固定头寸规模交易法，你会使用账户金额总量30,000美元中的15,000美元来进行交易，这意味着每次交易风险为50%。当然，长期来看低风险必然伴随着低收益，削减固定交易头寸规模的方案就是如此。正如本章早期所提到的那样，这样的低收益率可以使用分步骤的方法来克服，具体来说是，从根本上重新设定用来计算每次交易风险的账户头寸规模来实现。

削减法

每次交易既不是唯一研究风险问题的着眼点，也不是必不可少的最好的那个。在某些案例中，使用峰谷比之间的价差来削减头寸数量要有效得多。要做到这一点，需要回顾整个交易系统来跟踪账户的资金变化，并且需要观察它与交易计划中所设定的参数的匹配程度如何。

具体请参照表8-13 。

假设我们已经设定了最大可允许削减的程度为20%。我们可以研究表

8-13 中的 GBP/USD 交易结果，来看看它们的匹配程度如何。使用固定头寸规模 100,000 美元进行交易，我们可以看到实际上削减的程度超过了 50%，从早期的一部分数据峰值时的账户余额 11,391.40 算起，到第一次余额为 6087.96 美元的第 16 次交易为止。很明显，这一额度显然超过了 20%的止损点数，这意味着我们需要减少交易头寸规模以合乎规范。实际上，为了迎合我们的需求，交易头寸规模将不得不限定在 40000 美元。

表 8-13　系统资金表现

交易	利润	余额
		10,000 美元
1	1391.40 美元	11,391.40 美元
2	(232.82) 美元	11,158.58 美元
3	(1421.40) 美元	9737.18 美元
4	154.19 美元	9891.37 美元
5	(308.86) 美元	9582.51 美元
6	(288.69) 美元	9293.82 美元
7	77.23 美元	9371.05 美元
8	(1024.27) 美元	8346.78 美元
9	(520.83) 美元	7825.95 美元
10	(411.87) 美元	7414.08 美元
11	(34.34) 美元	7379.74 美元
12	(446.24) 美元	6933.50 美元
13	137.36 美元	7070.86 美元
14	(116.60) 美元	6954.26 美元
15	(515.50) 美元	6438.76 美元
16	(350.80) 美元	6087.96 美元

削减法是否比每次交易风险限定法更具优势，这主要取决于交易系统本身的问题。具有较低盈利率的交易系统更倾向于发生一连串造成重大削减的亏损交易。而可变化的交易头寸规模法，当他们发生亏损时也能造成

比固定头寸规模法更大的削减，尤其是当系统已经处于获利的情况下，远离一开始的时间节点之时。

破产风险法

在心中保留对盈利率的美好记忆，我们也可以寻找另一个大视野的方法来决定我们交易头寸的规模大小，一个以破产风险（RoR）的理念为基础的方法。破产是我们早期讨论过的一个概念，被认为与风险管理和交易风险容忍程度有关。现在我们打算重新讨论它，并以客观、坦然的态度面对它。

我们能够以具体数字的方式来预估破产的风险。本书的支持网站（www.andurilonline.com/book/calculator.aspx）上所提供的工具使用蒙特卡罗法（Monte Carlo method），这意味着我们要做一系列必不可少的随机测试，并统计其结果以确定某事件发生的可能性。在破产风险法的例子中，我是致力于寻找确定能充盈我们的账户的交易系统。因为我们已经有一个相当好的盈利率和盈利/亏损比率的估值，所以我们可以继续进行研究工作。

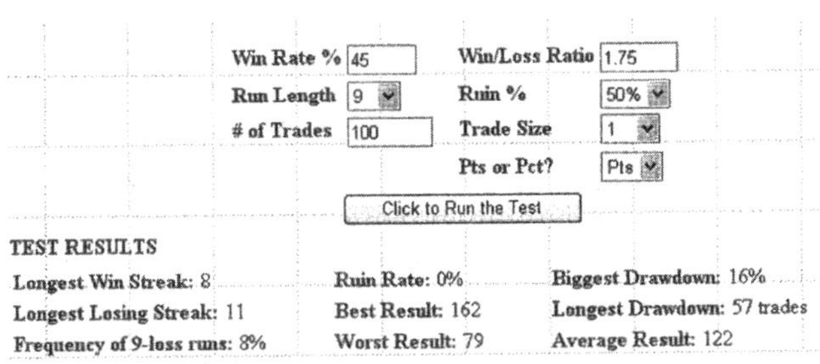

来源：www.andurilonline.com

图 8-7　蒙特卡罗法测试结果

图 8-7 展示了使用我们的 SMA/SAR 交易系统的数据后的结果，该系统的盈利率是 45%，且盈利/亏损比率是 1.75。在做仅关于点数的测试时，如果我们的交易头寸规模设置为 1，意思就是每次亏损 1 个点，经过 100 多次的交易之后我们可以看到，我们的亏损率是 0%。这意味着 500 次测试中没有一例测试让假设的账户资金低于 50（初始的账户资金为 100）。

交易测试结果展示最极端的减少情况，既体现在从峰顶到峰谷的百分比的减少，又体现在一次资产新高的所需时间长度上。当然也确实存在一连串亏损的交易。所有这些设置的信息，在决策交易头寸的规模和评估经过一段时间之后交易系统的表现之时，都是随时可以得到的。

尽管如此，这些最终的测试结果很可能看起来一点也不引人注目。毕竟，在大约 5 年的测试周期中最好的盈利交易（SMA/SAR 交易系统每年平均交易 20 次多一点）才盈利了 62 个点。我们为什么不把每次的交易风险提高到 5%呢？请看图 8-8。这次真的发生了变化！系统现在的平均盈利结果超过原来的每次 100 点交易的两倍还多，而且所需承担的破产风险仅仅是 1%。

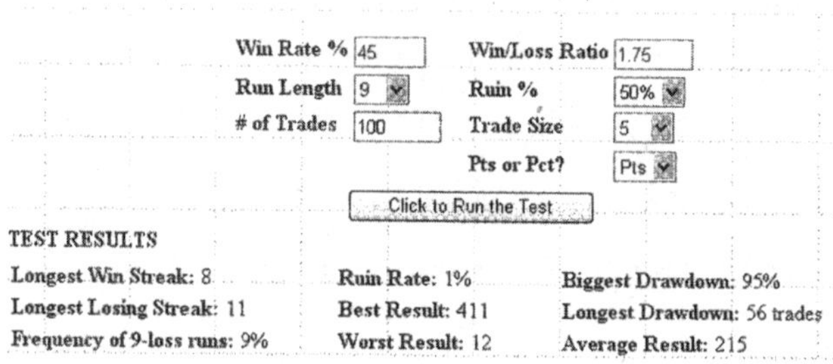

来源：www.andurilonline.com

图 8-8　蒙特卡罗法测试结果

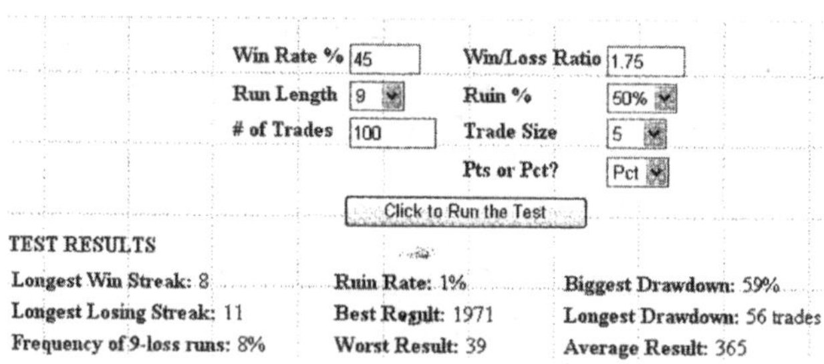

来源：www.andurilonline.com

图 8-9　蒙特卡罗法测试结果

可是，得到这一结果也需要成本。最大削减百分比戏剧性地跳到了 95%，而且至少有一次交易例子在交易持续期间亏损了超过 85%的账户总资金。然而，这还只不过是一个纯点数计算的测试。要是用一个固定百分比测试替代的话结果会如何呢？请看图 8-9。

现在我们转到在各个方面都被证明比较好的固定百分比测试上来。这一次最大削减急剧下跌，并且收益也有了本质上的跨越式增长。这反映出两个我们前文提及的问题。固定百分比的交易系统倾向于在经历一连串的亏损交易时承担很少的损失，至少当你看着差不多的账户总值时是如此，这是因为采用了更少的头寸规模和更小的交易风险所致。同时，随着账户市值的增长，该系统会采用更大的交易头寸规模，这当然意味着更大的获利。

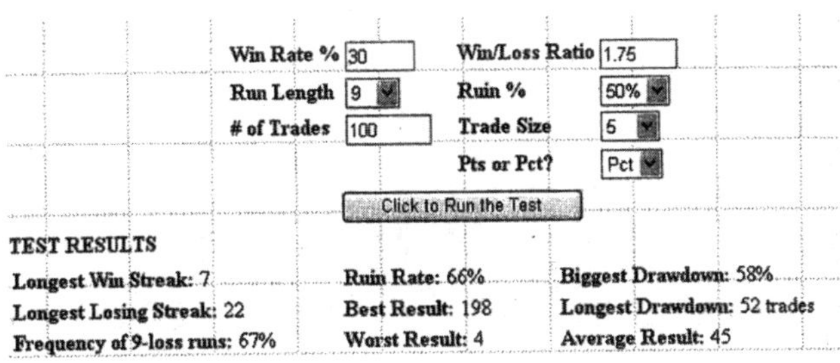

来源：www.andurilonline.com

图 8-10　蒙特卡罗法测试结果

我们可能仍不喜欢削减幅度的大小，但是 SMA/SAR 系统的破产风险非常低，甚至当风险设置更大些，也会因为其优异的盈利率和盈利/亏损比率交相辉映而表现良好。当然，这两个因素中的任何一个降低就会使系统风险大幅上升。图 8-10 中所示的是当盈利比降低到 30%时系统的表现。

这些数据其实并不是非常好。在我们测试的给定时间周期内，我们的盈利率不大可能降低 15%，所以我们不用担心有破产风险的问题，破产风险率显示我们将一个账户搞破产的概率大约是 2/3。我们所讲述的这个例子具有戏剧性的效果。当然，如果系统的盈利率和/或盈利/亏损比率发生恶化，那么研究一下未来该系统会发生什么还是很有价值的。

蒙特卡洛法

正如我们所讲的那样，刚才所展示的推导出交易系统的方法就是蒙特卡洛法。这就是一个可以借以创造出一系列模拟结果的方法。在我们的例子中，我们以 USD/JPY 交易系统的统计数据为基础运行了 500 次模拟测试。每一次模拟都是由盈利率和盈利/亏损比率所定义的一系列随机交易的测试结果。通过做了如此多的测试，期望是我们能够构建一个很好的近似确定未来可能会带来什么的交易系统。图 8-11 展示了系统测试结果（最终账户余额）的离散分布图，具体从我们进行的第一个测试开始，交易头寸规模设定为 1。

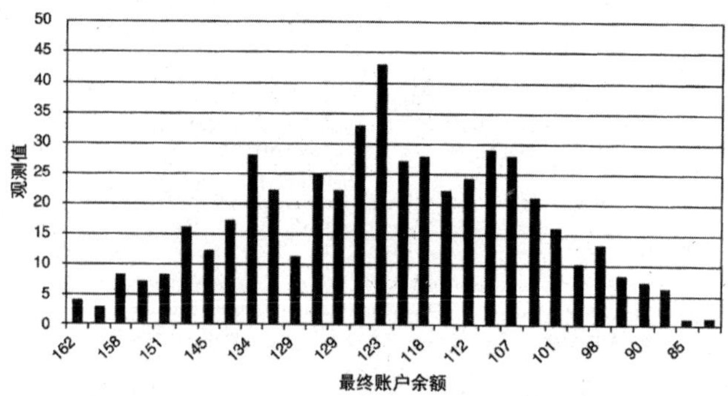

图表 8-11　系统测试结果的分布图

重新回顾蒙特卡罗方法的单个测试结果好处在于，我们能够着手处理最糟糕的情况可能会发生的概率是多少这一问题。我们以前所看到的关于这一测试数据表明，最糟糕的表现就是账户本金跌至 79（初始资金是 100）。尽管如此，这张图还是显示出净亏损看起来只有 15%。当然，这并不意味着这一结果有多么惊人，但是至少它给我们提供了一些我们可以用来决定如何确定我们的交易头寸规模的东西。而这，正是我们本章讨论的核心问题所在。

作业

使用本书支持网站上你能获取到的有关你的交易系统中盈利率和盈利/亏损比率的工具以及数据，认真做一次破产风险分析，最大本金削减分析，等等。在你的交易系统研发之旅中记录下这些结果。

最终的交易系统

交易系统的定义是，一系列可以做出买卖决定的交易规则的集合。我们已经仔细研究了进场和离场规则，以及对多个交易系统做了交叉比较。我们还将风险因素引入系统考量中。现在是时候将两者整合在一起了。

一个进场规则，集所有的荣耀于一身时应做如下表述：

☆ 当 x 发生时进场做多/做空 n 个单位

这里 n 既可以是一个固定数字，也可以是由某个公式来决定的数字（当然，基于风险控制的考虑），而且 x 是一个信号判定条件。在后一个例子中，它即可以被描述成单个事件：

☆ 收盘价上穿 10 日移动平均线

也可以被描述成一系列的事件：

☆ 收盘价上穿 10 日移动平均线，并且 10 日移动平均线位于 20 日移动平均线之上

又可以被描述成一系列条件的集合：

☆ 收盘价上穿 10 日移动平均线，并且 10 日移动平均线位于 20 日移动平均线之上

☆ 或收盘价上穿 10 日移动平均线，并且快速随机指标%K 低于 70

一个离场规则也由同样的方法来确定，这些条件甚至能够合并到这种程度，即能够确定是否全部清仓离场，或者只是平仓已开仓头寸的一部分：

☆ 当 x 发生时平仓空头/多头仓位的 n%

如果我们选择固定百分比方法来确定交易头寸的规模，将风险比例设置为 5%，并参照我们的 USD/JPY 一例中 SAR 进场/SMA 离场交易系统，我们的交易规则应该是：

☆ 当参数为 0.02/0.20 的 SAR 指标线移动到收盘价之下时，100%平仓所持有的空头开仓头寸，并且开仓做多 0.05A/G 单位的 GBP/USD

☆ 当收盘价下穿 60 日移动平均线时，100%平仓所持有多头开仓头寸

☆ 当参数为 0.02/0.20 的 SAR 指标线移动到收盘价之上时，100%平仓所持有的多头开仓头寸，并且开仓做空 0.05A/G 单位的 GBP/USD

☆ 当收盘价上穿 60 日移动平均线时，100%平仓所持有空头开仓头寸

这里 A＝当前账户余额，G＝GBP/USD 的当前汇率。

我们很可能将这里展示的规则制定得过于具体，但是过于具体总比含混不清好。记住在前文的讨论中，当错误地制定或使用交易规则时所带来的一系列严重的后果。无论在测试还是应用中（尤其是考虑到机械交易系统时）的结果，都会和设置系统当初的本意相去甚远。

随着测试的进一步深入，我们能够将系统调适得更精致和更复杂一点，通过按比例进场交易或按比例离场（加上或减去小数部分，而不是全部一次性处理），或者识别交易的条件的方式。然而请记住，交易者不应该因为有好的交易规则而得意忘形。比较简单的系统倾向于时间越长表现越好。交易者也不应该深陷曲线拟合的陷阱，并想设计一个对于过去来说完美的交易系统。因为很有可能会出现这种情况，该系统并不适用于未来，而这正是它将要付诸应用的时间。

类似的，请谨防具有极高收益率却仅有很少的交易次数的交易系统。请记住我们关于交易预期的讨论。一个每次交易获利相对较少的交易系统，可能会比一个具有较高交易获利能力的系统更好一些，因为前者应用的频率更高。我们并不是根据一个交易系统的准确率的高低来判定其价值，而是根据其在给定的时间区间所赚取利润的多少来判定。

作业

至少确定一个优秀的交易系统，并且研究它的风险状况，在你的交易计划中确定其最终的系统交易规则集合，并在你的系统研发之旅中记录下一切。然后运用到你的模拟账户中进行交易。在你的交易日志中记录下你所有的交易。

第九章　交易实战的应用

本书最后一章将之前所有章节理论知识应用于最终决策，之后读者才可进行交易活动。

图 9-1

最后几个系统要点

在引领你在交易旅程中畅游之前，我们还需要了解一些知识。

再谈谈资金管理

交易者在风险管理和资金管理上花再多的时间也不为过。我们已经谈论了识别风险的方法，并且也谈论了如何降低和避免风险。我们也熟知风险承受能力的概念，了解如何使交易和系统设计融为一体，然而我们还没有讨论过面对风险的心态问题，所以在这里将会对此问题做一讨论。

人们习惯把风险/回报/期望值与承担风险联系在一起。比如：假设在一个交易中，交易者在开仓头寸中股票下跌损失100美元，他有两个选择。可以立即清仓，损失100美元；或者运用策略，那么在头寸中保本的可能性为10%，但是也有90%的可能会损失1000美元。你会选择哪个？

另一种情况，在一次交易中，你的股票上涨获得100美元。你可以立即清仓获得100美元收益；你也可以继续持股，获得1000美元收益的可能性为90%，也有10%的可能没有收益。你会选择怎么做？

从期望值来看，交易者可在亏损100美元时斩仓。而继续持亏损头寸的期望回报值是－$900（10%×$0 － 90%×$1000），远没有只损失100美元好。同样的，持盈利头寸的期望回报值是+$900（10%×$0+90$×$1000），比100美元的收益要好得多。

理论推理看似非常简单，但是应用中却并非如此。很多持有头寸的交易者都会受到希望和恐惧的左右。他们希望亏损头寸反弹，害怕盈利头寸下跌，因此不会得到高盈利。结果正好与止损目标相反，有经验的交易者都会冷静观察盈利头寸走势。而这又一次说明了拥有和坚持交易计划的重要性。交易计划可以使交易者在做交易决策时不受感情因素影响，克服希望和恐惧这一问题。

然而，风险管理远不止这些，它是大部分成功交易者困扰的问题。一些交易者明知道交易将会是亏损头寸，他还是要进行交易。众所周知，股票交易不可避免有涨有跌，所以，没有永远赚钱的系统和交易方法。交易中总会出现亏损，甚至会有持续亏损。因为它的不可避免性，每个交易者都应充分认识，做好准备坦然面对这种情况。

交易者实录

英国投资论坛上列举了以下噩梦般的情形：

当你烂醉如泥时进行交易注定会带来灾难性后果。而我偏偏在一次饮酒超过我正常酒量的10倍时进行了交易。

——Fettered Chinos

> 一个朋友……对他的杠杆作用利益和批量非常困惑，本应承担10美元/点的风险，而却承担了100美元/点。仅仅几分钟后，NTP（非农报告）的发布使他们的股票下跌亏损10，000美元。
>
> ——Adrian allen99

劝阻交易者做愚蠢的事情也属于风险管理的范围，比如犯一些不应该犯的错误，在不应该交易时进行交易等。拿之前那个后来才意识到自己的股票风险是100美元/点而不是10美元/点的交易者来说，如果他早一些看到并且稍微想一下在日历上发布的重要数据，即使在没有产生巨大损失时，他的心跳也应该加快很多。只要稍加注意，就不会产生这么严重的后果。

显然，不仅对于新手，对于所有交易者来说，在买卖盘输入时的小差错都会产生严重的后果。在股票市场上，没有在你下买卖指令时犯错误产生亏损的速度再快的了。不过，幸运的是只要稍加留神就可避免这种错误。每个买卖盘输入系统都有订单确认机制，你可在确认一切都正常后再下买卖指令。

缺陷分析

在市场分析方法那一章，我们使用了代表性偏差，通过偏差可看清各种事物。当时我们以一个地图为例，地图展示出地形，但又不是地形本身。它显示的是交易者在制定决策过程中本身所具有的局限性。

当然还有其他偏差。

博彩偏差指的是股民控制力来源于那些彩民持有的信念，认为挑选数字会增加得奖概率。如果得奖的数字在那些给定的系列数字之中，那么不管这些数字是随意挑选还是通过一定系统选择的都无所谓。

博彩偏差指的是与入行信号相关的交易。一般来说，交易者都要花很多时间来找出最好的交易系统才跟进交易，事实上，股市上每个交易的获利本质上都是靠偶然现象的。这就是为什么我们之前提到几次说一定要认真研究平仓决策的原因，即资金管理。这也是交易者必须研究股市的原因，不要认为自己的意志可以影响股市。

与博彩偏差密切相关的是赌徒谬误，认为经历一连串的亏损后，获得盈利头寸的概率会更高一些。比如一个标准的六面的骰子扔一次，扔出的结果是 5 那一面朝上的概率是 1/6 或者说 17%，下次再扔骰子结果是 5 的概率仍然是 1/6，与非 5 面朝上的次数无关。

很多人都有这样的问题，在得出特别事件概率后，直接外推到单个事件。比如，扔骰子 100 次，出现 20 次非 5 面朝上的概率是 1/3。难道那意味着出现 19 次非 5 面后下次出现 5 的概率就是 2/3？绝对不是的！为什么？因为每次投掷都是一个独立事件。1/3 指的是连续出现 20 次非 5 面的概率，而不是出现 19 次非 5 面后下次出现非 5 面的概率。

这种理论的基础是不连续的独立事件，骰子完好并且不具有记忆性。有人会发现交易系统一般以同样的方式运作。这个观点是正确的，即使系统没有完全按同一方式运作。我们必须正确使用统计表来推出有用的结果，而不能用统计数据证明一些事件。

再回到偏差上来，保守偏差本质是固执的意思，也就是交易者拒绝考虑那些与他现有观点或理念不相吻合的因素，不愿随境况改变他的头寸（或者缓慢做出行动）。我们都见过类似的事件，比如直到迹象显示与交易者理念相反的事实毫无疑问正确时，他才会接受这个事实。这种情况尤其发生在交易者已经在公众面前表明他观点的时候，接受其他事实只能意味着他必须在公众面前承认他的错误。说这么多的重点是：交易时要灵活，要做到能够随时迅速地随境况改变观点。

对于在股市上活动的交易者来说，上面提到的几个偏差都是严重的缺陷。对于交易者来说，要让他承认两件事是很难的，承认自己犯了很大的错误，承认自己没有掌控好市场，而这两点都属于我们提到的缺陷。如果交易者能够克服这些障碍，他就能够在股市上畅游了。

另外一个就是在分析中的缺陷，叫后释性误差，尤其是在做系统设计和测试时容易出现，即交易者在做决策时所需要的信息不存在。当然，不是谁故意造成这种信息不存在的。然而，也可能出现这种情况，交易者在使用电子制表软件（例如 EXCEL）进行计算或者制图表时参照了错误的结果。注重细节就可避免在你的交易中出现后释性误差。

不能人云亦云，必须有自己的想法

听取别人的建议不可能永远成功交易。对于有经验的交易者来说这是众所周知的，新手必须要经过教训才能成熟。因为交易本身是个个体冒险。

考虑一下本书之前提到的在做交易计划时所作的评估。没有哪两个人对市场权益/知识、交易时间段、可用资金和抗风险能力等任意两者的认识是完全相同的，因为每个人的背景和生活经历不同，所以也就是说别人给你的交易技巧和建议不一定符合你自己的情况。

假设内幕人士所告知的 XYZ 股肯定是盈利股。那么，在哪个时间段内盈利？包含了多少风险？在股票交易时你占有股份吗？退出方式是什么？技巧基础是什么？最后一条最为重要，因为一个人不会在自己认为不应该再持有该股时还继续跟进。比如，作者持有的股票持续下跌，一直处于亏损状态，那么作者会在价格稍微处于弱势时就将股票卖出，即使会损失很大。每个人有每个人的哲学观和特点。

这里我们是用内幕人士为例，其实也适用于所有在交易时给你提供建议的人，也包括股票专业人士。他们都有自己的思考方式，但不一定适合你。

重点在于，每个人都应该有自己的观点想法，自己的股票自己支配。当然能从其他地方获得交易理念很好，但是你必须做适当的尽职调查使别人的交易理念成为自己的，符合自己的交易风格。要不然的话，与你的风格不符，在长期交易中必将给你带来很大的麻烦。

需要指出的是，在做交易计划时也应该有自己的观点。正如只有发出人才会使他的交易系统发挥好的效果，交易计划亦是如此。你要根据自己的兴趣、境况、长处和弱点来设置自己的交易计划。

风险/回报

风险/回报率指的是交易中期望获得的收益（回报）与可能承担的损失（风险）的比值，是交易和交易系统中的相对数字。

股市术语

在股市上风险/回报率一般都反过来计。比如，当一个交易者告诉你他的风险/回报率是 3∶1，意思是期望收益是可能承担损失的三倍。按理来说，应该写成 1∶3，但是交易者一般先考虑收益。

之前两章中，我们拿来举例子的机械系统已经给收益/损失率下了很好的定义。在这种系统下，交易者已经对风险/回报率作了调查和测试，对基本交易的风险/回报率有了很好的了解。

然而自由决定交易者却没有完美而精准的（行情）数字来做参考。但是自由决定交易者有两种方法确定风险/回报率。一种方法是回顾过去的交易记录求一个平均数。对于交易者来说，这是一个相对标准的方法，其他方法得出的数字都没有这种方法准确。

另一种获得风险/回报率的方法是研究预定数字。比如，交易者在他的交易计划中设置的风险/回报率是 1：2。也就是说每冒 100 美元的风险，预期应该获得的收益是 200 美元。交易者会一直按照这种模式进行交易。如果成功率够高的话（高于 33%），那么交易者就会获利。当然，交易者要充分了解成功率这个概念。

随机交易系统

自由决定交易者和成功率的概念使我们又回忆起交易系统的发展和测试。很多时候，在随机交易系统中交易者很难进行后项测试。也就意味着交易者使用非机械系统交易方法后，不能快速有效地了解此方法的效果。

但是也不是没有解决方法的，可以产生一系列的统计数字，也就是在模拟环境（模拟环境是模拟真实交易设置的）中进行交易。采用这种方法虽不是最快得出结果的方法，但是有极大的好处。其中一个好处就是得出的结果基本上揭示了真实交易的结果。这对交易者来说是极其重要的，很多交易者喜欢用这种方法推论结果。

同时，交易系统的应用是交易者在理论上和实践上认识股市的很好的方法，即使是在模拟环境下。很多有用的信息都是通过这种方法获得的。因此很多交易者也认为随机交易系统比其他交易系统更好一些。为经受时间的考验，自由决定交易者必须对股市有很好的预感。不能做到这一点的话，交易者就很难再继续发展，有大的作为。

可以说，对随机交易系统的机械运用要比随意使用它成功的概率要大。调查显示，习惯使用预定规则进行交易的交易者比那些全靠自己摸索交易的交易者成功的概率要大。你可能不能像定义机械系统那样精确地定义随机交易系统，但是你一样可以根据你所做的事情总结一些规则出来。如果连这都做不了的话，就说明你根本没有真正拥有自己的交易系统。

进入实战

在本书的前一部分，我们强烈建议读者在开始阶段不要直接把钱投入股市，因为你对交易没有一个真正的认识，不知道如何进行交易，不知道自己的投入有多大的风险。跟其他事情一样——真正交易之前要先进行模拟实训。

现在我们要改变一下方式。

希望本书的学习使读者能够对股市有理性的分析——如何进行交易以及如何运用策略获取利润。如果你自认为已经做了足够的训练，那么现在是时间进入真正的战场了。

很多行家认为，新手必须经过长期的模拟训练才能进入实战，不应该这么快就直接进入股市。其实实战练习能够使新手获得更多的宝贵经验。

在继续讲解之前，这里需要申明的是，我们不是让你把你银行户头里所有的钱都投入股市，这样做是绝对禁止的。这里是说让你开户存入一小部分钱，少得在你心中激不起一点波澜。这就是 Oanda 的 FXTrade 系统平台的好处。你只需通过 PayPal 在您的账户存入 10 美元即可，只进行单一货币交易。

交易实录

“比起模拟账户来说，用自己的钱在股市上进行交易时，我就会更加关注股市交易。正因为如此，我的交易策略等到了更大的提高。——RM250 Oanda's FXMessage Board

为什么我们建议新手这么快就进入真实交易呢？简单地说，就是因为模拟交易和真实交易有很大的不同。这里我们就不讨论模拟交易平台与真实交易平台的不同了，（对于 FXTrade 来说可能没有什么差别，但是对于其他代理经纪人/证券商来说就有很大的不同了），这里要讨论的是虚拟资金和真实资金的差别。表面上看它们没有什么差别，其实有很大的不同。从模拟交易到真实交易的转化是一个很大的跨越。很多交易者表述，在模拟交易环境下他们很放松，对持有头寸没有多大的兴趣。然而，一旦把真正的资金投入股市，情况就完全不一样了，会死盯着未完结交易的每一个波动点。然而这也有不好的负面影响。

交易实录

尝试一次真实交易后，好长时间就没有再进行真实交易。因为我需要学习的东西太多了，但是在交易中我发现了一些经历棘手交易的心理因素的影响。如果你已经有自己的交易系统，但是在交易中要让你对你的交易规则作变换，变换的结果与真实交易中变换的结果是不一样的。真实交易中却要求你坚持遵守自己的规则，否则的话你就会被淘汰出局。——osimprov Oanda’s FXMessage Board

分析过度

第一次进行实战交易的交易者容易出现分析过度的情况，这是因为他们花大部分时间盯着价格表的原因。事实上，在市场大环境下，价格的变化是没有意义的，然而如果他们认为每个波动点都与他们生命有关联时，他们就会忽略了市场与价格的关系。结果是，他们认为每个波动都应该重新分析股市和/或他们的头寸。

另外一个产生过度分析的原因是手头信息过多，这也正是当今这个信息时代的特点。现代的交易者接触数据的机会很多，因此得到的信息也就很多。每时每刻都可以听到分析师的研究报告，电视上的报道，甚至在聊天室都可以获得信息。此时就应该回忆一下之前我们说的“要有自己的观点”这一部分。你所获得的信息都是别人的观点，甚至其中一些观点还没有你分析得好。从这方面来说的话，获得的信息少一些可能更好。

过度分析的其中一个后果就是前怕狼后怕虎，也就是所谓的优柔寡断，这是一种可怕的情形，在千钧一发的时刻却犹豫不决。不能独立完成交易是交易者没有成熟的标志。

过度频繁交易Ⅰ

另外一个经常发生的是过度频繁交易，与过度分析中的优柔寡断正好相反，过度频繁交易是指交易者不断分析行情，然后不断买进卖出。结果使交易者陷入拉锯状态，进行一个交易，接下来进行事后评论，又偏向另一方向，再事后评论，再偏，等等，一直这样持续下去。正如你预计的，这样是不可能盈利的。差价和/或交易费会很快耗尽我们账户上的盈利。而且，交易者也会陷入崩溃境界，不会有明智的决策。

但是，我们也会发现，不仅新手会受到过度分析和过度频繁交易的困扰，连专业分析师（作者曾经也是）和评论家也经常出现这种情况，因为他们的工作性质要求他们每时每刻都得专注股市行情，对股市的每个走势找出原因（其实很多时候是没有原因的），或者预测接下来的走势。因此，导致这些专业人士只专注最短时段的变化。如果你要进入股市听行家讲解，要记住以上情况。

过度频繁交易Ⅱ

然而，有时过度频繁交易也不一定是过度分析的结果，而仅仅是因为兴奋过度的结果。经常会出现这样的情况，交易中盈利时感觉非常好，然后就幻想还会出现同样的情况。从这一方面来看的话，交易就像是赌博——一个间歇性回报冒险活动。

交易者实录

进行真实交易时最大的问题就是在开始阶段太艰难了。——奥兹·约克，Oanda's FXMessage Board

这种情况的问题是盈利后的洋洋自得使交易者不能进行客观正确的判断。对盈利的追求使交易者偏离自己的交易系统或计划而进行交易。所以现在说一下交易者想当然的事情，“只有一个标准没有满足是没关系的”，“股市会给出讯息；我现在就要再次交易”，“现在我可以承担更大一点的风险了”，等此类的想法。很多时候，正是后面那一条使交易者陷入困境之中。一次交易所获得的盈利可能在下次交易中一下子亏损完，或者在下次风险更大的交易中损失更多。

虽然如此，交易者还是要经历这个过程的，并且经历得越早越好。进行过真实交易的交易者在整个交易计划的发展和完善中能够有更好的判断。只有当交易者认识到对持仓量和买卖盘输入的忽略会导致损失时，才会真正认识到交易中的风险。(强烈建议）交易者可在模拟账户中开发测试自己的交易系统，但是不在真实交易环境下锻炼自己，是很难找到适合自己的交易系统的。

交易者实录

从模拟账户到真实交易转换的初始阶段是要经历一些痛苦的。但是，我可以深切感受到用真实资金和虚拟资金进行交易的不同。可以说，它影响了我的风险观念，在策略使用上更加保守。——Scolaire Oanda’s FXMessage Board

综上所述，建议交易者尽早进行真实交易，也就是我们常说的，只有踩到水中才会知深浅。但是切记这笔钱是你的闲钱，很小一部分。任何事情都要有付出的，要看自己的付出是否值得。

遨游股市的展望

如果你已经完成本书建议的所有过程并且完成了应该完成的任务，那么你就可以在股市上遨游了。但是你也得了解这对于交易者的意义，了解如何在一次次交易的基础上，把所有的有效交易计划总结在一起形成自己的交易系统。

交易跟其他事情一样，是需要你付出很大努力的。在你对它的问题有稍微的了解——可以从书上和其他途径发现之后就要应用和体会它了。在整个过程中，交易者会不断有新的发现，不断成长，但是通往成功的道路却只有一条。需要我们坚定自己的目标，甚至要做适当的牺牲。

希望本书的学习已经给你指明了方向，并且也希望本书的学习使你认识到你是否适合进入股票行业，也欢迎大家的指正批评。我们已经在 Anduril Analytics 网站上开设了专门论坛，你可进入 www. andurilonline. com/book 看到本书的介绍。如有其他观点建议意见或疑问，请畅所欲言。

请记住，必须要有自己的交易计划并且要一直坚持它。

最后，祝交易成功，劳有所得！

附录 A　Boxes（盒子）

在前面的章节中我们注意到 FXGame 软件的界面上有 Boxes 选项卡。由于当时它并不是我们讨论的重点，所以我们完全跳过了它。然而，对于那些有兴趣的读者，我们在这里留出探索研究这一交易替代品的空间。（参照外汇交易平台网站进行进一步研究，http：//fxtrade. oanda. com/boxoption）。

盒子的两个维度

Boxes 之所以被这样命名，是因为它表达了两个维度——价格和时间——而且视觉上它们被描述成一个正方形或者矩形。Boxes 提供了 FXGame 软件系统中较高和较低的价格带，包括起始和终止时间区间，来定义图表的关键区域，在该区域市场要么交易要么不交易。稍后我们会举例作进一步解释。

通过单击 FXTrade 软件界面上（参照图 A-1）图下面的价格 Box 按钮，会初始化一个新的 Box。

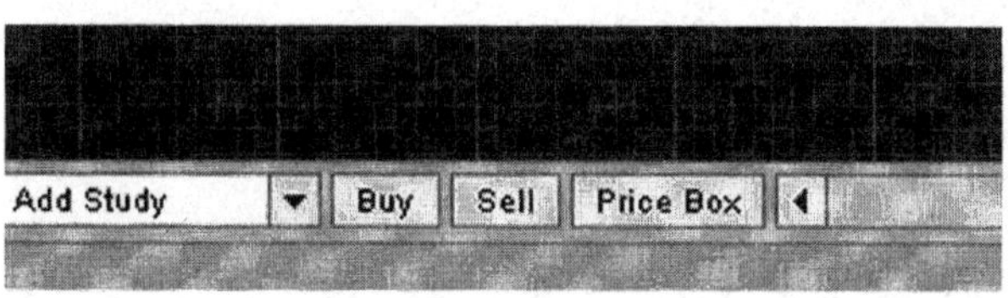

图 A-1　价格 Box

你会注意到现在价格 Box 选项已经变蓝。当我们在图上移动鼠标时，图会变成交叉瞄准线。（参照图 A-2）

单击鼠标左键就可以设定交叉瞄准线所定位的图中的位置处为 Box 的一个角，（单击即可，不要拖拽）。然后移动鼠标就在界面上创建了一个 Box（参照图 A-3）。

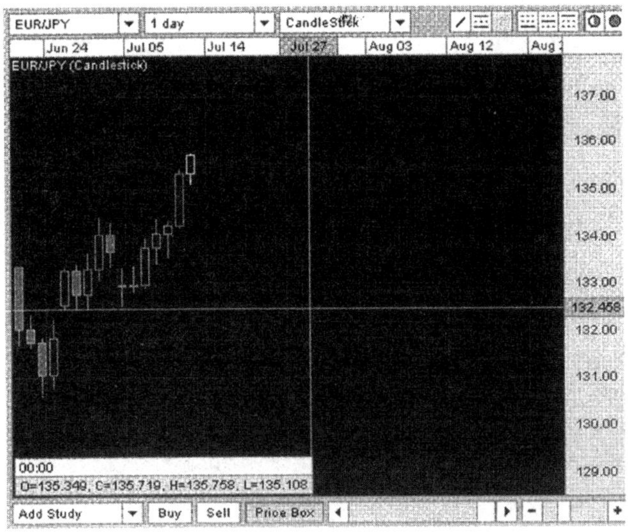

源自：Oanda

图 A-2　Oanda 外汇交易平台：价格 Box 起始状态

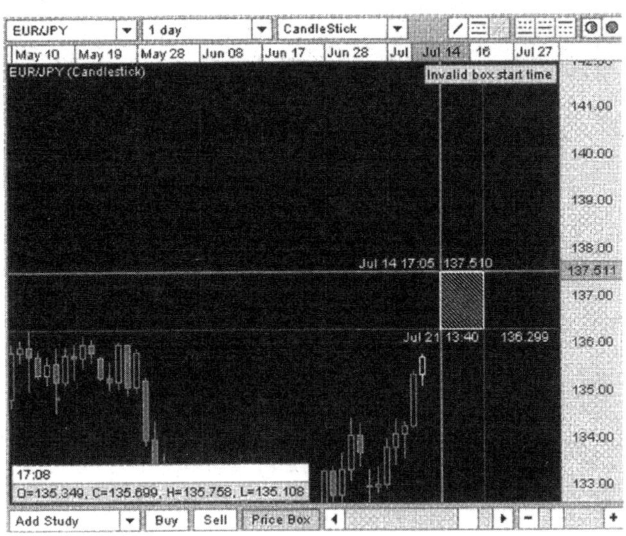

源自：Oanda。

图 A-3　Oanda 外汇交易平台：画出的价格 Box

再次单击左键来设定 Box。同时会弹出一个如图 A-4 所示的对话框，允许你对 Box 的价格和时间点进行微调。

起始时间和终止时间线定义了 Box 的持续时间（宽度）。最高和最低价格线设定了 Box 的价格带（高度）。随着你对这些具体值的调整，Box 的大小和位置都会发生改变。

还有其他四个控制点这里也必须提及。对话框最上面的是命中（Hit）和失误（Miss）按钮。选择命中按钮的意思是，Box 定义的是一个适合交易的价格区间。而失误按钮则意味着你正在寻找 Box 中不适合交易的价格。

下一个竖线表示的是买入价格，表示你愿意花多少钱在这个 Box 中买进。这条直线也是可以编辑的，参照图 A-5。

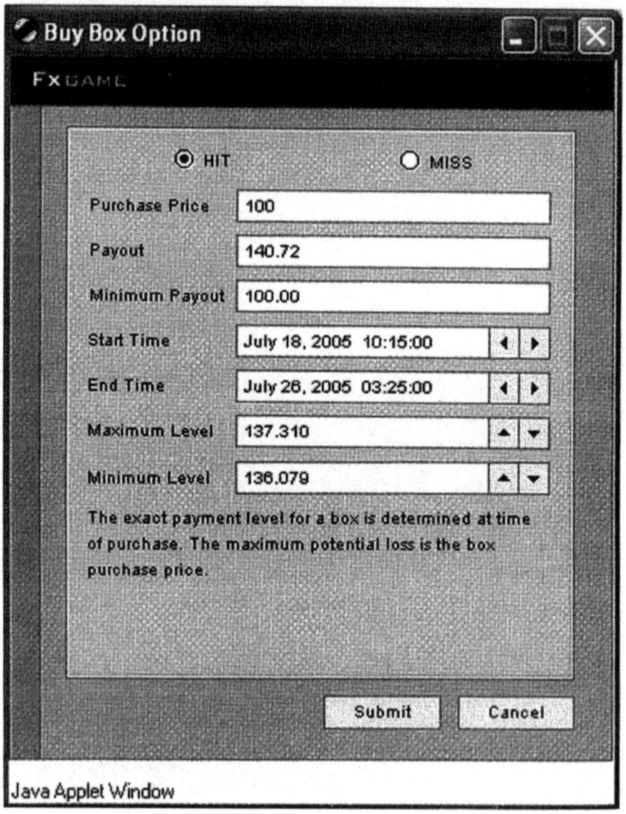

源自：Oanda

图 A-4　Oanda 外汇交易平台：价格 Box 订单选项

图中的支付栏表明该 Box 将支付给你多少，不管上面一栏选择的是命中还是失误。这一支付值是经过计算的，你并不能修改，但是将会随着你改变买进价格或者其他任何变量而变化，包括你从选择命中换到失误，就像你对比图 A-5 和图 A-4 中相应位置的变化一样。

你也可以设置最小支付，尽管这也不起什么决定性作用。当然，在你创立 Box 时，你就应该确实想要确保支付值超过买进价。否则，交易的要点在哪里体现呢？

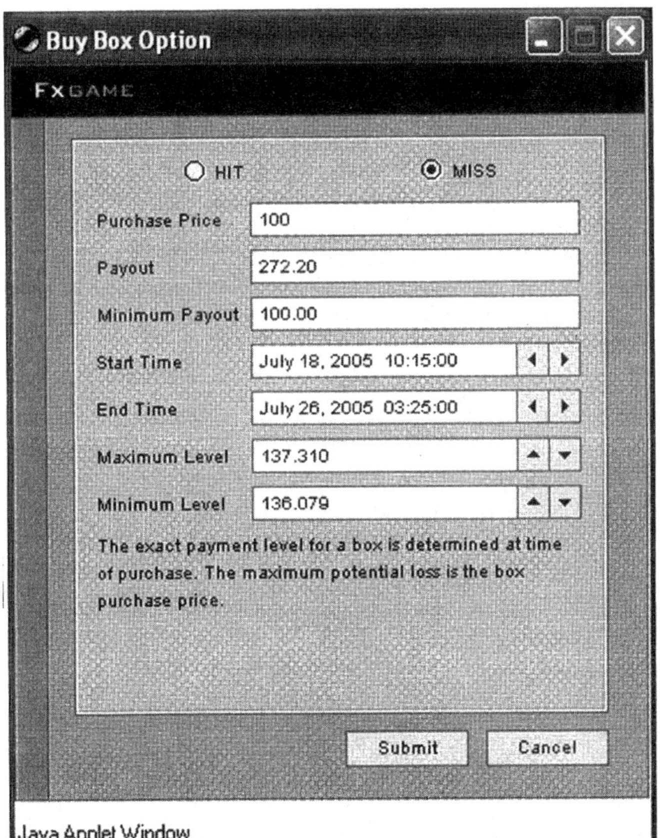

源自：Oanda

图 A-5　Oanda 外汇交易平台：价格 Box 订单选项

举例来说，假设我们并不认为EUR/JPY（开发这一特殊的Box完全是为了它）不会突破阻力位（参照第六章）136.00 。我们可以选择失误选项，如图A-6所示，来定义我们的预期。将最小值设定为136.25且最大值设定为137.25，将Box的高度设定为100个基点。我们继续设定起始和终止时间为一周。其结果就是一个开始于7月18日10：00（本地24小时计时），终止于7月25日10：00的Box。为这一Box我们支付100美金。如果市场并没有在它规定的区间内运行，那么我们将会收到231美元，该交易的利润就是131美元。

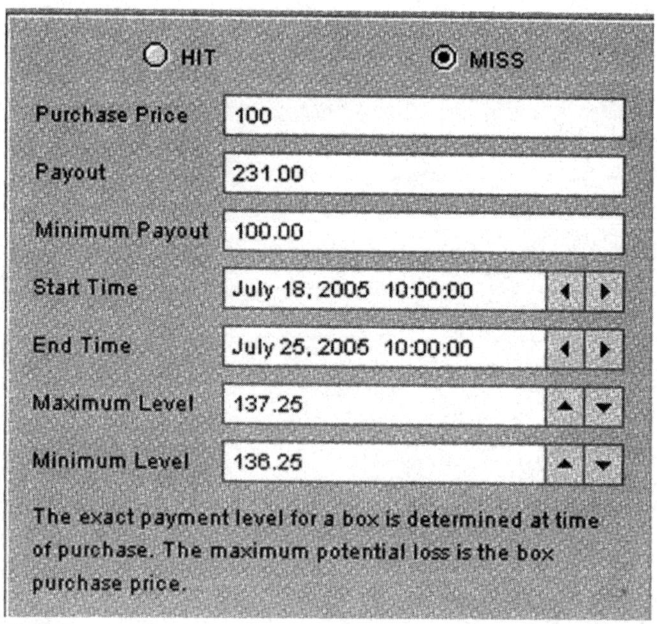

源自：Oanda

图A-6　Oanda外汇交易平台：价格Box订单选项

请注意我们确认（如图A-7所示）自后一行的潜在支付数字和我们设置订单时的不同。这反映出当我们设定交易时市场在变化。我们的Box现在显示在图上方的Box选项下，如图A-8所示。

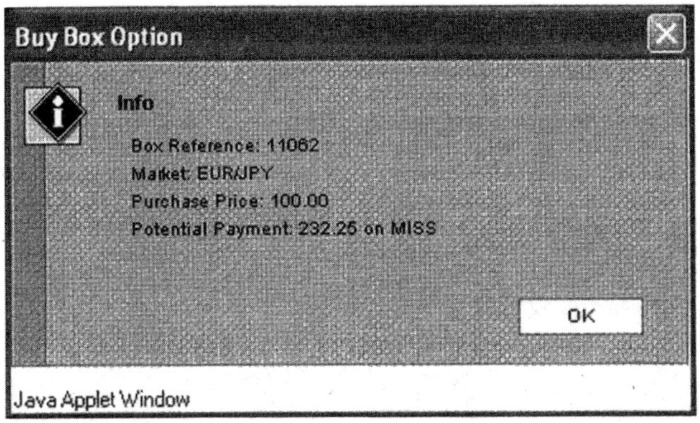

源自：Oanda

图表 A-7　Oanda 外汇交易平台：价格 Box 订单确认

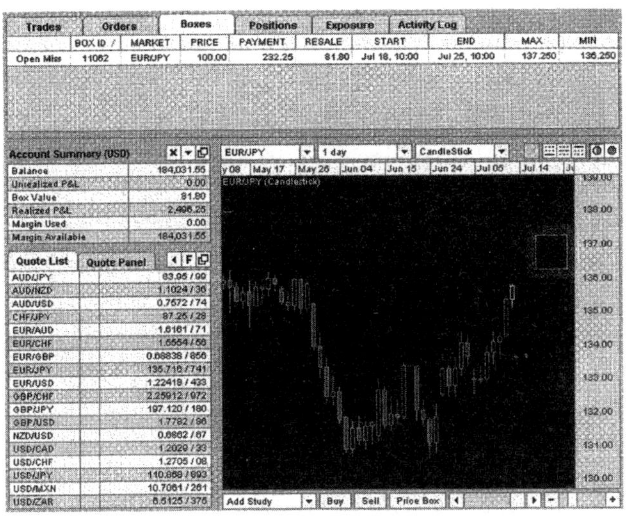

源自：Oanda

图 A-8　Oanda 外汇交易平台：价格 Box 即时行情

我们新的 Box 也会在活动日志中显示 100 美元的花费。但是，重要的是它不会显示头寸或数量。Box 能够完全独立地处理现货交易。

Box 和其他交易一样，即使是它们已经过期，也会一直显示在图中，除非你选择隐藏历史交易。图 A-9 中展示了一些过期的 Box 交易。

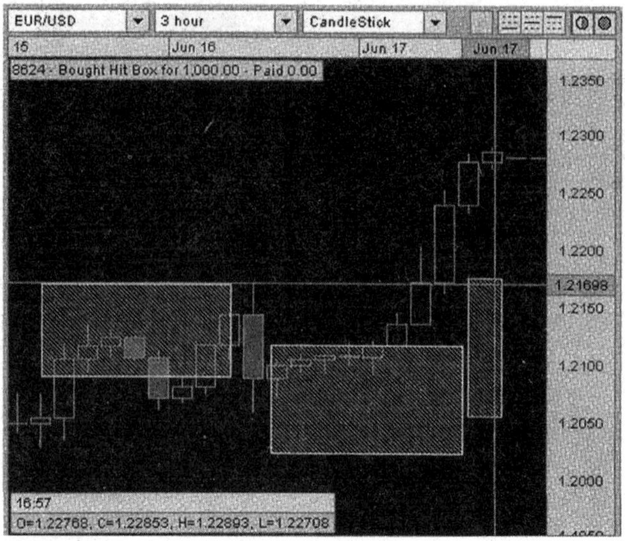

源自：Oanda

图 A-9　Oanda 外汇交易平台：价格 Box 结果

本例中我们看 EUR/USD 交易 Box，有两次较大的支出。（在外汇交易平台中它们以绿色显示。）正如你所发现的那样，它们是命中选项的 Box，而且也以 Box 中的价格进行了实实在在的交易。第三个 Box 也是命中类型 Box。但是，价格并没有在 Box 中交易。因此，该 Box 并没有发生实际支付（显示为红色）。

我们可以通过将鼠标移动到它上面（盯着交叉瞄准线），就可以看到其最终结果显示在界面最上方出现的方框中。在这一特例中，我们花 1000 美元进行这个交易，并最终支付了 0 美元。

当 Box 过期后，假如实际发生了支付，那么它会在活动日志里显示。如果没有，则什么也不显示。而且该 Box 就会从 Box 选项栏中被清除掉。

还要注意的一点是 Box 也可能会被提前关闭，在完成之前。你会注意到在 Box 选项栏中有一个转售列。你可以在这里出售这个 Box。这一列会随着时间和价格的变化而变化。越容易发生实际支付的 Box，它转售的价格就越高，反之亦然。当然，转售不会增加 Box 的收益（支出）。

盒子交易策略

Box 可以有多种使用方式，或单独使用，或组合使用，还可以与当前的头寸结合起来使用。现在我们回顾一下我们早期的交易。

在我们开发的交易系统例子中，交易的前提是 EUR/JPY 不能在 7 月 18 日 10：00 到 7 月 25 日 10：00 一周之内，以从 136.25 到 137.25 区间的价格交易。在这一特例中的基本要点就是，我们主要观察 136. 25 的图表阻力位能在一定时间段内阻止价格上扬，开始于交易初始化前约一周。（交易是为了实验样例的目的，所以不要再追问为什么以及分析原因了）。

图 A-10 展示了不同价格支付的 Box。支付是一个二选一的概念——要么我们损失 100 美金，要么我们赚取 232. 25 美元——因此我们亏损和收益都有上限。实际上，它们是不变的，并没有中间价位可以存在。这就是为什么 Box 交易和期权交易之间的差别这么大的原因，要么彻底赔光，要么赚取差价。这种二选一的特征，让 Box 交易的定价变得非常简单。当然，事实上的命中/失误触发时间并不是一个离散的点，而是一个时间区间，这在一定程度上又增加了一层复杂度。但是我们并不打算在这里讨论期权定价理论。对那些有兴趣的人来说有延伸材料可供学习。

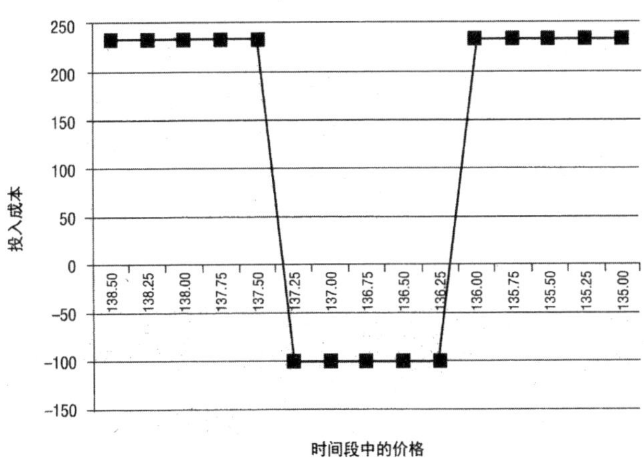

源自：Oanda

图 A-10　Box 期权差价交易盈利示意图

现在重新回到我们的Box交易中来，有人可能会认为这就是直接押注。要么在我们既定的时间区间内，市场价格停留在我们定义的价格范围之外，这种情况下我们收入232.25美元（赚取132.25美元）；要么情况不是如此，此时我们将损失预先支付的100美元。这与其说还有什么其他可能性的话，不如说这就是一个既成定局的交易。

在我们的交易案例中，该Box被命中，正如我们在图A-11中看到的那样。由于该Box是个失误Box，那么太糟糕了，我们赔钱了。

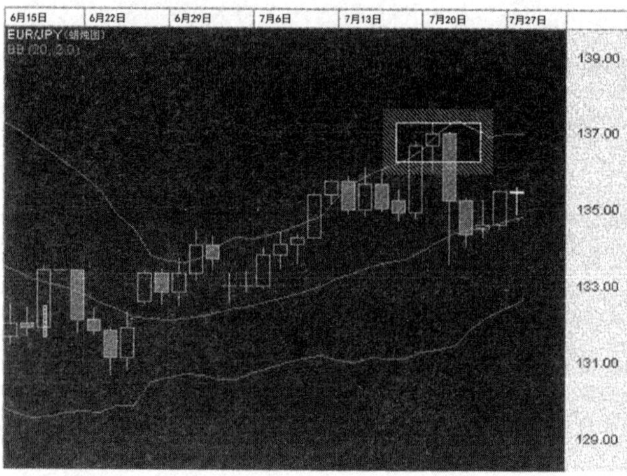

源自：Oanda

图A-11　Oanda外汇交易平台：价格Box结果

你可以从图中看出，136.25的阻力位确实守住了。只不过是一次快速的突破，尽管如此，它却击沉了我们的头寸。令人气愤的是，在价格进入Box中两日游之后，市场重新跌出Box，并且一去不回头。

这个例子清楚地表明了使用Box交易（和期权一样）的复杂性。我们可以将几乎所有的事都做好，但是只要有一个变量（本例中是时间）出错仍可以踢你出局。这并不是说交易者不能够使用Box交易这种方式来获利。而是一个拥有健康交易系统和坚持你的交易计划的问题。除了只是在市场运行方面打一个非常特别的赌之外，Box可以有多种用法。它们可以多个组合起来使用，非常像标准期权中创建的差价交易。

让我们设想以下场景。EUR/USD 已经单边交易一段时间了。我们的分析师告诉我们要么下周继续沿趋势进行，要么它将打破上涨或下跌（我们也不能确定）趋势。这种情况下，我们可以使用 Box 来构造一种差价交易，来从预期结果中获取利润。

如表 A-12 展示了测量视图。图中以我们的判定为基础，显示了我们的三个交易目标。我们已经把 Box 做得非常瘦（事实上时间区间只有 1 小时），目的是让图表显得更整洁。而且不用改变我们的初始意图，这些 Box 就可以很容易被放大。关键在于我们想看到这样的情况出现，在一周的时间段内，EUR/USD 进入某一个 Box 交易。在图 A-13 中你可以看到更多的细节。

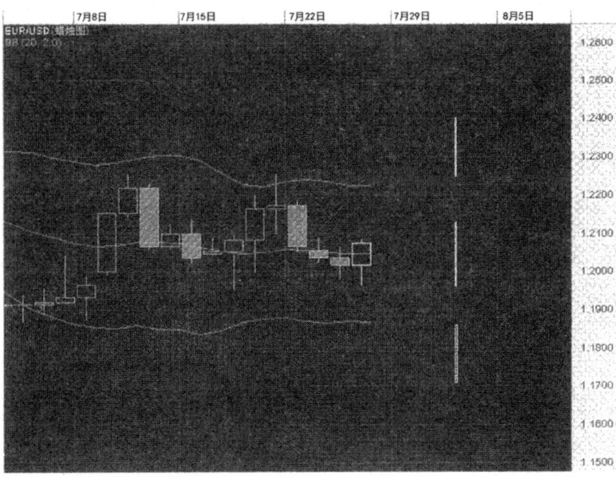

源自：Oanda

图 A-12　Oanda 外汇交易平台：价格 Box 的蝶式买卖

	BOX ID	MARKET	PRICE	PAYMENT	RESALE	START	END	MAX	MIN
Open Hit	14854	EUR/USD	50.00	588.71	18.83	Aug 03, 00:00	Aug 03, 01:10	1.18600	1.17100
Open Hit	14853	EUR/USD	60.00	370.51	26.73	Aug 03, 00:00	Aug 03, 01:00	1.24000	1.22600
Open Hit	14852	EUR/USD	100.00	172.05	71.50	Aug 03, 00:00	Aug 03, 01:00	1.21280	1.19640

源自：Oanda

图 A-13　Oanda 外汇交易平台：价格 Box 的交易头寸

你可以从数据中看出，我们一共有三个价格区间，这样无论市场仍保持横向整理，还是跳到我们希望的价格区间，我们都可以获利。利润回报如图 A-14 的描绘所示。

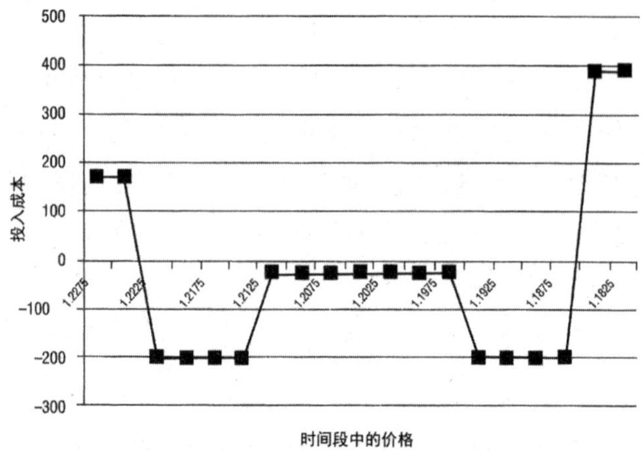

源自：Oanda

图 A-14　Box 期权差价交易盈利示意图

图中有两个明显地能让我们破产的区间，就是那些 Box 之间的空间。如果价格能够在 Box 规定的时间段运行到那里，那么我们将会损失 200 美元。如果 EUR/USD 反弹，那么我们期望小赚 200 美元。如果它下跌，那么我们将获得近 400 美元的收益。但是请看，如果继续保持平稳运行，我们也将亏损，不是吗？为什么会这样？因为我们中间的那个 Box，和两翼的 Box 相比成本花费太大了。

这是一个非常重要的教训。你一定还记得你买 Box 支付的钱。在本例中我们总共花费了 200 美元。然而在你做计算时却非常容易忘掉它，而且最终数量并不是净利润。为了计算净利润，你必须减去购买 Box 时的成本。要用我们讨论交易利润一样的方法来对待它。价格是 Box 的初始值，而报酬是最终值。在这种特殊案例中，我们为购买两翼的 Box 花了太多的钱，总计 100 美元。既然我们认定市场价格不可能在我们设定的时间段（仅有一小时）命中多个 Box，那么我们必须指出如果中间的 Box 被命中，我们将损失另外两个 Box 的钱。不幸的是，当价格命中中间那个 Box 时我们只能赚到 70 美元，这意味着要净亏 30 美元。

为了在这个特例中赚取我们目标中的差价利润，我们需要更小的两翼 Box。例如，如果我们将两翼的 Box 减少一半，每个 Box 花费 25 美元，最终的获利如图 A-15 所示。

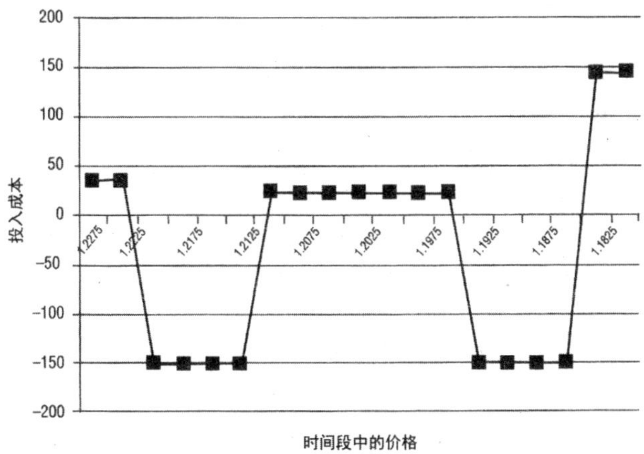

源自：Oanda

图 A-15　Box 期权差价交易盈利示意图

这一数据和蝶式买卖很类似。区别在于两翼不提供无限的上界。我们可以选择一个类似的多头宽跨式套利（Long strangle）趋势，如果我们打算将中间的 Box 去掉，而只留下两翼的话，将会为我们节省 100 美元（我们投入交易的成本）。而且如果上面的 Box 被命中的话，将会产生 270 美元的利润；要是下面的 Box 被命中会产生 538 美元的利润。

图 A-16 就是这种方法的盈利示意图。

我们又一次发现，Box 交易模式和通常的多头宽跨式套利的区别在于，前者缺乏后者所具有的无限上界。同时，我们也必须精确定义支付的上限，而不仅仅是以高于或者低于特定的价格的方式定义。就实际情况而言，可以通过定义更大的 Box 来作为变通的方法。

要点是，Box 可以和期权一样的方式来使用，只要交易者明白它们各自的局限性。如果可以描述一个场景的话，那么很有可能就是我们找到了一个使用 Box 交易策略的方法，并最终使用它。

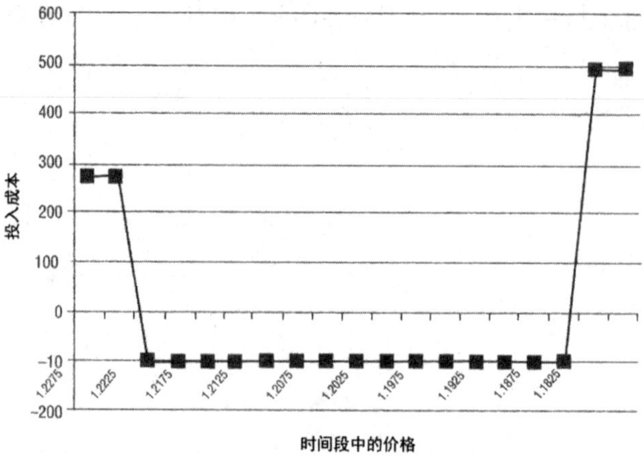

源自：Oanda

图 A-16　Box 期权差价交易盈利示意图

Box 交易法真正有趣的地方在于，对于既定的头寸它总能给出预期回报。考虑到我们的蝶式买卖套利交易。总有一些可能性（尽管很小但是可能会发生）有超过一个 Box 被命中。你能想象如果我们设定的三个 Box 都被命中时的激动之情吗？当然，那意味着不可思议的市场波动，但是我们却可以像强盗一样抢钱！这种事发生的概率太罕见了。当你把它们多个策略放置在一起的时候，应该作出合理的解释。正如有人预言不会命中任何 Box 的概率一样。这时，需要再一次提到定量分析。

综合止损

交易者不能为了投机的目的限制自己使用 Box 交易法。当综合全部资金进入外汇市场交易时，它们具有和资金管理工具一样的应用。比如，Box 交易法可以被用作止损，用以在价格发生反向运动时保护你的本金。

综合以上所有的考量。如果我们在 EUR/USD 品种上拥有 50,000 单位的做多头寸，而且我们想限制下跌风险。那么我们可以买一个 Box 来做到这一点。为了举例方便，从我们的早期蝶式买卖例子中，选择从 1.171,0 到 1.186,0 为区间的 Box。这意味着如果市场在一周内命中我们 Box 的话，我们只需花费 50 美元的代价，就将获得 588.71 美元的利润。这听起来太棒了。

但是且慢，这里还有一个陷阱，如图 A-17 所示。

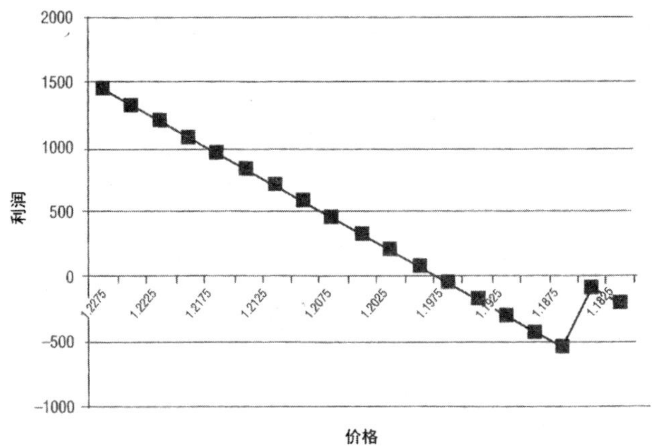

源自：Oanda

图 A-17 使用 Box 止损的现货做多收益情况

由于 Box 是不连续的固定报酬，因此它只能提供低效的亏损保障。本例中的这个 Box 更像是看跌期权，因为当固定的价格被触及后我们才能获利，但是不像看跌期权，我们的支出成本并不会随着市场的持续下跌而增加。这就是为什么我们从图中看到一个陷阱的原因。一旦 Box 被命中亏损就减少了，但是如果 EUR/USD 继续下跌，我们就没有任何保护措施了。从这个意义上讲我们的净亏损减少了。虽然你一度付清了 Box 的成本，但是已经不再有更进一步的下跌保障了。当然，你也可以建立一系列 Box 来保护你的头寸免受进一步下跌的困扰。

其他的组合策略

Box 交易法并不仅仅局限于用作对价格反向运动提供保障。它们也可以被用来增加其他交易策略的获利能力。例如，交易者在做多 USD/JPY 并且准备持有相当长一段时间。对于这样的长期交易而言，常常需要交易者一直持有头寸穿越交易的所有周期，或整个趋势中所包含的回撤。如果你预期价格会发生运动，或缺乏运动，这并不会让你持有的基本头寸获利，Box 会帮助你获取额外的利润。

作为一个例子，回顾我们的 EUR/JPYBox。如果我们正在做多 EUR/JPY，并且希望市场在 136.25 以下失速一段时间，就像我们想象的那样，我们列出的 Box 交易确实可以帮我们在持有多头头寸的同时赚到几块钱。如果市场没有突破阻力位，那么 Box 为我们赚钱。如果市场突破阻力位涨得更高，我们从自己持有的做多头寸获利。这个情景还不算坏。

这种形式的 Box 交易法，能够被如此有效地应用的主要原因是，它们不用为账户设置偏差。与此同时，Box 的位置确实具有风险提示功能，而且确实以市场为基础创立了一个具体的风险控制位，可以和现货头寸平行存在，而不用完全取消它。这就给交易者在使用 Box 作为全面交易策略的一部分时，赋予了相当大的自由度。

附录 B　系统案例

本附录中所使用的交易系统案例，是作者使用过的取得过相当大成功的系统。例如，它曾在 2004 年一年内取得了 200%的利润。它是基于作者近 20 年的研究得来的，在这期间系统经过无数次的修改，使之更加适应于作者个人的交易风格和时间约束。系统之所以被呈现在此，是因为它完全吻合分析三角形（参照第六章）的所有方面。因此，它应该轻松包含绝大多数读者关心的交易要素。

请记住，过去的表现并不一定预示着未来的结果。这个原则可以应用于任何交易系统。尽管如此，这个至关重要的警告还是应该扩展得更广些。任何交易系统或交易方法的成功，无论其设想和构造有多么出色，仍要最终落实到执行上。本书中喋喋不休地提及交易计划这一概念，这就是其真正的原因所在。作者本人在过去的几十年中，使用下面即将呈现的交易系统，已经取得了令人瞩目的成就，但是也只是在完全恪守它的纲要和目标的情况下才能做到。这才是任何交易系统的主旨所在。

股票市场系统遵循着自己特有的主线，CANSLIM™方法，是由威廉·J. 奥尼尔（William J. O' Neil）在他的书《笑傲股市》（*How to Make Money in Stocks*）中提出的。这一系统方法一经提出就立即引发了作者的共鸣，尽管作者本人也没有使用完全和奥尼尔一样的方法交易。而是用完全适合自己的资金多少、空闲时间多少和可获得的信息多少等因素的方法，并且一直持续多年使用这种方法。作者本人完全支持和鼓励任何使用这一系统，并且能以自己独特的风格——个性和处境——来提升改进它的人。

而对于文中作者提及其经纪人事务所的相关叙述，本人有不同意见。他多年使用嘉信理财（Charles Schwab）的数据，并且当时对它们提供的服务和支持非常满意。这里并不是要特别感谢的致辞发言，因为每个人的需求不同。如今大多数能够从嘉信理财获取的信息，都可以从许多在线有折扣的经纪人事务所获得。寻找最适合你和你自身需求的事务所即可。

在本附录的结尾部分，我们提供了作者的实际交易账户的业绩。每次发生在2004年的交易都标记着它的盈利亏损百分比。有两种方法可以对该交易结果进行评估。第一种，如果严格地从纯粹美元计数的角度看——意思是看初始和最后的账户余额——最终收益大约135%。

当然，更实际一些的衡量账户表现的方法，是建立在每股收益的基础上的，和衡量共同基金收益一样。这是因为作者在账户中使用了大量的现金交易，以及增加资金和撤离资金（尤其是撤离资金）的操作。每股最终收益是227%。换个说法，账户中的价值1美元的每一股，从2004年年初到年末，就会变成3.27美元。按照这种说法，让我们继续往下看吧！

第一部分：鉴别股票

步骤1——过滤/筛选

在交易的长河中有成千上万只股票。你不可能对每一只股票都做出精准的判定。这就是为什么我们需要使用筛选过程——将整个范围变小一点——过滤股票的原因。因为绝对的数量太多了，所以这一过滤过程必须具体量化。这一过程可以手工操作，也可以自动操作。例如，作者就可以通过他的经纪人公司提供的在线筛选工具，进行免费过滤。

第一重过滤是相对强度（RS）指标，这是一个测量股票的价格表现和市场中其余股票的对比强弱指标。我们目标是选出市场中最强的10%——RS指标的读数是90或者更高。这一步作者通过经纪人公司提供的在线RS过滤工具来完成。如果你手头没有某种类型的相似工具的话，你可以在很多地方找到RS指标。一个非常容易找到的地方是《投资者日报》（*Investor's Business Daily*，IBD）。每天的IBD股票清单中都列有股票具体的RS值数据。当然你也可以参考IBD旗下的《每日图形》栏目（Daily Graphs），它还支持在线订阅。这些数据是IBD股票表格的骨干数据。你也可以从每日图形中获取和报纸上同样的信息。每日图形体系有着非常精美的图表，同时也具备一定的筛选能力。（注意：作者和IBD以及每日图形栏目没有任何利益关系）。

现在 RS 指标已经过滤掉了 90%的股票，可是仍有几百只股票需要整理归类。这意味着还需要做进一步的过滤。我们仍必须采用一系列额外的过滤条件来将这些股票分类。其中有几种我们可以选择的方法。大部分取决于你能获取到的信息方式，交易者可以使用它们中的一个或多个：

每股收益（EPS）排名　和 RS 类似，这是一个根据盈利的增长速度的股票排名。你可以从 IBD 和每日图形中找到。尽管接受任何每股收益高于前 80%的股票已经是非常完美了，但是作者通常只对那些每股收益排名高于前 90%的股票感兴趣，这意味着这些公司的收益增长位于所有股票的前 10%。

接近新高的股票　这一个我们稍后提及，但是基本的原则是，寻找距离它们 52 周以来的高点 10%位置的股票。

当前价格　一般情况下，做好操作那些价格在 20 美元或者更高的股票。当然你也可以把这一数字调低些——但是尽量保持两位数——但是根据我们稍后提及的原因，请最好与价格超过 20 美元的个股共舞——越高越好。

成交量——第一部分　一般交易者都喜欢看到成交量放大。最近的成交量数字应该高于长期平均成交量。作者最近使用了一个过滤器，该过滤器致力于寻找最近 20 天的成交量平均线，大于它过去 6 个月的成交量平均值的股票。

成交量——第二部分　判定一只股票是否交投活跃也非常重要。这意味着该股每天的成交量至少不低于 10，000 股。如果成交量低于此值，那么活跃度就失去意义。当然低的成交量也意味着未来价格运动变化不大。市场确实需要活跃的成交（成交量）来创造可持续的价格运动。

你可以从图 B-1 中看到一个筛选器的输出结果。在股票符号名称之后的第一列就是 RS 值。接着是当前价格，后面是当前价格和 52 周以来最高价的差（以百分比的形式）。在你能看到的 20 天平均成交量的右边，是 52 周高点的精确价格、市盈率和每股盈利的具体数字。在本例中，每股盈利并不是我们前文中提到的排名形式，而是最近一年的每股收益的具体数值。

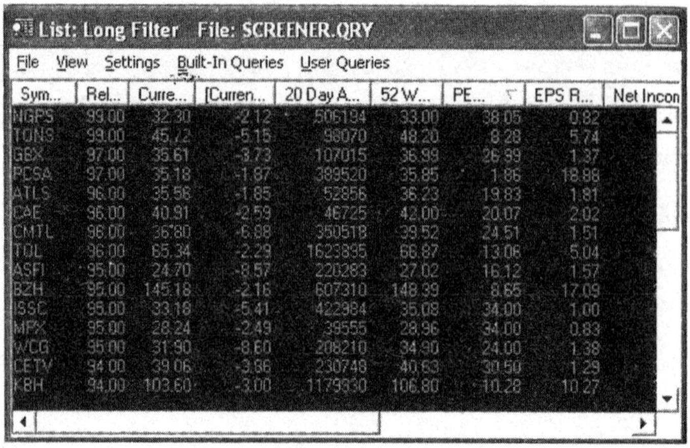

List: Long Filter　File: SCREENER.QRY

File　View　Settings　Built-In Queries　User Queries

Sym...	Rel...	Curre...	[Curren...	20 Day A...	52 W...	PE...	EPS R...	Net Incon
NGPS	99.00	32.30	-2.12	506194	33.00	38.05	0.82	
TONS	99.00	45.72	-5.15	98070	48.20	8.28	5.74	
GBX	97.00	35.61	-3.73	107015	36.99	26.99	1.37	
PCSA	97.00	35.18	-1.87	389520	35.85	1.86	18.88	
ATLS	96.00	35.56	-1.85	52856	36.23	19.83	1.81	
CAE	96.00	40.91	-2.59	46725	42.00	20.07	2.02	
CMTL	96.00	36.80	-6.88	350518	39.52	24.51	1.51	
TOL	96.00	65.34	-2.29	1623895	66.87	13.06	5.04	
ASFI	95.00	24.70	-8.57	220283	27.02	16.12	1.57	
BZH	95.00	145.18	-2.16	607310	148.39	8.65	17.09	
ISSC	95.00	33.18	-5.41	422984	35.08	34.00	1.00	
MFX	95.00	28.24	-2.49	39555	28.96	34.00	0.83	
WCG	95.00	31.90	-8.60	208210	34.90	24.00	1.38	
CETV	94.00	39.06	-3.86	230748	40.63	30.50	1.29	
KBH	94.00	103.60	-3.00	1179930	106.80	10.28	10.27	

源自：嘉信理财有限公司

图 B-1　股票筛选器

使用筛选器对市场过滤之后，通常只会剩下 10 到 30 只股票。当市场整体上涨时，这一数字也会增加。整体下跌的市场通常只会产生更少数量的筛选结果。这里起作用的主要是接近 52 周新高的筛选条件。

步骤 2——选择股票

过滤完股票后，现在开始逐一翻看。当然，仍有一个大体上过滤的过程。当看着这些通过初始筛选的股票清单时，你仍在考虑尽可能地再筛掉一些股票。其理由是双重的。首先，选出的股票列表往往有两打长（每打 12 只）。交易者根本不可能全部都买，因此要把这个列表再精简些，达到一个可以更易于管理的数量。第二，作者没有那么多时间来照顾这些股票。每一只在最终列表中的股票都需要花费大量时间仔细研究分析对比，甚至有可能交易。为了能在分析上花尽量少的时间，作者接近可能去寻找任何能够筛掉列表中股票的理由。要相对较快地做到这一点，一般需要三个阶段。

阶段 I：观察盈利前景　从基本面分析着手。你会看到近期的盈利增长模式。更重要的是，应该有一个预期盈利前景，而且至少应该是两位数以上的百分比。当然，还有很多谦逊的、增长缓慢的公司。交易者想找出比它们好的公司。这当然是隐藏在交易背后的最根本的理由。本系统并非致力于寻找亏损的公司，或者未来盈利预期较低的公司。短期的股票价格并不能总是反映其基本价值，但是长期来看则一定会体现它的基本价值。交易者的目标就是，在开仓交易时朝着有利于自己头寸的方向。

你会注意到市盈率包含在前面的筛选条件中，但是在过滤条件中并未列出。确实市盈率并非该过程的决定因素，然而当在极端条件下评估股票时，它确实会被用到。作者本人是不会交易那些市盈率都超过 30 的股票。这确实会排除掉一个高高在上的股票，但是这仅是一个个人爱好问题，就是为了能在夜里睡个安稳觉。市盈率越高，个股的风险也越大，担心会有关于不良盈利的新闻报出来。

尽管如此，在另一方面，交易者喜欢寻找那些盈利超乎预期，但是市盈率仍处于个位数百分比的个股。这类特殊的交易系统并非以价值为基础，而是低市盈率股票可能会有出色表现，因为他们它们增加潜在的价值，会通过各种扩张多种途径表现出来，自然会有更多的上涨机会。

贝哲房屋公司（Beazer Homes，简称 BZH）就是这样一个例子。在 2004 年 12 月 BZH 公司的股票出现在筛选结果清单上，入选原因是当计算它最近收益（价格 116 美元每股，每股盈利 17 美元）时，发现它的市盈率低于 7。而且下一个财政年度的预期年收益会超过 20%。这太令人激动了。如果你能发现某只股票收益惊人，而且有着灿烂的发展前景，尤其是市盈率低于 10 时，那么请你毫不犹豫地买进吧！

当然，在你开始想要着手寻找低于 10 倍市盈率的股票进行交易之时，肯定会有人说，这都是不算事。像 BZH 这样的宝石般的公司，总会周期性地出现，但是在绝大多数时间内你仅能看到市盈率是两位数的股票。当然，交易这些股票你也能做得很好，尤其是在你有能力鉴别出哪些股票具有强烈的两位数盈利前景预期时。

阶段 II：观察价格图表　技术分析就是从这里切入的。就像人们希望能掌握一定的基本面信息一样，交易者同时也希望能具备一定的技术分析能力。作者本人在寻找即将突破新高的股票时就是用的技术分析方法，当然使用过滤器寻找接近 52 周以来新高的股票。突破的意义越重大，股票越好。这意味着一个 2 年以来的高点的突破，肯定好于 52 周的，而 52 周的突破当然比 6 个月的高点突破更具意义。作者通过周线图来观察市场在更长远的时间内的表现情况。具体情况参照图 B-2。

图 B-2 是 BZH 股票的周线图。图中的水平线的位置，就是作者买进该股的点位——大约 116 美元，时间是 2004 年 11 月初。正如你所看到的那样，这个位置几乎刚刚超过年初的最高点，并且是在持续了一段时间的横向整理运动之后。这正是图表设置的追求所在。一般而言，股票横向整理的时间越长，其要突破的高点就越重要，上涨的潜力就越大。你可以看到 BZH 股票在它持续不断新高的路上表现有多么积极主动。

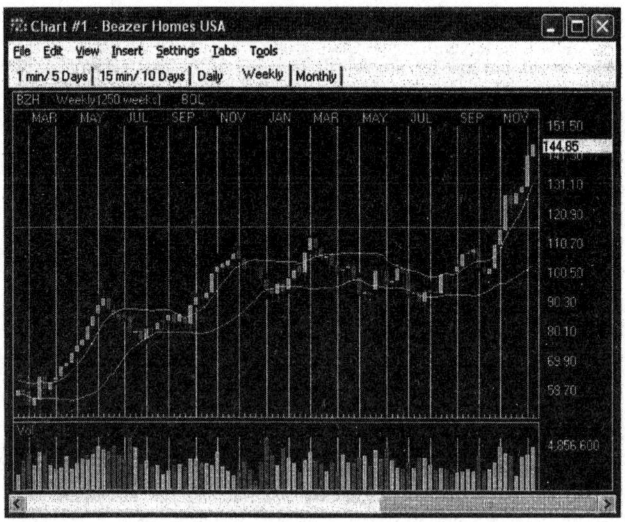

源自：嘉信理财有限公司

图 B-2　贝哲房屋公司（BZH）——2004 年 11 月

当然，如果我们看着图 B. 2 所示的 BZH 阶段走势图，作者本人会非常小心，因为毕竟从它的凌厉上攻的突破点算起，已经上涨了 20% 到 30%。这就是人们常说的底部起涨扩张走势。据说如果该走势需要一段时间的振荡整理期，或者甚至是即将会发生回抽确认，那么你也不要觉得奇怪。

尽管如此，扩张走势绝不意味着市场已经不可能上涨得更高。如果你选择了一只从基本面看非常好的股票，而且发展前景也很美好，那么它最终会继续上涨。具有一张扩张走势的图表，只是意味着可能坐在一个波浪翻滚的小船上。当然，据说任何回撤或者横向运动也都会提供一个绝佳的买进机会，就在整理区间的下轨线上。

如果你观察 BZH 的日线图 B-3，你可以清楚地看到我们所指的类型。股票快速上涨至 131 美元的位置。接着花了数周时间来横向整理。因为基本面预期没有发生任何变化，而且市场只有从它长期突破点中规中矩地上涨这一条路可走。所以上涨前景依然明显强劲。

这就是作者极力寻找的精确介入点位的类型。交易者希望能够买进在具有重大意义的整固走势之后的突破新高股票。就像我们在图中看到的那样，当 BZH 突破自己的整理区间后，又往上涨了 15 到 20 个点。所有关于技术细节都可以回顾第六章技术分析部分，讨论有关支撑与阻力位那一部分。时间和交易合约会赋予阻力位以重大的意义。

源自：嘉信理财有限公司

图 B-3　贝哲房屋公司（BZH）——2004 年 12 月

阶段 III 更进一步的研究　通过查询公司的盈利和对公司股票走势图标的评估，就可以将最终清单中的股票筛掉你想象不到的数量。有时候往往什么都没剩下（一只股票都没有）。如果是这样，那么你只有默默离开，重新来一遍。

如果有多于一只的股票留在列表中，那么就可以开始最后一步了，现在只需花费一点点时间和努力。在这一步有一件非常重要的事要做：回顾最近头条新闻中关于公司的所有新闻。目的是为了对公司近期所发生的事情作一个正面或者负面的评估。这就意味着要阅读盈利报告和新闻报道。这些信息在许多地方都可以获取。作者本人使用的一个地址是雅虎财经（http：//finance. yahoo. com），而他的经纪人是另一个资源。许多公司都有带有投资者板块的网站，该板块提供近期头条和相关新闻。如果不考虑新闻的来源，你想看到公司和其业务的正面报道，或者至少不会发展成负面新闻的报道的话，可以来这里看看。

在检查新闻的过程中，同期也进行着筛选和分析工作。如果没有找到好的股票可以买进，那么也不过就是再过约一周时间再来一次，这取决于整体市场的交易状况。如果市场整体呈现持续上涨态势，那么你使用筛选和过滤的频率应该更勤一些。而当市场下跌时，或者大多数情况下都在横盘整理时，就等久一些再选股。

如果一只或者多只股票都成功通过了筛选，那么接下来就要做出一些决定了，这些决定也要根据环境而定。如果交易者的资金雄厚，那么他很有可能会买好几只不同的股票。当然也有这种情况，交易者必须从不同的股票中选出一只。如果是这样，那么选择时候就要多比较不同股票的基本面前景（盈利增长和预期）和图表状况（价格的表现更有意义），以及一些相关新闻。最终选择的是在所有股票中最好的那只。选好了股票，就可以开始进入系统的下一步骤了。

步骤 3——交易的进场于管理

一旦你确定了要买某一只或某几只股票，接下来就该考虑你的投资组合和资金管理的问题了。这个系统采用自下而上的方法，这意味着它并不会过多地注意公司所处的行业，或公司经营的生意类型。只要他们的收入在增长，股票的价格就会表现很好，而且其他的一切看起来也都不错，这就是这个系统关心的一切。然而，虽然如此，作者本人在他自己的投资组合中，却总是极力避免交易同一行业的多只股票，以避免在某一个领域承担太大的风险。如果多只股票都通过了筛选，问题就变成竭尽所能去买那只最强势的股票。而几乎不去考虑投资的多样化问题。你可以更多地关注你的资产配置。

然而，你确实必须非常谨慎小心的是，要明白在你的投资组合中风险到底占多少。作者的基本原则是，在自己的投资组合中，从来不为某一单一品种冒自己总资金 10% 的风险。当然也有人使用更低的比例。尽管如此，我们也不建议读者使用更高的比例。

说到风险，首先要建立止损位。一般止损位是一个低于当前市场价格的位置，如果该价位被触及，那一定是强烈地表达了该股不会和预期的那样走。这个交易系统主要是以强劲的上升势头为基础建立的。如果看起来上升动能已经在衰退，那么交易者必须退出去寻找另一个交易机会。

作者选择止损位的基本方法是，观察日线图并找出最近最具重大意义的低点。根据 BZH 日线图（参照图 B-3），如果交易者打算在 12 月它突破新高时买进，那么突破之前整理区间的低点应该是一个不错的止损离场点位。该点位的值大约在 122 美元一带。如果市场运行到那里，交易者应该非常强烈地确信，该股的绝大多数做多动能已经消失了，而且，下一阶段对于该股来说，只有参与不久就会出现反弹才能获利才具有意义。

一旦止损位被确定，则一定要将其转换成具体的美元值。在 BZH 的例子中，如果交易者买进的价格是 130 美元，止损位是 122 美元，那么这次交易所冒的风险就是每股 8 美元。剩下的就是确定这次交易的头寸大小了，根据我们的原则，不超过账户总市值的 10%，然后再用具体数值除以 8 美元，就得到可以买进的股票数量。

当然，如果你打算买进，那么你也必须要有一个卖出计划。每次交易都有以下好几种离场策略：

止损离场：市场跌至预先设置好的止损位。

固定情形离场：例如，如果在 8 周的交易时间之后，市场并没有朝任何方向运动，那么就应该离场。这种情况也可以发展成更进一步的情况计时离场。例如，一只股票上涨得好好的，但是接下来停滞不前，既不涨也不跌地运行很长时间。那么，此时也应该离场。

背离：和固定情形离场很类似，交易者需要认真观察，将该股的走势和市场的整体走势相比较。当然你买进的股票预期应该有出色表现。如果市场整体在上涨，而你的股票却在横盘整理（或者更早点，在下跌），那么交易者应该立即抛弃他，寻找更好的股票来替代。

负面新闻：有时会出现负面新闻，比如收入未达预期的情况。如果类似这样的新闻出现，那么对该股的正面预期前景就会发生变化，及时离场吧。当然，你一定要记住，并不是所有的负面新闻都是有意义的。其中的一些只不过是前进路上的小波折而已。

移动止损：一旦你买进的股票开始朝着正确的方向前进，你就要开始抬高止损位了。这些新的止损位的确定和刚开始的止损位的确定一样——近期最有意义的低点。设置这些止损位的目的有两个，保护利润和股票失去上涨动力时离场。

到达目标：有时当开启一个新的股票头寸时，交易者可以设定一个目标。此时又分为两种具体情况。

1. 买进通过筛选过程的股票，但是该股并不真的令人刮目相看。这类情况下，定义一个距离进场点位 20%的目标是比较合理的，当价格抵达的时候至少兑现部分利润（平仓持有头寸的一部分），尤其是当市场走势低迷时。

2. 买进低市盈率的股票。交易这类股票时，交易者能够确定一个以 10 倍市盈率（或工业行业平均市盈率，如果它更精确的话）为基础的、精确的价格点位，在 BZH 的例子中，作者本人进场后以交易系统位基础的上涨目标是，170 美元（2004 年每股收益 17 美元×10）到 200 美元（2005 美股预期收益 20 美元×10）。当然，因为这些并不是具体的技术分析点位，所以不要以一个绝对固定的目标来衡量基于市盈率的价格目标。实际上它们更像是一个参考。作者的交易理念是当它抵达目标时，并不急于卖出，而是更激进一些换成设置该股的移动止损位。

此处应该注意的一点是，仅仅因为交易者已经离场就认为可以不用关注该股了，然而这也并不意味着他们会永远交易某只特殊的股票。偶尔也有系统让交易者多次交易同一只股票的情况出现。这是股票交易应该具备的正常功能。如果其基本面依旧很好，而且技术图形也告诉我们说“买进”，那么就应该买进。交易者不能对任何一只交易过的股票产生感情。

那么，现在你已经拥有这个系统了，作者本人的股票交易系统。好吧，无论怎么讲这一部分确实挺难的。那么下一个部分如何呢？正是本附录最有趣的部分！

第二部分：追逐巨额收益

开足马力狂奔

就刚才所讲的交易系统本身而言，整体看来完美无缺且容易令人接受。使用它的交易者会具有相当的能力击败所有的公平竞争下的主流标准。当然，作者本人并不会把它看得这么好。他致力于寻求更加出色的性能，而且将该系统用于交易股票期权。期权交易提供的交易机会与股票交易相比较具有以下几大优势：

杠杆： 通过期权交易者可以控制更大数目的股票，这意味着更高的潜在利润。本书作者使用该系统的经验表明，超过一半的选择出的股票都会在数周内至少上涨10%。这个收益对于股票来说还算不错，但是它可以有更高的收益，在期权交易中获利要大得多。

损失有限： 在期权交易时，交易者可以完全控制自己的风险。作为一个期权买家，交易者知道他能亏损的钱不会超过投入交易的钱。

增加多样化： 因为交易者能够利用很少的钱来交易期权，从而控制更多的股票，所以他参与交易的钱可以更充裕，这意味着可以交易更多的品种。

期权还有一个非常重要的优势——增加交易机会。交易期权不像股票那样，对于一个给定的账户必须具备更多的同步头寸，甚至必须在账户里放入保证金。这才是关键。

我们所规划的系统有能力同时或者在很短的时间内产生买进多只股票的信号。根据作者的经验，他预期在数周内其中超过一半的股票都会产生10%以上的利润。然而，交易者不能预测具体哪一只能或者不能。这意味着交易者需要交易尽可能多数量的股票，以保证总体盈利概率对自己有利。而这，在期权市场做起来比股票市场更据可行性。

所以，我们现在坚持的策略就是，找到看起来极有可能上涨的股票，给出一种可以增加给定头寸的收益，从两位数到三位数百分比的方法，以及通过允许交易者做更多交易的方法，提供增加整体预期回报的机会。这简直是太好了。

在继续进行下一步之前，还有一点必须要搞清楚。你还记得我说过只有价格超过 20 美元的股票才值得纳入观察吗？期权就是答案。在许多例子中交易者都在参与 10%到 20%利润的交易。这对于一个价格为 10 美元的股票来说，上涨的点数并不多。还有另外一个原因是，很多价格低于 20 美元的股票并没有可供交易的期权，所以无论如何我们都要远离它们。理想的情况是，值得观察的股票价格都应在 50 美元以上。

选择可以买进的期权

在作者的交易策略中有两个关于买进期权的原则：

1. 只交易平值期权（At-The-Money）（ATM）。这通常意味着，价内期权（In-The-Money）的行权价格最接近股票交易的价格，尽管交易者可以买 ATM 并把它们称作价外期权（Out-of-The-Money），如果行权价格距离股票价格比较近时。这一般用于资产变现，因为 ATM 期权有最高的成交量和未平仓合约数。

我们也使用 ATM 这一称谓，因为它最好地权衡了风险和收益之间的关系。购买期权的时候价内期权一般不做推荐，因为它们太贵而且占用交易资金太多，这样就降低了潜在的收益。而与之相反的价外期权（也被称作所谓的“彩票”）也要避免，因为成功的概率实在是太低了。以上两种期权可能确实很便宜，而且肯定能够提供巨大的潜在利润，但是要把它们变成平值期权市场需要花费太多成本，而且也无法知道在期权到期之前，它的行权价格能否被触及。

2. 购买至少还有两个月到期的期权。在一个期权越接近他的交割日期时，其贬值的加速度也越大。鉴于这一原因，交易者应该购买期权并预定离场日期，一般为距离期权过期日四周的时候。例如，如果系统给出了一个周期为 8 周的交易时间周期，那么交易者就必须至少在期权行权日到达前三个月进场交易。假设大多数交易都能一个月内有 10%的利润，那么为期两个月的期权也是可以接受的。这点对于那些通过筛选的股票来说更是真理，但是也不要太兴奋。

继续以早期的 BZH 为例，作者在 11 月初股票大约 116 美元时买进。那么就可以选择 2 月份到期行权价格 115 美元的期权，这是一个价内期权，差不多正好剩余三个月到期。

管理期权头寸

即便是期权具有损失有限的优势，交易者也必须考虑风险和止损。当买进期权的时候，作者从来没想到过要持有该期权直至到期，即使是市场走势还算良好之时。仍要以我们讨论过的基本策略来设定止损。交易者宁可持有一个反向运动的亏损的股票头寸，也不想要一个毫无表现的期权头寸。作者本人在期权交易上经常使用几乎 50%的止损位，而完全无视市场是否会触及期权相对应的股票的止损价。

为了确定期权头寸规模的大小，交易者可以使用 50%止损出局这个前提。如果用点数计算，那么就可以用点数来确定你到底可以购买多少期权，具体资金使用前面提到的总市值的 10%或更低的标准。当然，要时刻谨记一件事。期权的交易方式不会和与之相对应的股票一样，它的价格变动非常迅速。这意味着 50%的止损也并不是什么保险的事。还要为可能出现的交易滑点做好准备，并把它放到你的账户风险评估中去。

在期权的离场头寸交易方面，基本上前面提到的有关止损、目标，和相对的不活跃周期或和市场走势相反等基本原则都必须遵守。此外，还有一件事。有时会值得使用滚动加仓期权操作，有时值得再次操作。为了解释这一点，我们需要重新回到 BZH 的例子中。

正如前文中所提到的那样，作者在 11 月初购买了 115 价位的 2 月份期权。价格是 9.10 美元。到 11 月中旬时 BZH 涨到了 130 美元每股，对应的期权的交易价格是 18 美元。这个收益太令人满意了，但是从股票方面看我们可以期待得更多，因此现在还不是离场的时候。当然，与此同时随着 BZH 在投资组合中份额的变大，作者想从 BZH 的投资份额中兑现一部分利润，换到别的投资标的上去。作者卖出了 115 期权，并且购买了 130 期权（译者注：应该是该股更远到期的期权），该期权的交易价位是 8.6 美元。

那么在这个操作过程中，作者不但从市场中赚取了每股 9 美元的收益，而且又重新设定了他的头寸规模，其资金甚至比自己初始投入的资金还要少。当 BZH 的股价在 12 月达到 145 美元之时，这一过程再次重演，他又一次在 18 美元价位上卖出了期权，并获得另一个 9 美元每股的利润收益。而后又将利润在 8. 30 美元价位上买进了 145 期权。通过这种方法，作者从市场中赚取了相当可观的利润，而同时仍然保留着进场时一样的基本的风险设置和头寸规模。

写在最后的话

现在你已经拥有了作者进行股票市场交易的交易系统。如果它很吸引你，那么继续开发它以便用于自己的交易中。花些时间来测试它，并使得结果和模拟/纸上交易都完全契合股票选择过程和进行实际的股票和期权交易过程。然后把它变成你自己的，因为作者本人也是从起初的 CANSLIM 方法推演而来的。实际上，如果你打算从这个系统的初始点开始，一步步开发自己的全新交易系统，也并不是一个坏主意。

第三部分：交易案例展示

表 B-1 展示了作者本人在 2004 年内操作的实盘期权交易。请注意在 5 月到 7 月间它几乎没有交易，（旅行了三个月），而且在 8 月份到 10 月份也没有操作（工作太忙）。

注意：表中所列举的最后 5 个离场价格是 12 月 31 日收盘时的报价。

读者还注意到有一段接连亏损的交易记录。有一次亏损非常轻微。两次非常接近通常使用的 50%止损位。有一次非常高的亏损。尽管这段时间确实不幸，但是由于作者很好地执行了止损纪律，使得整个周期的亏损并没有给整个投资组合带来多大的伤害。现在看到良好的资金管理的作用了吗?

表 B-1　作者 2004 年间的期权交易汇总

股票名称	期权	买进日期	进场价格	离场日期	离场价格	收益率
LM	5 月 4 日 80C	2004.1.7	4.80	2004.1.21	10.00	108%
BD	3 月 4 日 40C	2004.1.7	3.00	2004.2.2	6.00	100%
AMG	6 月 4 日 80C	2004.1.22	5.70	2004.2.19	9.40	65%
LNC	7 月 4 日 45 C	2004.1.22	2.10	2004.3.3	4.40	110%
CDWC	7 月 4 日 70C	2004.1.22	5.10	2004.5.10	0.70	-86%
LLL	10 月 4 日 60C	2004.4.1	4.60	2004.5.10	4.20	-9%
AET	10 月 4 日 90C	2004.7.20	3.80	2004.7.27	1.55	-59%
UOPX	9 月 4 日 95C	2004.7.20	4.70	2004.7.28	2.15	-54%
LTD	2 月 5 日 22.5C	2004.10.19	1.60	2004.11.11	4.00	150%
DY	3 月 4 日 30C	2004.10.19	4.10	2004.11.17	6.90	68%
BZH	2 月 5 日 115C/130C/145C	2004.10.19	9.10	2004.12.27	25.50	180%
LEND	3 月 4 日 45C	2004.12.7	5.20		6.70	29%
DVA	4 月 4 日 35C	2004.12.8	4.40		5.60	27%
CCRT	4 月 4 日 25	2004.12.15	3.10		3.70	19%
DGX	2 月 5 日 95C	2004.12.27	3.00		2.75	-8%
MTLM	4 月 5 日 30C	2004.12.27	1.60		1.45	-9%

实用的股票分析和交易计划

作为一种能让读者更容易理解交易系统的方法，2005 年 1 月开始的具体分析实例就非常有助益。这是从筛选过程开始专门针对股票做的分析——HOV 公司股票（Hovnanian Enterprise，霍夫纳尼安公司）。

让我们开始第一次精简。参照经纪商的大界面，HOV 公司股票的相对强弱指标为 90。这一精确的数字你可以从 IBD 或每日图表中找到，但是这一数字本身已经足够符合我们的目标了。考虑其他的过滤器：每股收益 ESP 排名。这次你不用去 IBD 或每日图表中查找每股收益排名，你可以使用公开盈利数据就可以看到该公司的盈利增长。参照经纪人信息界面，盈利已经出现非常显著的增长（如图 B-4 所示）。

- **接近近期新高**：HOV 刚刚创出新高。
- **当前价格**：HOV 的交易价格接近 50 美元。
- **成交量 I**：HOV 的 20 天平均成交量值比 6 个月平均成交量高出约 75%。
- **成交量 II**：HOV 每天有几十万股的交易量。

所以现在应该进行下一步——盈利前景预期。正如你从图 B-4 中看到的那样，下一个财政年度的预期盈利非常好。以每股为基础计算，其收益预计超过 20%。这正是我们想要的！更重要的是，HOV 的市盈率还低于 10。再没有比这更好的了！

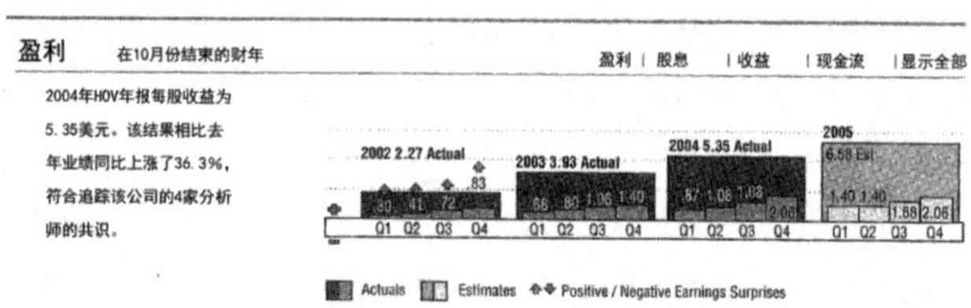

源自：嘉信理财有限公司

图 B-4　HOV 公司的盈利增长

我们非常喜欢它的基本面情况。这意味着我们必须看一看技术面。图 B-5 是从大数据网站上（www. bigcharts. com）获取的走势图。

该图包含时间跨度为 3 年的价格数据。还记得我们说过，时间越久的高点被突破，其突破的意义就越重大。HOV 股票在一年前就创下了历史新高。这正是我们想要看到的突破类型。意味着上面没有任何阻力位来阻挡股价进一步上涨了。至此，技术分析的结果也是肯定。

既然已经同时从基本面和技术面得到了肯定的信息，接下来我们更进一步进行细节方面的研究。该股的行业不错，HOV 分属房屋建筑类公司。这是一个被公共投资者追捧的热门行业，因为这就是所谓的“房地产泡沫”，很多人相信这个行业正处于发展之中。忽略这些，J. P. 摩根最近给予 HOV 公司以“增持”评级。而且其他房地产公司的盈利报告也很好，HOV 公司不仅在几周前刚预报了第四季度会有非常好的收益，而且提高了 2005 年的每股收益预期值到 6.5 美元。这当然是正面的积极的新闻。

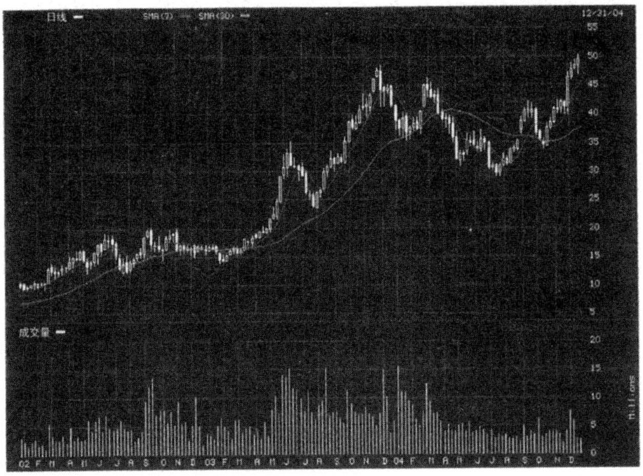

源自：www.bigcharts.com

图 B-5　HOV 股票 2004—2005 年走势图

现在可以做出买进的决定了，而也是时候考虑风险了。

正如前文所述，作者喜欢使用股票走势图来确定风险。通过这种方法，我们定义一个离场（止损）点位，通过寻找能够确定更进一步的上涨的预判是错误的那个点位。

在 HOV 一例中，你会注意到如图 B-6 所示，该股在 42 美元强力突破（如果能在 43 美元买进该股，那简直是太妙了！）之后，在上涨到 50 美元之前，有几天回撤到 47 美元附近。

那么 47 美元就是一个极好的止损离场的点位。更详细一点讲，我们可以使用正好位于 47 美元之下的地方。本例中我们使用 46 美元。也就是每股损失不超过 4 美元。接着我们就可以按照我们的账户整体市值 10%的风险原则来决定买进股票的数量了。

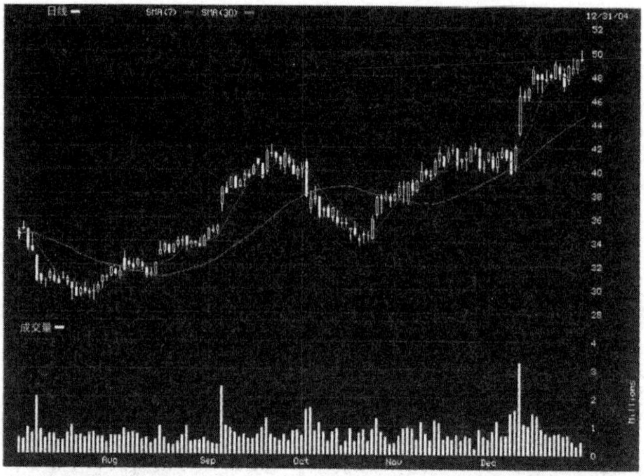

源自：www.bigcharts.com

图 B-6 HOV 股票日线图，2004 年 8 月到 12 月。

随着买进的操作完成，风险也已经被定义了，现在我们需要一个好的离场策略。让我们再次回顾一下离场清单：

- **止损离场**：我们设置的止损位是 46 美元，如果股价跌至该价位，那么清仓离场。

- **固定情形离场**：8 周的交易时间是 3 月初。如果此时收益没有超过 10%，那么清仓离场。

- **背离**：和固定情形离场一样，我们也需要认真观察该股的走势和市场的整体走势相比较。

- **负面新闻**：下一个盈利公报一直到 3 月份才有，所以负面新闻现阶段还不是个问题。除非有某些异常情况的新闻事件发生。即便真的如此，我们也需要评估其潜在的影响。

- **移动止损**：一旦 HOV 开始朝着正确的方向前进，我们也要开始抬高止损位。使用图表法找到近期最有意义的低点。和一开始决定止损位的方法一样。

- **到达目标**：因为 HOV 是一只市盈率很低的股票，我们可以确定一个大概的基于盈利的目标。考虑到它下一个财政年度的预期收益为 6. 5 美元。整个工业行业的平均市盈率在 10 到 11 之间。为了简化问题，我们仍坚持 10 倍市盈率。据此最终确定的目标价格是 65 美元。当然，这只是粗略的估算值。我们并不能用它来作为离场的硬指标，而是在某一个对自己持有的头寸开始变得谨慎小心的点位。

至此为止，我们可以在 2005 年一开始就购买 HOV 股票了，止损价 46 美元，初始离场目标粗略地定在 65 美元。

但是，且慢！真正的资金会用来购买期权。这才是我们想要的。

购买期权的基本原则是一定要确保购买在行权日期最少两个月以前的期权，如果系统给出了一个周期为 8 周的交易时间周期，那么交易者就必须至少在期权行权日到达前三个月进场交易。在 HOV 期权中，有 1 月份和 2 月份的期权，但是下一个期权是 5 月份到期的期权。2 月份的期权时间太短（只有 6 周），因此我们只有选择 5 月份的期权。

另一个基本规则是只交易平值期权。在 HOV 的例子中，这意味着 50 美元行权价的看涨期权。记住，我们不想交易廉价的价外期权（彩票），而且我们也不愿参与有众多资金参与的价内期权。

正如你在图 B-7 中所看到的那样，5 月份 50 的期权，在 2004 年 12 月 31 日收盘时竞买价格为 4.70 美元，竞卖价格为 4.90 美元。这意味着购买每份合约至少要花费 500 美元。

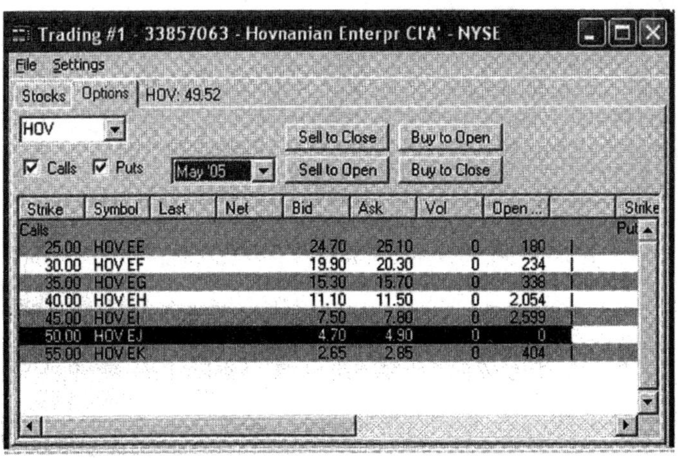

源自：嘉信理财有限公司

图 B-7　HOV 的 5 月份期权

记得我们期权交易使用的止损点是 50%。这是对前文所述的离场策略的补充。在大多数情况下，如果平值期权跌了 50%，那么股票肯定不会和预期的走势一样运行。

在结束之前，很有必要讨论一下策略调整的意义。前文中我们提到过，大多数通过筛选过程的股票，在数周内都会上涨 10%或更高。能够更好地运用这一优势的策略是，使用短期期权和当股票达到这一收益时离场的交易组合。对于 HOV 来说，我们可以买进 2 月份 50 的期权，每合约花费 270 美元。这并不是说它就是本例中能迎合 10%战略的最好的期权，尤其是因为 HOV 是个低市盈率的股票，但是它无疑是我们可能采用的具体标的。2 月份期权应该能足以满足我们的做多目标（参照图 B-8）。在 10%策略中，交易者致力于寻找相对快速的价格运动，尤其是交易持续时间短的期权。这意味着一定要快速离场。与等待漫长的八个星期相比，交易者可能宁愿在两三周内就退出，如果价格变动方向不如预期的话。

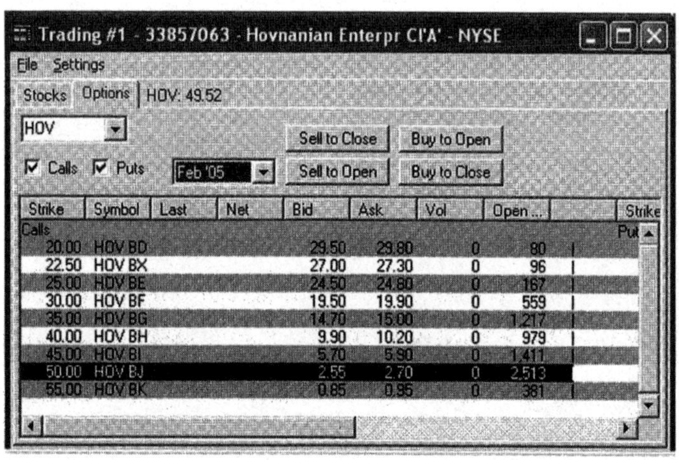

源自：嘉信理财有限公司

图 B-8 HOV 的 2 月份期权

HOV 结果展示

正如我们上面所讲的那样，开始买进 HOV，实际上止损价 45 美元被触及后，重新进入交易时是亏损的。当然，作为交易系统的具体案例，还有其他一些买进信号（突破新高买卖）会在今年稍后时间内推出，那个信号会极大地提高盈利能力。

译后记

如果非要给本书定一个时尚一点的基调的话，那一定是实用。在市场浸淫多年的译者，经常会有这样的迷茫时间段。一个方法在一个时期应用得很好，可是显然不成体系。比如在熊途漫漫的日子里，超跌抢反弹，跌幅自最高点算起打两折，极品打一折的操作模式；或者在轰轰烈烈的牛市中挑涨得最猛的买，往往都能够赚钱。只是苦于没有办法将这些极品的，或者说时效性很强的、对市场大环境依赖很强的操作方式统一定性，形成固定的交易模式。因此，虽然在市场中耗时日久，但是仍跟狗熊掰苞米一样，走一路扔一路，留在手里的依然只是最近才通晓的技巧和方法。

约翰·福尔曼在《交易的本质》一书中却做到了。一开始他慢慢地、纵横开阖地讲下去，然后镜头忽然对准某一个基点，接着继续深挖，深挖，直至最终形成交易的至尊大杀器——交易系统。由于本书是为零起点的新手和大学金融专业的相关课程而写，因此市场经验丰富的交易者可以直接看最关键的第五、六、七、八章。基本上你所关心的和你在交易中常犯的错误，这里都已经预先发现和想办法阻止了。正如作者本人在前言中所写的那样，我们不是致力于针对某一个个体交易者，而是具体的交易方法，以及由诸多因素整合而成的交易系统。

事实上，在翻译过程中，译者自身也纠正了许多选择交易系统时极易犯的错误和理解误区。比如，有一段时间，译者非常热衷于用飞狐交易师软件来评测系统，但是凡是看到成功率低于90%的系统一概抛弃，而完全不顾那些成功率100%的交易系统几年内可能才有一次交易机会。忽略了交易的频率；或者在选择测试时段时没有像作者所讲的，至少是一个完整的市场运行周期；还有对技术指标微调方面的苛责以求，都令像译者这样的交易系统探索者迷茫和沮丧。而所有这些问题，本书中都有讲到，让人茅塞顿开。

对于初涉市场的新手而言，本书毫无疑问是一部循序渐进并最终集交易之大成的实战读物。一方面让读者理解，越是简单越是有效的真理。书中阐述的技术指标仅限于随即指标、移动平均线和 SAR 抛物线指标。这和普通交易者动辄几百个几千个交易指标相比，实有云泥之别。另一方面也让读者和专业的交易者明白，所谓交易系统就是考虑了诸多因素而最终权衡出的中上结果而已。这颇有点像国人所讲的中庸。但是本书并没有讲解中庸，而是在微调交易系统时，或考虑风险因素，或考虑交易头寸规模的因素，或考虑技术指标的因素，都是在各方权衡之下，得出相对比较优秀的系统。

当然，本书只是一个新手如何分步骤、有理性地建立自己交易系统的过程，书中的系统也不是推荐或者样板，仅供参考。我相信，作者的本意是希望读者通过本书的阅读，能达到独立创建完全适宜个人的交易系统的目标。诚如此，译者能在翻译中不篡改和片面理解作者的本意，也已经算得上是善莫大焉了。

最后，衷心祝愿每位读者都能依此书所授之法，创建出独一无二的，适宜个人的交易系统，进而在市场中多多斩获。